生态康养游

江 山 ◎ 编著

·北京·

图书在版编目（CIP）数据

生态康养游/江山编著. —北京：科学技术文献出版社，2020.2
ISBN 978-7-5189-6182-5

Ⅰ. ①生… Ⅱ. ①江 Ⅲ. ①健康—生态经济—产业—发展—研究—中国 Ⅳ. ① F124.5

中国版本图书馆 CIP 数据核字（2019）第 252376 号

生态康养游

| 策划编辑：孙江莉 | 责任编辑：宋红梅 | 责任校对：文　浩 | 责任出版：张志平 |

出 版 者	科学技术文献出版社
地　　址	北京市复兴路15号　邮编 100038
编 务 部	（010）58882938，58882087（传真）
发 行 部	（010）58882868，58882870（传真）
邮 购 部	（010）58882873
官 方 网 址	www.stdp.com.cn
发 行 者	科学技术文献出版社发行　全国各地新华书店经销
印 刷 者	北京地大彩印有限公司
版　　次	2020年2月第1版　2020年2月第1次印刷
开　　本	710×1000　1/16
字　　数	267千
印　　张	17.5
书　　号	ISBN 978-7-5189-6182-5
定　　价	78.00元

版权所有　违法必究

购买本社图书，凡字迹不清、缺页、倒页、脱页者，本社发行部负责调换

《生态康养游》

编委会

主　编　江　山
副主编　（以姓氏笔画为序）
　　　　杨　婷　杨桂英　姜友珍
编　委　（以姓氏笔画为序）
　　　　刘　燕　李景革　张俊堂　张鲁希
　　　　姚丽娟　贾海英

参与策划单位

家庭医学刊社
战略支援部队特色医学中心特勤健康管理科

前 言

我们为什么要进行生态康养游？回答这个问题之前先要明白为什么要康养，康养不只是为了单纯有个健康的身体，更重要的是要智慧地生活。空气、水、土壤，每时每刻与每个人生态康养都有关。向百岁老人取长寿经，总结十六字康养箴言。当生活方式转变成生态康养的生活方式后，其实不管在哪里，处处都在生态康养，时时刻刻都在生态康养。除了选择好地方生活外，听音乐、养花、看书……无处不在。当暮年袭来时，没有恐惧，没有遗憾，笑着走完人生。

生态康养游虽然是旅游的一种形式，但又不是传统的旅游，而是以生活的状态出行、以生态康养的理念旅游。生态康养游涉及衣、食、住、行、生、老、病、铭、安、居、乐、业、享寿、食尚、神养、行养、形养、病养等。医院把你阻挡在去天堂的路上，康养把你阻挡在去医院的路上。不养生就是养医生，不保健就是养医院。

生态康养游不只是康养，还涉猎博物学，博物学最能提高科学素质，博物学与许多学科都有着密切的关系，大到宇宙形成、海陆变迁，小到旅游地点、各地特产，这些都与生态康养游有着千丝万缕的联系。

生态康养游与世界地质公园的发展相一致，核心理念完全吻合。

基于科技扶贫、智力扶贫、文化扶贫、精准扶贫、生态文明、绿色经济、乡村振兴、辟谣以正视听、揭示真理、提高中华民族身体素质、提高全民科学文化素质、全面建成小康社会等诸多方面的重要意义考虑，有从事志愿者活动、从事科普活动30多年的经历和经验，曾参加共青团中央、科技部联合主办的"百千万科技扶贫"活动并受到表彰，笔者180°大转弯，由不屑写具体地方宣传材料到倒贴系列创作，采用定点深入生活实地调研，进行素材的挖掘、收集、整理、展示、研究，通过使用第一手资料写作、实地实景拍摄照片完成原创作品。

有的村屯位于世界地质公园核心区、国际长寿养生基地大山里，属于国家级贫困地区，不久前刚修通了连接下山的盘山路，一汽集团资助建设了太阳能路灯，改变了以往无路下山的困境，现仍没有交通工具。之所以选个别村屯，从村屯的历史地名文化就可以得知那里又小又破、残败不堪，其属改革开放第一线、经济建设最前沿和社会生活最基层，那里的位置、情况等具有示范效应。阳光照在阴暗处就不发霉了，笔者从科学的角度、用文学的创作手法讴歌祖国，正面宣传美丽中国大自然对人类的恩赐，推介该处美丽的绿水青山，吸引更多的人来此长寿养生游、生态养生游、休闲养生游，为当地经济增收，提供更多的就业机会，改变以往靠破坏环境换取收入的做法。借用佛学术语，扶贫需要财布施，更需要法布施，财布施容易滋生懒惰、腐败、邪恶，而法布施除了珍惜美好的生态环境、能授人以鱼不如授人以渔外，还可以提高贫困地区人员素质，靠绿色生态环保可持续发展的方式用生态文明建设精准扶贫、实现乡村振兴、全面建成小康社会。智力扶贫，用不变的绿水青山换来金山银山，实现人民对美好生活的向往。

  绿水青山，就是金山银山，还是长寿之源。人生在世，谁都欲长寿并健康，然而长寿并健康者毕竟只是少数，因此而困惑者不乏其人。长寿并健康是一个极为复杂的工程，它需要科学的技术和方法，编著一本科学合理、简便实用且能让人们快速了解乐业－凤山长寿养生文化概貌的读物就很有必要，对国家、社会、个人都有益。本书旨在将"四科"即科学思维方式、科学理念、科学人文精神、科学技术知识等广泛传播至大众，倡导自然医学绿色无创方法防治疾病；总结"三生"即指生命、生存、生活的智慧及经验，为探索人类生存方法、积累康养经验、延缓衰老、延长生命，突破岁月禁区等方面，提供有益的帮助。

  本书立足乐业－凤山，以乐业－凤山的长寿现象为研究依据，以对长寿养生科学的探索和对长寿养生产品的研发为主要研究方向，旨在推动中国健康产业的发展，为人类的康养做出贡献。本书内容是长寿养生科学研究专家组成员，几十年来潜心于生态康养文化的挖掘、整理、展示及研究工作的乐业－凤山长寿养生文化非物质文化遗产的研究成果，也是精心打造的一套生态康养游科普丛书中的一部分，以一种文化的符号，注入乐业－凤山长寿现象的内涵之中，解读并展示了乐业－凤山作为一方秘境的现实和风采。

  本书适用于研究生态康养文化人员、长寿现象探索者、长寿休闲养生的旅游者及广大读者阅读参考。

  世界地质公园，上佳山水田园，生态养生绝版，康养游者忘返。世界长寿之乡，康养游者天堂。人间仙境何处有，增福添寿康养游。轻松、愉快的阅读方式，配有大量的实地实景图片，内容涉及认知乐业－凤山、品读乐业－凤山、破译乐业－凤山、感受乐业－凤山等。特点为将生态康养文化、民俗旅游文化、抗衰老医学、现代科学读物有机地结合在一起，满足读者多方位、多层次的阅读需求。

特别需要说明的是，健康长寿是多因素综合作用的结果，笔者只是客观地记录了乐业－凤山人瑞的生活空间和生活方式方法，是寿星们的生活再现，并未加入任何个人观点和意向；在此基础上，加以科学的分析，如自然环境内容中的水土、气候等的分析数据，全都以科学考证为依据，不加任何评说。也正因为乐业－凤山的长寿现象是自古有之，所以书中一些内容，带有旧时传统观念色彩，但那都是客观的过程，并非笔者的主观臆造，权当仁者见仁，智者见智了。

本书数据资料截至2019年7月1日。

真诚地感谢乐业－凤山联合国教科文组织世界地质公园管理委员会给予资料信息支持；感谢脚爬客（武汉）信息技术有限公司提供创作条件；感谢2018年乐业－凤山联合国教科文组织世界地质公园科普志愿者训练营营员梁胜建、许雅琦、杨师、张汾、王远洲、王长盛、韦锦欣、万豪杰、谢鑫、吴霖灵、夏映梅、周立、吴军、刘亦飞、钟子元、李延尧、林阳、岑延、陈裕红、班科、谢颖的无私分享和陪伴；感谢朱静对本书提出的宝贵意见。在此一并表示衷心的感谢！

本书得以顺利出版受益于评委的充分肯定，专家的认可帮助，领导的大力支持，管委会的信息支持，脚爬客的创作条件支持，志愿者的无私分享，编辑的敬业认真、严谨求实、辛勤付出，朋友的真诚鼓励，家人的理解支持、奉献协助，要感谢的人太多，无法一一提及，在此一并致以诚挚的谢意。

对本书有各种贡献或帮助的人太多，难免挂一漏万，敬请被遗漏者谅解，在交流信箱留言说明，以便今后再版时更正。

温馨提示：百岁寿星、长寿老年人是人类共有的长寿财富资源，请不要干扰他们宁静安逸的日常生活，不要将你们的爱，变成百岁老人的负担。

地质遗迹是人类的共同遗产，是不可再生的自然资源。保护地质遗迹是人类共同的责任。地质遗迹是在地球形成、演化的漫长地质历史时期，受各种内、外动力地质作用，形成、发展并遗留下来的自然产物，它不仅是自然资源的重要组成部分，更是珍贵的、不可再生的地质自然遗产。

江山

创作于乐业－凤山联合国教科文组织世界地质公园

交流信箱：yangshi1963@126.com

目 录

第一章 认知乐业－凤山 1
    一、寿之源 2
    二、历史沿革 23
    三、来龙去脉 40

第二章 品读乐业－凤山 43
    一、长寿奇观 44
    二、山水风光 84

第三章 破译乐业－凤山 123
    一、山之谜 124
    二、水之谜 134
    三、植物之谜 143
    四、动物之谜 151
    五、民俗之谜 152
    六、长寿之谜 154

第四章 感受乐业－凤山 177
    一、衣——体验适宜康养的服饰 178
    二、食——体验适宜康养的食物 180
    三、住——体验适宜康养的居所 184
    四、行——体验适宜康养的出行 191
    五、生——体验适宜康养的环境 206
    六、老——体验适宜康养的养老 210
    七、病——体验适宜康养的康复 217
    八、铭——体验适宜康养的人生 229
    九、安——体验适宜康养的公共安全 233
    十、居——体验适宜康养的人居环境 248
    十一、乐——体验适宜康养的文化休闲 251
    十二、业——体验适宜康养的投资置业 264

参考文献 269

第一章

认知乐业-凤山

一、寿之源

这里空气格外清新,是天然的超大氧吧,负氧离子浓度极高,含6万~10万个/cm^3,呼吸沁人心脾,世界上百岁寿星密集地,是长寿养生游者的天堂。

这里饮用水清澈,品质高,水源头弱碱性泉水和土壤中含对人体有益的

同寿山水1

矿物质和非常丰富的微量元素,处于较高位置的平整地方,天然水源取自长寿村长寿母亲河流域源头,是高品质生活者的理想选择。

这里植被茂密,品种丰富,植被覆盖率接近百分之百,绿色全部覆盖,是世界级的地质保护区、国家Ⅰ级野生植物保护区,是生态养生游者的最佳目的地之一。

同寿山水2

这里土壤富含抗衰老元素，富含锌、硒等 10 多种对人体有益的微量元素，这些微量元素从土壤中进入各种食物富集，再进入人体，它们对人类的正常发育和健康长寿起着重要作用。适宜的地磁强度，适量的锰，低铜、镉的土壤分布，与心血管发病率呈负相关，而与长寿老年人的密度呈正相关。这里的生活水平普遍偏低，但是生活质量却是极高的。

这里自然环境优美，依山傍水、蓝天、白云、青山、碧水，与山拥抱，与水调情，与林同居。绝佳山水田园，可以体验适宜康养的环境，是休闲养生游者的乐园。

万寿谷1

这里阳光充足，年均阳光日照时间长，远红外线丰富，能活化水、活化人体细胞组织、改善微循环、镇痛、消炎、消肿、增强新陈代谢、提高机体免疫力等，是保障人体健康长寿的要素之一。

三门海景区1

康养住所窗外景观1

这里气候温和，冬季无严寒，夏季无酷暑，春秋相当，凉爽宜人。单从气候条件来说，适宜的气候为人类造就了舒适的生活环境，有益健康，利于长寿，是健康的加油驿站。

这里海拔高度适中，既没有高海拔空气稀薄造成高原反应对人体伤害，也没有低海拔下游容易造成污染影响人体健康。适宜浪漫与激情的户外运动，是青少年徒步、骑行、自驾、登山、穿越、拓展、攀岩、挑战、探险、摄影、野餐、露营和儿童游玩娱乐的极乐世界。

这里推窗见画，开门惊讶。窗外，清晨，雄鸡啼鸣破晓，百鸟比翼歌唱。正午，蝉喧鸟鸣、犬吠鸡啼，百蝶曼妙飞舞，百蜂辛勤忙碌；偶见一群顽皮的野生猕猴偷吃着村民种的红薯。夜晚，平视漆黑一片，伸手不见五指；仰望天空，群星不动地闪耀，清晰地看到银河的光带；俯视夜幕，成群的萤火虫移动地闪耀，在面前飞舞，验证着"一闪一闪亮晶晶、好像天上小星星"的民间童谣。点点荧光与天上闪烁的星光交相辉映，为窗外乡

万寿谷2

野林地平添了几许温馨而浪漫的意蕴,给人们的生活增添了无限情趣。蝴蝶、蜜蜂、萤火虫均是植被茂盛、水质洁净、空气清新等自然环境好的指示剂。美好的环境是城市白领、都市小资留恋孩童时代,卖萌,梦寻浪漫、美妙的意境,追寻诗情画意的情调,梦幻的生活栖息地。

这里耄耋之年尚不能称老,百岁寿星、长寿老年人大都身体健康,耳不聋、眼不花、背不驼、腰不弯、手脚利落、步履轻盈、谈饮过人、童心无邪、神清气爽、精神矍铄,不仅生活完全能自理,有的还像年轻人一样,参加各种力所能及的劳动。健康地活着是这里与其他地方百岁寿星最大的区别。生、老、病、死乃人类一大自然法则,无一人能逃过死亡的劫数,总结"三生"即生命、生存、生活的智慧及经验,探索生存空间,积累养生保健经验,延缓衰老,

万寿谷 3

延长生命，突破岁月禁区，倒是人类一个不错的选择，也十分可行。一睹百岁寿星、长寿老年人的苍态龙颜，将会得到活神仙真诚的祝福和丰厚的回报。寿星们那无欲的笑容、健壮的身体、无忧无虑的性格、天宽地阔的胸怀及知足常乐的坦荡，给人们许多的思考、许多的启示：人活百岁不难，也不易。

这里验证了国内外生命科学家，经过几十年的探索与研究得出的结论：长寿没有固定模式，因人而异个性化，但也有相同点：生态环境优越，饮食接近自然，体力劳动终生，睡眠充足良好，性格开朗乐观，社会环境和谐，遗传有点优势，有让自己更长寿、更健康的意志等。用中国传统医学认为的"天人合一"的观点来解释，这里寿星之所以生命有序、恒久不衰，得益于天、地、人合一，是人与自然和谐相依的结果。

这里有世界直径最大的"黑圈"，这是地质奇观未解之谜之一的事物，关于这里的传奇见闻，值得去探索。

这里聚集了品位高、品种全的喀斯特旅游资源，主要有天窗群、大型洞穴群、峰丛、天生桥、天坑、地下河等全部类型喀斯特景观，孕育出优美

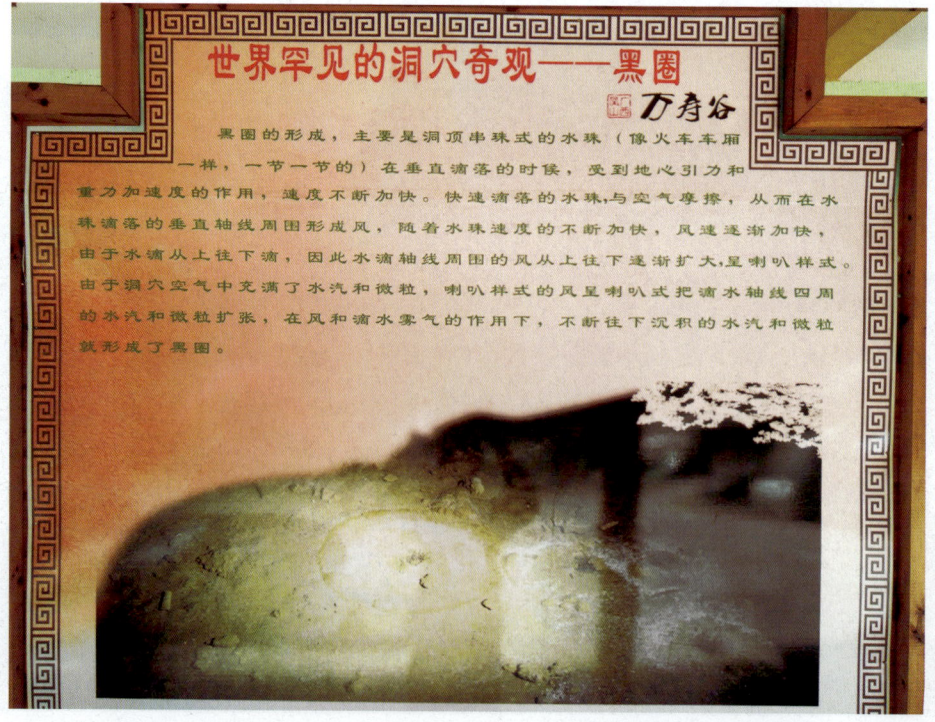

世界上直径最大的"黑圈"

同寿山水 3

的绿色山水风情。这些景观形态奇特、类型丰富、体量巨大。山、水、洞、天浑然一体,蔚为壮观,神秘的地下河资源,奇妙壮丽的喀斯特湖、喀斯特泉、大型溶洞群、天坑群、天窗群、天生桥等喀斯特地貌的所有特征都集中体现于此区域内,为世界最诡异的区域之一,惊悚的感觉令人过把瘾。

这里有神奇的山之谜、神妙的水之谜、神作的树之谜、神灵的动物之谜、神异的民俗之谜。整个洞穴系统连接着全世界发育于二叠系可溶岩地层中目前已测量旱洞长度为 37.9 km 的第一长洞,神奇灵验的洞中"长寿神",对生长环境要求极高的"长寿草",以及此地对部分慢性疾病和久治不愈的疑难病症患者有神奇的特殊疗效,长寿的密境探索,都值得去探密。长寿秘密,探究有益。疾病赶走,长寿享有。

这里环山似凤,环凤皆山,枕山面水,绿竹掩映,风光旖旎,环境清幽,俨然人间仙境,宛如世外桃源。机会难得,好运伴随。

这里有被称为"地球之肺"的亚热带森林生态系统,有被称为"地球之肾"的喀斯特湿地生态系统,有被称为"地球免疫系统"的生物多样性,人类生命、

同寿山水4

生存、生活离不了。

这里拥有原始的生态环境,丰富的物种,完整的生态系统,生物多样性典范,自然的和谐统一,是人间"净土"。

这里远古时期是一片汪洋大海,现为山川交错、峰岭连绵,看沧海变成桑田。

这里残留了经历亿万年发育的天窗群、大型洞穴群、峰丛、天生桥、天坑、地下河等和像迷宫一般的地下漏斗群奇观,地貌复杂多样。岩石沉积的是时间,流水穿透的是空间,沧桑变化的是人间。天、地、人合一,人与自然和谐相依。

人与自然

这里有桂林山水的喀斯特地貌、庐山半山腰的云雾缭绕、九寨沟清澈见底的碧水、拉萨的蓝天白云、南极变幻莫测的天气等景观,集它们所有的自然美于一个地方。泰岱之雄伟、华山之峻峭、衡岳之烟云、匡庐之飞瀑、雁荡之怪石、峨眉之清凉,这里兼而有之。

这里每时每刻景色在变,时时刻刻美景不同。天空湛蓝湛蓝,白云煞白煞白,树木墨绿墨绿,河水

飞龙洞穿洞1

飞龙洞 1

凤山县1

碧绿碧绿。俯视云瀑倾泻,仰视云海翻滚。绿色全覆盖的群山连绵,伴随着白云朵朵的飘移,不停地变幻着景色,犹如放映的360°全景电影,呈现出五彩斑斓的色彩。再加上水蒸气在半山缭绕,伴随着太阳的朝起暮落,一会儿像水墨画,一会儿像山水画,一会儿像油画,一会儿像版画,一会儿又像连环画。按出现概率,晨起多像水墨画,正午多像山水画,傍晚多像油画,夜幕多像版画,一天下来多像连环画。颜色是那么鲜艳,以至于傻傻分不清,分不清是画还是实景。"超级盆景"美到哭!

这里有雄奇的石景、古老的树景、秀美的水景、神秘的人文,体现出独有的生态美、自然美、科学美和艺术美,美不胜收。

这里山水集山、水、石、峰、洞、林、湖、瀑多种景观于一身,融为一体,集"三峡之险、桂林之秀、九寨沟之幽"于一体,具有雄、秀、幽、野的特点,让人感觉"人在画中游",山水放飞愉悦心情,过把神仙瘾。

这里奇秀、奇特、奇险、奇妙、奇观、奇异、奇幻、奇美,值得无数次故地重游人间仙境。

三门海1

这里优越的长寿养生环境，和谐的长寿养生氛围，人与自然高度和谐，一年四季都适合生态康养游，养生游者忘返，是生态康养游者的天堂；是不良情绪的释放剂，是疾病治疗的增效剂，是疾病康复的促进剂。

这里主要食材、农副土特产品属特有资源，原生态、自然生长、野味，生长周期长，充分吸收自然界中的养分，不施加化肥、农药等，无污染，味道更加鲜美。天然纯净、远离污染、自然条件优越，由于远离工业社会，得以保存了未经人工侵扰的原始生态环境，生老于斯的鱼畜禽，自然一生不会受到工业、化学污染。畜禽介于家和野之间的家生而野养，整天在野外觅食，全然不需要主人掌管。半野生自然放养的方式，无饲料喂养，无加工污染。拥有天然绿色、全面均衡的饮食来源，饿了，吃的是天然植被、名贵中草药、河中野生小鱼、林间小虫；渴了，喝的是纯净的天然矿泉水、湖水。远离工业、化学、药物、饲料、生产污染，人们体格强健、自生到死极少患病，健康、愉快地生长，一生和药物绝缘，不会有抗生素及其他药物污染，无抗生素、无激素、无农药等残留。肉的味道和营养与肉体的品质有关，而肉体的品质与鱼畜禽的饮食有关。拥有火麻、山核桃、板栗、油茶、水稻、玉米、薯类、南瓜、黄豆、野生香菇、竹笋、柑橘、枇杷、山茶花蜂蜜、八角、油鱼、土鸡、黑山羊、香猪、黑山猪、

飞龙洞2

枇杷

众多品种的野菜、矿泉水等丰富的绿色生态长寿食品资源,其中有的为名特优农产品保护品种。这里拥有独特的长寿饮食,人们可以体验适宜康养的食物,同时这里还是美食吃货者的诱惑世界。

这里是天然药园,药用植物品种繁多,有野生繁殖的岩黄连、小叶榕、板蓝根、益母草、铁皮石斛、枇杷、灵芝等中草药。

这里是天然动物园,猕猴等野生动物生息繁衍地和庇护所。

这里既不是传染性疾病、非传染性疾病的高发区,也不是生活方式病等慢性疾病的高发区,更不是公害病或地方病特定疾病的高发区。

这里人口密度低,居住较分散。环境幽静、净静,无噪声干扰,噪声限值为36分贝以下。长寿人口比例大,可以体验适宜康养的人居环境。

康养住所窗外景观2

这里生态环境好,无工业和"三废"污染,自然、生态、环保、和谐,优越的生态环境提高了生命、生存、生活质量,是追求高品质生活者的家园。

这里有传奇的凤凰文化、神灵的山水生命文化、神秘的长寿养生文化,涤净人间心灵。因长寿的文化背景,这里充满神奇吸引力,可以游彭祖百寿台、拜洞穴"寿神"、赏"长寿草"、游历经千万年地质变迁的古河道、望水上一线天、观"寿"字、观烙上寿印的一帆风顺石、看留恋人间的神龟戏水、探长生秘诀的藏宝洞、瞧仙女祝寿的瑶池蟠桃等景点，品长寿大餐。

除了自然环境，社会人文关怀也是健康长寿的重要保障。绝大多数老年人数

社更退化天坑 1

代同堂，子孝孙贤，其乐融融。老年人在经济上得到支持、物质上得到保障、生活上得到照料、精神上得到慰藉。和谐的延年氛围、尊老敬老优良传统在这里各民族中世代传承。这里拥有奇特的祈寿民俗，后辈们把为老年人举办"补粮祝寿""延续天年"的祝寿宴作为自己当儿孙的光荣责任。

这里是素有"群山之祖、寿乡之源"之称的地方，值得华夏儿女追忆千年。

这里有奇异的文化情趣，古老文化和地域民俗文化在此汇集封存，具有明显地方特色民俗风情。"广西革命摇篮""右江根据地腹地"的红色品牌；

洞穴"寿神"

凤山县 2

聚集了品位高、品种全的喀斯特旅游资源和全部类型喀斯特景观，孕育出优美的绿色山水风情；蓝衣壮、高山蓝衣汉、蓝靛瑶民族风情的"蓝色风情"，形成以红色历史、绿色山水、蓝色风情、多彩地带的红、绿、蓝三色品牌结合起来的独具特色的生态旅游品牌。可以体验适宜康养的文化休闲。

这里民风淳朴，壮族、瑶族、汉族等多个民族聚居，在此和谐生活。各族人民团结互助、和睦相处，共同发展、共享繁荣，可以体验适宜康养的公共安全。

这里基础设施建设健全，服务功能完善，配套设施齐全。农家客栈、疗养基地、度假山庄、宾馆酒店、康养公寓、别墅，以及集餐饮、娱乐、休闲、保健、住宿、购物、会务、商务、公务、

同寿山水 5

票务等多种服务为一体的综合性挂牌国家星级酒店,如雨后春笋破土而出,应运而生,形成了一个庞大的生态康养游市场,可以体验适宜康养的居所。随着知名度日益提高,全国各地前来生态康养游的人络绎不绝。给自己康养一份丰富的财富,给父母养老一份感恩的心,给孩子休闲一份假期的惊喜,给爱人度假一份浪漫的情趣。健康相关的产业永远走不到头,自我健康管理、经营健康、转变观念,用最少的时间、资金、精力等的投入,达到最大的健康产出,可以体验适宜康养的投资置业。

这里有两个世界级头衔:以喀斯特地貌景观为主题特色的世界地质公园和世界长寿之乡。多个世界唯一或之最:世界唯一水上天窗"世界之窗"、世界第一高洞穴、世界最大洞内天生桥、世界最高最长的洞内地下廊道、世界唯一天然洞穴博物馆及洞天剧场、世界直径最大的"黑圈"地质奇观。

康养住所1

因为地质自然资源稀缺、唯一而成为"世界地质公园",因为顶级而成为"世界",头衔不必多,但要世界级的。

主碑

康养住所窗外景观3

这里就是国际长寿养生基地——乐业-凤山联合国教科文组织世界地质公园园区核心景区联合生态旅游区。不出国门,美丽中国,像这里一样拥有好的阳光、空气、水质、地磁环境的地方不少,但同时拥有世界地质公园、世界长寿之乡、国际长寿养生基地等世界级头衔的地方,全世界只有一个!

国际长寿养生基地就坐落于此处,尊崇自然、生态、环保、和谐的理念,是集住宿、餐饮、会议、娱乐、康养休闲、电商平台等多功能于一体的长寿养生主题高端精品度假基地。满足您衣、食、住、行、安、居、乐、业、享寿、食尚、神养、行养、形养、病养等一切需求。

社更穿洞

二、历史沿革

乐业－凤山联合国教科文组织世界地质公园位于中国广西壮族自治区西北部，公园区域包括2个行政区，百色市乐业县和河池市凤山县，其中涉及乐业县4个乡镇即同乐镇、花坪镇、雅长乡、新化镇，凤山县4个乡镇即凤城镇、平乐乡、袍里乡、江洲乡。

凤山县位于广西壮族自治区西北部，地处云贵高原南部边缘地带，地势由西北向东南倾斜，山多平地少，拥有典型的喀斯特地貌，聚集了品位高、品种全的喀斯特旅游资源，主要有天窗群、大型洞穴群、峰丛、天生桥、天坑、地下河等全部类型喀斯特景观，孕育出优美的绿色山水风情。这些景观形态奇特、类型丰富、体量巨大。具有世界一流的喀斯特景观，自然旅游资源异常丰富。

凤山县一般海拔为500～1000 m。最低海拔为拉英河谷262 m，最高海拔为青龙山主峰基朗山1318 m。

凤山是神奇的喀斯特地貌典型地区。70%的面积为大石山区，30%的面积为土山区，耕地面积101 726亩。44.7%为喀斯特地貌，55.3%为非碳酸盐岩流水地貌，峰丛洼地，山高谷深，平地极少。其间山峰耸立，形态多样，喀斯特湖、溶洞、天坑、天窗、天生桥广泛发育，奇妙多姿，变幻莫测。

凤山是最佳的具有长寿地带性环境、休闲康养的圣地之一。凤山地处北回归线以北，云贵高原南缘，属亚热带季风气候区。由于北有云贵高原作屏障，削弱了北方冷空气寒潮的侵入，又因地形自西北向东南倾斜，有利于东南暖湿季风的输入，故冬季无严寒，夏季无酷暑，冬短而干，夏长而湿，春秋相当。雨量充沛，全年降雨量为1564.0 mm，溪流密布。光照充足，温和湿润，年平均气温为20.1 ℃，无霜期达362天。

凤山县行政区域总面积1737.93 km^2，辖8乡1镇，96个行政村，2个社区，居住着壮族、汉族、瑶族、苗族等9个民族。到2009年年底，总人口为21.5万人。

凤山县地方时间与北京时间差零时40分。

信息榜单 1-1

凤山县境最西点：更沙乡干存村夏家坳西面山，东经106°40′50″，北纬24°36′10″。

凤山县境最东点：长洲乡那兵村坡王屯章岙坳，东经107°16′57″，北纬24°32′15″。

凤山县境最南点：江洲瑶族自治乡维新村高桑杀山西侧的无名山，东经106°55'20"，北纬24°15'30"。

凤山县境最北点：林峒乡同乐村板栗屯北面山，东经107°1'34"，北纬24°49'34"。

东西最大横距60.9 km，南北最大纵距63.9 km。

县城位于境内中部，县城中心区东经107°2'46"，北纬24°32'35"。

凤山县城乔音河

凤山县在2017年县城区面积为3 km^2。县城往东24.2 km接东兰县境；往西36.7 km接凌云、乐业县境；往南33.2 km接巴马瑶族自治县境；往北30.7 km接天峨县境。县城距离河池地区行政公署所在地金城江198 km，距离百色市201 km，距离自治区首府南宁市333 km。

凤山县与周边各县境界若干界段时有争议。凤山县与周边各县境界在不同时期形成，属传统习惯分界，未经有关部门根据法律程序进行勘查确定。与东兰县境界是清雍正八年（1730年）形成；与乐业县、天峨县、凌云县境界是在民国24年（1935年）形成；与巴马瑶族自治县境界是在1956年形成；与凌云县的最后一段境界是在1961年6月形成。

凤山县与东兰县习惯境界：以林峒乡板吉村东院峒东侧的东面山山顶为起点（东经107°5′20″，北纬24°46′40″），沿境界线南偏东走向至弄相村德科峒廷巴山坡顶（东经107°12′10″，北纬24°46′20″），继而东偏北走向至砦牙乡拉隆村隆维东北山顶，界西、界南属凤山县，界东、界北属东兰；由隆维东北山山顶沿境界线南走向经坡毛山（海拔855 m），再沿东走向至拉英村的辉仇东面山，继而沿南走向至长洲乡那兵村坡王屯章砦坳，界西属凤山县，界东属东兰县；由章砦坳沿境界线西偏南走向至袍里乡廷社村的好盘峒东端（东经107°7′30″，北纬24°26′30″），界西北属凤山县，界东南属东兰县。

凤山县与巴马瑶族自治县习惯境界：以袍里乡廷社村好盘峒东端为起点，沿境界线西偏南走向至江洲瑶族自治乡维新村高桑杀山西侧的无名山（东经106°55′20″，北纬24°15′30″，海拔1027 m），界北、界西属凤山县，界南、界东属巴马瑶族自治县。

凤山县与凌云县习惯境界：以江洲瑶族自治乡维新村高桑杀山西侧的无名山为起点，沿境界线北偏西走向至更沙乡干存村的夏家坳西面山（东经106°40′50″，北纬24°36′10″），界东属凤山县，界西属凌云县。

凤山县与乐业县习惯境界：以更沙乡干存村夏家坳西面山为起点，沿境界线东偏北走向经干存村下峒西北面山，至更沙村陇乐坳，界南属凤山县，界北属乐业县。

凤山县与天峨县习惯境界：以更沙乡更沙村陇乐坳为起点，沿境界线东偏南走向至金牙瑶族自治乡上牙村的云山（海拔1267 m），继而沿北偏东走向至乔音乡那王村定坛屯西南山顶，再北上至怀里村的纳明东北1 km处，界南、界东属凤山县，界北、界西属天峨县；由纳明东北1 km处沿境界线东南走向至合运村九罗溪与无名沟交汇处（东经107°0′30″，北纬24°3′24″），界西南属凤山县，界东北属天峨县；由交汇处沿境界线西北走向至林峒乡文里村那黑西面山，继而沿东偏北走向至同乐村板栗屯北面山，界东属凤山县，界西属天峨县；由板栗屯北面山沿境界线东南走向至文里村干良坪东面坡东南面1 km处，再沿东偏北走向至板吉村东院峒东面山山顶，界西、界南属凤山县，界东、界北属天峨县。凤山县与周边县的习惯县界至此闭合。

凤山冬夏季风交替规律明显。若遇晴雨，气候亦随之而变，晴则暖，雨则凉，故有谚"四时皆似夏，一雨变成秋"。由于地形复杂，灾害性天气较多，光、温、降雨的地域分布亦有较大差异。

凤山县气温地区差：县东西和南北间最大距离分别为60.9 km和63.9 km，气温水平有0.9 ℃微差。西部、西北部气候温凉，昼夜温差大，冬季多霜雪。气温由东南部向西北部递减。西北角气温稍低，有类似高寒山区气候的某些特性。中部以南和东北部气候温暖，霜雪少，无霜期长，特别东北部的砦牙拉英河谷是凤山的热谷，具有桂南气候特性。

凤山县气温垂直差：气温因地势高低不同而有差异，由地势低处向高处渐次递减，海拔上升100 m，气温下降0.58 ℃。地势最高处与最低处温差达5.6 ℃，形成"山上山下不同天"的立体气候。

凤山县分为3个气候分区。在气候的诸要素中，形成地域之间气候差异的主导因素是气温。因此，气候分区以年总积温6700 ℃和6100 ℃为两个临界点。

凤山县中南部、东北部低山河谷温暖气候区：地形以低山河谷为主，海拔300～600 m，边缘地带有岩溶峰丛洼地。该区年平均气温18～20 ℃，7月平均气温25.5～27.2 ℃，1月平均气温9.6～11.3 ℃，年总积温6700～7400 ℃。日平均气温稳定在10 ℃以上的天数为283～305天，无霜期328～338天。热量资源比较丰富，可种植双季稻、双季玉米和南亚热带果树。

> **信息榜单1-2**
>
> 凤山县中南部、东北部低山河谷温暖气候区地域包括7个乡（镇）的60个村（街）：
>
> 凤城镇久文、才劳、巴旁、凤城、巴烈、恒里、凤凰、兴隆、京里、松仁、良利、林兰村。
>
> 袍里乡月里、坡心、仁安、廷社、弄仁、谋屯村。
>
> 砦牙乡平雅、砦牙、板隆、泗幕、弄怀、隆梅、东风、拉隆、拉英、板峒村。
>
> 长洲乡那乐、那拉、长洲、板均、那爱、那兵、板任、板伦村。

乔音乡巴甲、那王、康里、若里、额里、久加、老里、上林村。
平乐乡洪力、力那、平旺、海亭、兰包、谋爱、寅亭、桑亭、大洞村。
江洲乡凤平、江洲、巴标、维新、相圩、弄旁、弄善村。

凤山县青龙山—东凤岭中低山沟谷温和气候区：位于青龙山和东凤岭山脉的中低山部位，海拔600～900 m。该区年平均气温16.8～18.5 ℃，7月平均气温23.8～25.5 ℃，1月平均气温7.9～9.6 ℃，年总积温6100～6700 ℃。日平均气温稳定在10 ℃以上的天数为255～283天，无霜期313～328天。热量资源低于中南部、东北部低山河谷温暖气候区，在种植制度上可采用黄豆加晚稻、小麦加中稻、玉米间种套种豆类或薯类，可以种植亚热带果树。

凤山县西部中山温凉气候区：位于青龙山山脉的中山部位，海拔900～1100 m。该区平均气温15～17 ℃，7月气温22～24 ℃，1月气温6～8 ℃，

信息榜单 1-3

凤山县青龙山—东凤岭中低山沟谷温和气候区地域包括9个乡（镇）的28个村：

凤城镇拉仁、长峒、弄者村。

袍里乡央峒村。

砦牙乡板叶村。

长洲乡百乐、那老、郎里、那烘村。

乔音乡怀里、合运村。

林峒乡大同、弄相、板吉、文里、同乐、久隆村。

金牙乡外里、东王、上牙、下牙村。

中亭乡六马、柏林、凤界、先锋、积善、中亭村。

平乐乡登亭村。

年总积温5700～6100 ℃，日平均气温稳定在10 ℃以上的天数为240～255天，无霜期311～313天。热量资源一年种两茬不足，种一茬有余，可以开发冬季农业，该区适宜发展喜凉的药用作物和北亚热带果树。

信息榜单 1-4

凤山县西部中山温凉气候区地域包括 3 个乡的 9 个村：

更沙乡金庄、更沙、干存、内里、大平、陇旺村。

金牙乡猛干、坡茶村。

中亭乡陇弄村。

据凤山县气象部门 1958—1995 年的气象资料，境内气温情况如下。

凤山县气温年际变化不大。以县城气象观测点为例，1958—1995 年历年平均气温 19.2 ℃。最高是 1987 年的 20.2 ℃，最低是 1984 年的 18.4 ℃，差值为 1.8 ℃，以 ±1.25 ℃的变幅偏离平均值，变化幅度为 6.5%。

凤山气温的月变化是单峰型。历年 1 月的平均气温是 10.3 ℃，而后气温逐月回升，至 7 月达到峰值，为 26.3 ℃。7 月以后月平均气温逐月回落，到 1 月降到最低值。尽管年平均气温年际变化不大，但每一个月的月平均气温年际变化较大。以 12 月为例，该月历年平均气温 11.8 ℃，最高是 1992 年的 13.4 ℃，最低是 1975 年的 8.7 ℃，差值为 4.7 ℃，以 ±2.6 ℃的变幅偏离平均值，变化幅度高达 15.7%。

凤山年际气温的日变化与月变化基本一致但略有不同。气温从低值到峰值，再从峰值到低值，呈螺旋式下降。在县城区域内，历年日平均气温 19.2 ℃，极端最高日平均气温 37.1 ℃（1963 年 5 月 31 日），极端最低日平均气温 -3.4 ℃（1963 年 1 月 15 日），极差修值为 40.5 ℃。

凤山气温的日较差历年平均值为 8.4 ℃。10 月的日较差最大，为 9.5 ℃。2 月的日较差最小，为 7.8 ℃。下半年的日较差比上半年的日较差大，特别是 9 月（9.2 ℃）和 10 月是全年日较差最大的时段，对晚秋作物产量的形成和产品质量的改善起着良好的作用。

凤山县区域内矿产资源丰富。已发现金矿、硫铁矿、方解石、褐铁矿、白云岩、冰洲石、雄黄矿、铜矿、锑矿、黏土、煤等矿产 17 种，其中金矿、硫铁矿、方解石、褐铁矿是主要矿产。凤山县硫铁矿占广西硫铁矿储量的 80% 以上，是广西硫铁矿的主要产区；褐铁矿遍布各乡村。

凤山县区域内森林覆盖率为 55%。八角、油茶、杉木、核桃是林业的主导产品。杉木具有径级大、树干通直、材质坚硬、色泽好等特点。大泡核桃荣获"优质产品"称号。主要分布于石山灌木林区域内的生态公益林内猕猴等野生动物逐步增多,生物多样性丰富。

凤山油茶闻名自治区内外。产于全县各乡镇,以乔音乡为最多。凤山茶油质纯透亮,含酸量低于国家规定的标准,常年食用茶油,可获抗延年之功效。占凤山人口万分之 2.7 的百岁老人多是食用茶油,茶油区结核、贫血、冠心病、脑血栓、脑动脉硬化等疾病很少出现。

凤山八角生产历史悠久。主要品种有柔枝红花八角、普通淡红花八角、柔枝白花八角等。主要分布在 9 个乡镇和凤旁、坡桃等 5 个国有林场,其中长洲、乔音、平乐、江洲、砦牙、金牙等乡镇的八角种植规模较大,是重要的八角产业基地。大红八角荣获河池市第二届"巨人杯"绿色生态长寿名特优农产品推介会"名牌产品"称号。八角全身都是宝,果、枝、叶均可提炼茴香油,其产品可深加工成为食品香料、工业化工香料、特殊凝固剂、涂料等,用途甚广。

凤山县区域内绿色长寿食品资源丰富。有南瓜、火麻等可供开发利用。

凤山县区域内中草药种类多。有种植或野生繁殖的岩黄连、小叶榕、板蓝根、益母草等中草药。

凤山一大特产油桐有千年桐和三年桐两种。经国家有关部门鉴定,凤山桐油为国际一级油,工业上用作化工原料,医学上有祛毒作用,民间用来外搽刮痧,油渣是优质肥料,果壳可制活性炭。

凤山县区域内桑蚕生产规模化。蚕茧质量排全区前列,是桂西北重点发展的蚕区。现已形成松仁、额里、凤凰、弄者、拉仁、长峒、大同、金庄等相对集中连片的重点村。

凤山县区域内主要有盘阳河、巴英河和坡心河三大流域。分别位于县城中部、东部和南部,主河道全长 116.3 km,三河支系发育繁多,共有大小支流 129 条,总长 767.81 km,河网密度为 0.44 km/km^2,集雨面积 1737.97 km^2,年水资源总量 11.90 亿 m^3。

《凤山县志》记载,宋代皇祐五年(1053 年),县境内有"烟户约二千余,丁口约八九千"。元代至元十六年(1279 年)"烟户约三千余,丁口约四万五千"。清代雍正至道光年间,日渐繁衍,"约万户以上,丁口约六万余"。咸丰十年(1860 年),太平军余部入境与清兵相持,民户远徙,至同治初年(1862 年),"约剩二千余户,丁口约七八千"。民国 14 年(1925 年),

全县共有 13 082 户，总人口 62 346 人；因战乱、迁徙等原因，民国 20 年全县仅有 10 496 户，人口 47 836 人；民国 30 年增至 13 194 户，71 953 人；至民国 33 年，总人口有 72 762 人。

新中国成立后，凤山县人口数量随之拉长。推行新法接生大大降低出生婴儿和母亲的死亡率，社会安定，人民安居乐业，经济及社会保健事业不断发展，人民生活水平不断提高，1950—1995 年，全县人口平均每年增加 1480.1 人。

1982 年以后，凤山县人口出生率及死亡率下降。1958 年，全县人口出生率为 29.80%，死亡率为 16.10%。1958 年以后，全县开展"反瞒产"运动，加上严重的自然灾害，农村绝大部分地区劳动人口不足，生活艰苦，营养不良，出现出生率低、死亡率高的现象。1959—1960 年，自然增加人数为负增长。1960 年，全县出生率为 10.30%，死亡率为 45.00%，为新中国成立以来死亡率最高的一年。1980 年农村推行生产责任制和 1982 年正常开展计划生育工作以后，人民群众生活有较大改善，生育观念改变，人口出生率及死亡率下降。

据《凤山县志》记载，清嘉庆至道光年间（1796—1850 年），人口外迁较多。迁到今属天鹅县更新乡的巴更、茵锦、武亭、则亭、新亭、赖亭等 6 亭散住 100 余户。咸丰至同治年间（1851—1874 年），为避战乱，迁居今属乐业县的磨里、架里、鞋里 80～90 户；迁居今属田林县乐里乡 20～30 户。民国 8 年（1919 年），有人因犯事被重罚，不堪重负，被迫带领族人逃入百色定居。民国 18—19 年因战乱等原因逃到天鹅、乐业等县定居 60～70 户，迁到南丹的罗富、黄江等地安居 50～60 户。

新中国成立后，由于招收干部、招工、参军、升学、工作调动、婚嫁等原因，1954—1995 年有记载的 38 年中（1967 年、1968 年、1969 年无记载），共迁入 80 994 人，平均每年迁入 2211.16 人；迁出 91 254 人，平均每年迁出 2401.14 人。1953 年 8—9 月，县委根据上级的指示，将第五区猛干乡 55 户瑶族同胞迁移到第七区（今属巴马瑶族自治那社乡公爱村）徘河屯定居。1956 年，甲篆、局桑划归巴马瑶族自治县，当年人口迁出 23 596 人。1990—1995 年，全县迁到自治区外经济较为发达的广东、福建、江苏及广西境内的南宁、北海、桂林、梧州等地定居有 257 户 2739 人。

1953 年年末，凤山县总人口 119 475 人，其中城镇人口 2641 人，占总人口的2.21%。1990年年末总人口169 609人，其中城镇人口33 348人，占总人口的19.66%。1995年年末总人口180 940人，其中城镇人口36 822人，占总人口的20.35%。

凤山县境内人口，平原地区稠密，山区稀少；公路沿线稠密，交通闭塞地区稀少。1990年第四次人口普查统计，全县人口167 787人，平均每平方千米94.10人。1995年年末全县人口180 840人，平均每平方千米104.11人，其中，人口密度最大为凤城镇，其次为鼓起瑶族自治乡，密度最小为林峒乡。

新中国成立前，凤山县人口男性多于女性。新中国成立后，分别于1953年、1964年、1982年进行的第一至第三次人口普查统计表明，女性多于男性，性别比（女性为100）分别为92.28、96.59、99.12；1990年第四次人口普查统计，全县总人口167 763人，其中男84 721人，女83 042人，性别比为102.02，男性多于女性。

凤山地处世界长寿之乡巴马瑶族自治县盘阳河源头，因山水相连，生活习惯相似，同样不乏长寿老年人。1990年第四次人口普查统计，全县有百岁以上老年人46人，占全县普查总人口0.027%，其中男11人，女35人；壮族28人，汉族12人，瑶族6人。

2007年凤山国家地质公园正式挂牌开园。

中国国家地质公园LOGO

今凤山县境古时近乎原始而没有开化，史书称为"蛮地"。中国历史发展自夏、商、周至秦1800多年间，今凤山县境均未入中国版图。公元前111年汉武帝平定南越国后，西汉王朝开始在广西腹地开疆拓土，设置郡、县等行政建制，今凤山县境始入中国版图，属交州郁林郡定周县地域，但只有疆土归属关系，没有行政隶属关系，这一状况一直维持到南宋初期仍为蛮地不变。

三国时，今凤山县境属吴国桂林郡地域；晋属广州桂林郡地域；南北朝时，属广州桂林郡地域；隋属扬州始安郡地域；北宋属广南西路邕州庆远府地域。

南宋时期，今凤山县境平乐乡置有罗博州，是邕州下辖的48个羁縻州之一，境域包括今县境江洲、平乐、中亭、金牙、更沙乡及凌云县加尤乡、逻楼镇等地。这是今县境有行政建置之始。其余仍为蛮地，属庆远府下辖的东兰州（羁縻州）地域。

元代归属与南宋相同。隶属庆远南丹溪洞等处军民安抚司。

明洪武十二年（1379年），安习、忠、文3个土州并入东兰土州为东兰州后，东兰州将州地划分为12个哨级行政建制，统称内六哨、外六哨，其中，外六哨中的本农、凤山、芝山、长里等四哨部分地域，为今县境袍里乡、凤城镇、乔音乡、林峒乡、长洲乡、砦牙乡一带地域行政设置之始。今平乐、中亭、金牙、更沙四乡属泗城府（治今凌云县），今江洲乡属田州（治今田阳县）。

清代初年，相沿明代建制归属不变。雍正八年（1730年），对东兰土州实行改土归流，将州境一分为二：以内六哨地设为东兰州，以外六哨地另置土分州，原称东兰土分州，后改称凤山土分州，为凤山县级行政建置之始，仍归东兰州承审，属庆远府管辖，境域包括今袍里乡、凤城镇、乔音乡、林峒乡、长洲乡、砦牙乡，今巴马瑶族自治县甲篆乡、西山乡、巴马镇、凤凰乡，今大化瑶族自治县北景乡那色村、京屯村、乙圩乡巴追村、巴岩村，今天峨县老鹏乡、八腊瑶族自治乡、纳直乡纳直、当里2村、芭暮乡甲岩村等一带地域。今更沙、金牙、中亭、平乐四乡仍属泗城府，江洲乡属百色厅。

民国初年，仍袭清制。民国8年（1919年）5月，废土分州设县，隶属田南道。民国16年，田南道废，原道属各县直隶于广西省，由省派任行政督察委员，监督县政。民国19年，广西独创民团制度，将全省设为12个民团区，凤山县隶属百色民团区。民国23年3月，民团区改设为行政监督区，凤山县隶属百色行政监督区。民国24年，广西省府调整旧田南道属各县，割出老鹏乡归天峨县，割出盘阳、凤凰二乡归万冈县（今巴马瑶族自治县），另拨凌云县金牙、谋轩、平乐三乡及百色县相桥乡共4个乡来属，今县境由此定型，仍隶属百色行政监督区。民国29年4月，省政府将行政监督区改制为行政督察区，原百色行政监督区改称为"第十区行政督察专员兼保安司令公署"，凤山县隶属第十区（百色）。民国31年3月，省政府将12个行政督察区合并为7个区，原第十区改为第五区，凤山县隶属第五区（百色）。民国38年6月，省从第五区划出东兰、凤山、万冈、乐业四县，从第十区划出天峨一县共5个县另置为第十二行政督察区，其"第十二区行政督察专员兼保安司令公署"设于凤山县城国民中学（今凤山中学），与凤山县政府相距约三四百米远。

1950年1月1日，凤山县人民政府正式成立，县级行政区划隶属广西省百色专区。1952年12月，隶属广西省桂西壮族自治区百色专区。1956年3月，隶属广西省桂西僮族自治州百色地区。1957年12月，隶属广西省百色专区。1958年3月，隶属广西僮族自治区百色专区。1965年8月，改隶属广西僮族自治区（1965年10月更名为广西壮族自治区）河池专区。1971年3月，隶属广西壮族自治区河池地区。2002年6月，隶属广西壮族自治区河池市（地级）。

凤山作为多民族县，蓝衣壮族、蓝靛瑶族、高山汉族构成了独具特色的"蓝"色地带；作为革命老区，凤山是书写着邓小平同志"百色风雷，两江红旗"历史的地方。

信息榜单 1-5

2003年凤山县行政区划（1个镇、7个乡、3个民族乡）

凤城镇辖：凤阳、东棚2个社区；巴烈、巴旁、松仁、久文、才劳、长洞、拉仁、凤凰、兴隆、恒里、京里、良利、林兰、弄者14个行政村。

袍里乡辖：月里、坡心、弄仁、谋屯、仁安、央峒、廷社7个行政村。

砦牙乡辖：砦牙、平雅、板隆、泗务、板叶、隆梅、板洞、东风、拉隆、弄怀、拉英11个行政村。

长洲乡辖：长洲、那拉、那爱、那乐、板任、板伦、那兵、板均、那烘、郎里、百乐、那老12个行政村。

乔音乡辖：那王、合运、怀里、巴甲、康里、上林、额里、若里、久加、老里10个行政村。

林峒乡辖：大同、同乐、文里、板吉、龙相、久隆6个行政村。

金牙瑶族自治乡辖：上牙、下牙、东王、坡茶、猛干、外里6个行政村。

更沙乡辖：更沙、金庄、干存、陇旺、内里、大平6个行政村。

中亭乡辖：中亭、六马、先锋、柏林、凤界、陇弄、积善7个行政村。

平乐瑶族自治乡辖：力那、洪力、平旺、海亭、谋爱、登亭、大洞、桑亭、寅亭、兰包10个行政村。

江洲瑶族自治乡辖：江洲、巴标、凤平、维新、相圩、弄旁、陇善7个行政村。

乐业县秦代属象郡,汉属郁林郡,晋属晋兴郡,唐属双城州地,元、明属泗城土州,清属泗城府、凌云县。民国24年(1935年)设乐业县,民国38年6月广西第十二区区治设在凤山县城,乐业曾一度属其所辖。1951年8月百色地区专员公署将乐业并入凌云县,1961年8月凌乐分县,复置乐业县至今,现隶属于百色市。

乐业名称源于清同治年间泗城知府朱腾伟在逻耶一带平乱胜利后,便取"安居乐业"之意,将"逻耶"改为"乐业",沿用至今。

乐业县位于广西壮族自治区西北部,地处云贵高原东南麓,在黔桂两省三市(州)七县结合部,东北与广西河池市天峨县、凤山两县相邻,东南依凌云县,西南与田林县接壤,西与贵州省册亨布依族自治县隔南盘江为界,西北与贵州省望漠布依苗族自治县、罗甸两县隔红水河相邻。

乐业县城位于同乐镇,距离广西壮族自治区首府南宁市460 km,南盘江与北盘江在县境西北汇成红水河。

乐业县平均海拔1128 m,县城海拔970 m,是广西县域海拔最高的县。距离百色市168 km,距离南昆铁路田林站114 km,距离国家重点工程龙滩水电站160 km,距离贵州省省会贵阳市334 km,距离贵州黄果树风景区300 km。是连接西南经济与东南亚区域经济的重要门户,是重庆、贵阳通往国家一级口岸即龙邦口岸去往东盟国家最为便捷的通道之一。

乐业县总面积2633 km^2。根据2000年第五次人口普查数据:全县总人口144 816人。现总人口16.9万人,居住有壮、苗、瑶等少数民族。

壮族、瑶族为乐业、凤山最早的土著民族。古籍中以宋代范成大《桂海虞衡志·志蛮》有较详细记载。壮族的先民是南方的古越(百越、百粤)。乐业和凤山的居民以壮族人口最多,占53%,其次为汉族,占35%,第三为瑶族,占8%,主要是背陇瑶、蓝靛瑶,另有苗族、回族、侗族、京族、布依族、仫佬族等多种民族。

官话为湖广官话,壮族使用南壮语系和北壮语系,方言内部相同的词语比较多,较远距离的两地可以相互通话。由于壮、汉、瑶杂居,语言、风俗及经济生活相通和相容。

乐业是旅游休闲度假的圣地。年平均气温在16 ℃,境内四季美景,春色迷人,夏风送爽,秋韵绮丽,隆冬飘雪,素有"天然空调"之美誉,是乐山、乐土、乐水、乐业的新兴旅游城市。

乐业森林覆盖率高达77.84%。主要以石山和土山为主的山地山原，地势略似蚬壳形，西南高，最高峰海拔约达2000 m，向东、西、北三面倾斜降低，最低的是红水河谷地。东、西、北部砂页岩发育形成的土山山峰谷地山区，山脉连绵起伏，山高坡陡，河溪、沟谷纵横交错，中南部大部分为石灰岩发育的喀斯特山地山原区，石山屹立延绵成片，坡度陡峭，地表缺水弄场多，地下河长溶洞多。生物种类丰富。

2000年，乐业县辖2个镇、8个乡：同乐镇、甘田镇、武称乡、逻沙乡、新化乡、马庄乡、逻西乡、幼平乡、花坪乡、雅长乡。2003年，花坪乡撤乡改花坪镇，新化乡撤乡改新化镇。

信息榜单 1-6

2003年乐业县行政区划（4个镇、6个乡）

同乐镇辖：三乐、新兴、新业、立新4个居委会；常仁、平寨、龙洋、央林、丰洞、刷把、六为、上岗、九利、石合、百龙11个行政村。

甘田镇辖：夏福、四合、达道、九洞、甲龙、大坪6个行政村。

新化镇辖：仁里、饭里、谐里、百坭、中合、百寸、店坪、磨里、伶弄、乐翁、林立、那尾、那社、连串14个行政村。

花坪镇辖：运赖、花岩、花坪、南干、岜木、浪筛、烟棚7个行政村。

武称乡辖：武称、龙门、百乐、板洪、达存、鱼塘6个行政村。

逻沙乡辖：仁龙、山洲、汉吉、太平、党雄、九龙、塘英、全达、逻瓦、龙南、黄龙11个行政村。

马庄乡辖：扁利、个马、中停、七更、卡伦、平峨、鱼里、打路8个行政村。

逻西乡辖：民西、民友、巴劳、民权、民治、民享6个行政村。

幼平乡辖：上里、幼里、马三、百安、五寨、渡口、陇那、百中、通曹、达心10个行政村。

雅长乡辖：新场、百康、尾沟、三寨、雅庭5个行政村。

乐业属于亚热带湿润气候。年降水量1100～1500 mm，相对湿度83%，极端高温34.0 ℃（出现在1983年5月14日），极端低温－5.3 ℃（出现在1975年12月29日）。因其无霜期较长，县境内气候温和，县内各地年平均气温在16.0～20.9 ℃，年平均气温在16.3 ℃左右，冬无严寒，夏无酷暑。

乐业县境属于云贵高原的东南麓。由于古代地壳多次变化，地层褶皱起伏，加上受流水的侵蚀强烈，地表遭受切割，峰高谷深，已失去第三系的始新世－古新世形成的云贵高原地貌景观。虽然经过演变，但仍有相似之处。例如，新化（甲里）谷地，始新至新世所堆积的紫红色块状砾岩，已上升到河谷以上60～120 m，地面抬升200～300 m，红层砾岩已被水流切穿基底，到三叠系中统的砂岩、页岩，同时在河流两侧中堆积Ⅰ～Ⅱ级阶地松散堆积物有白泥、砂卵石层。

据1981年农业普查，乐业县土地面积392.55万亩。1989—1990年，

乐业路途中

根据全县土地利用详查，全县土地面积392.95万亩。土地资源的特点：荒草地多，可开发为耕地、林地或牧草地。部分裸岩及石砾地可封山育林或种植一些树种，发展林业。

乐业拥有丰富的水资源。境内流域面积10 km^{2}以上，地表河流14条，年均降雨量1200 mm，平均径流深370 mm，年均总来水量132.58亿 m^3。

布柳河万米生态大峡谷、百朗大峡谷红水河等是人们漂流和水上旅游不可多得的资源。乐业县是我国西部大开发标志性工程中国第二大水电站龙滩水电站库区淹没县，375 m高程涉及雅长、花坪、幼平3个乡（镇），县境内库区水域面积5.6万亩，库区内的龙盘天池风光迤逦，独具魅力。

乐业县矿产资源丰富。主要有金矿、白云石、煤炭、金属硅等20多个矿种。

乐业县旅游资源丰富奇特，景点密集，品位极高，搭配完美。境内主要以天坑、洞穴、峡谷等岩溶地貌为主，尤以雄奇险峻的天坑群风光闻名遐迩。乐业县已荣获"世界地质公园""中国山地户外运动基地""国家AAAA级景区"等称号，并被联合国教科文组织列为"世界自然遗产"中国候选名录。全县旅游资源主要有以下5个特点。

一是天坑数量和种类多。二是自然风光旖旎、秀丽。雄奇险峻的百朗岩溶森林大峡谷、丰富的溶洞奇观、可供探险科考的庞大的地下暗河系统。三是属于典型的喀斯特群地区。境内群山连绵，山、水、林、石、洞兼备，农家民俗风情浓郁，自然风光独具特色。四是丰富多彩的民族文化风情和独特亮丽的人文景观。五是旅游商品种类丰富。民间工艺品丰富独特，如核桃壳花瓶、核桃壳绣球、大长身贝化石球、水晶球、绣花鞋等；土特产品有野生灵芝、核桃、八角、板栗、甜笋、香菇、刺梨汁、有机茶、有机米、有机猕猴桃及兰花盆景等。其中，乐业县核桃壳系列工艺品在首届广西旅游商品设计大赛活动中荣获二等奖；顾式有机茶获得中国、日本、美国、欧盟有机认证。

创建了中国第一个长寿博物馆——巴马长寿博物馆的李少华馆长曾赋诗一首，这里引用并替换个别词，仍然显得相当贴切：

    这是一片充满神秘色彩的土地，
     它拉近了与天堂的距离；
     这里虽然地处边隅，
    赏赐你的是生命的奇迹；
    这里没有都市的繁华与富庶，
  让你梦中笑醒的是健康的赠予。
    风情万种的乐业—凤山哟，
     朴实中你创造了美丽；

神奇美丽的乐业-凤山哟,
亘古来你谱写着传奇。
走进了乐业-凤山,
就拥有难以忘却的记忆;
走进了乐业-凤山,
更拥有天长地久的欢喜!

我们对乐业-凤山的生态康养文化现象进行总结、提升,也并非尽善尽美,更何况乐业-凤山的长寿现象古已有之,历朝历代对百岁人瑞都关爱有加,当今社会尤其重视人的生命健康,因此对长寿现象的文化总结、提炼提升,也就像长寿现象的演化过程一样,纷繁复杂,涉及方方面面的问题。

乐业-凤山已经成为长寿的代言词。专家学者的考察研究,媒体的宣传报道,游客的观光探秘及康养度假,一股生态康养文化的清流,便在乐业-凤山大地上涌动。世人为什么如此关注乐业-凤山?因为生命是至尊的价值,

盘阳河畔

健康长寿是人的本能欲望，乐业－凤山又的确能让不少外来者重新树立起生活的信心和希望。

乐业－凤山是世界著名的长寿之乡。乐业－凤山这块人间"净土"，长期以来"养在深闺人未知"。近年来才倍受人们的青睐和宠爱。越来越多的区内外、国内外的长寿现象探索者、休闲康养的旅游者纷至沓来，或体验，或休闲康养，或考察探索，或休养疗病，无不为乐业－凤山有美丽的风光、奇妙的岩溶洞群、众多的长寿老年人群体所钦羡。长寿休闲康养旅游逐年升温。乐业－凤山年接待游客数量，呈逐年猛增势头。长寿二字已经成为这块人间"净土"的金字招牌。

乐业－凤山风光秀丽，气候宜人是出了名的。沿河两岸的村庄宁静而温馨。他们寒来暑往，像候鸟一样，随气候变化而往返，人们称之为"候人"现象。这些"候人"绝大多数都是来自大都市的亚疾病中老年人，有的身患数十年的顽疾，求医无方，来到乐业－凤山住上一段时间后，竟然多种疾病不治自愈。带病而来，病愈而归。说乐业－凤山神奇，是外乡人在乐业－凤山疗养的亲身感受。他们亲身感受到乐业－凤山寿乡环境的神奇，享受到长寿环境带给他们的喜悦，享受到人生真正意义的幸福和久违了的健康生活。所以有人说，乐业－凤山可能蕴藏着一种能使人重获健康体魄并延年益寿的神奇力量。而要真正揭开这个神奇的谜底，那就让与之相关的方方面面学科的研究者们，去探索、去研究、做出结论吧！

长寿是乐业－凤山的超级品牌。几十年来，中外生命科学家把研究长寿的目光，聚焦于乐业－凤山，是因为这里是寿星云集的殿堂，是秘境型的长寿圣地。

三、来龙去脉

乐业－凤山联合国教科文组织世界地质公园水文地质情况：世界地质公园地处珠江一级支流红水河流域内，涉及3个水系，即百朗地下河、坡月地下河和布柳河地表河。两大地下河多年平均流量分别为 4.5 m³/s 和 5.8 m³/s，布柳河多年平均流量为 6.94 m³/s。

世界地质公园园区西北部"S"形片区呈盆地状：周围碎屑岩山体高出

岩溶区 100～400 m，大量外源水流入"S"形岩溶区，汇流成百朗地下河系，整个百朗地下河系具有统一的补给、径流、排泄条件和边界条件，为完整的水文地质单元，其主流由南向北贯穿乐业"S"形岩溶区，控制了乐业地区天坑－洞穴群的发育。

世界地质公园园区东南部水文地质情况与西北部大致相同：源自碎屑岩区的外源水和岩溶区的大气降水构成坡月地下河的主要补给来源，坡月地下河由东支乔音地下河和西支坡心地下河构成。由于断层构造和砂页岩的分割，坡月地下河的西支坡心地下河成为一个完全独立的岩溶水文地质单元与系统，其中发育了空间巨大的洞穴系统。

世界地质公园园区中部，即在两个块状岩溶区之间的分水岭地区为布柳河，来自上游碎屑岩区的外源水，切割下游岩溶区，形成岩溶峡谷。

世界地质公园地质遗迹多样性：地质遗迹丰富，拥有天坑（群）、大型地下河系统、天窗（群）、天生桥、大型洞穴系统、大洞穴廊道、大厅堂、洞穴化学沉积物（巨大的滴石类石笋石柱、精巧的非重力水类石花卷曲石、罕见的莲花盆）、穿洞、峰丛洼地、岩溶峡谷、坡立谷、岩溶泉、伏流、干谷、石芽溶沟、石林、断层带、小褶曲、古老的大熊猫化石、洞穴新近纪地层、碳酸盐岩、海相生物化石等 20 余种地质遗迹，包括岩溶天坑群及大型地下河遗迹、岩溶洞穴群遗迹、岩溶高峰丛洼地及坡立谷遗迹、水文遗迹、地层古生物遗迹、岩石遗迹和区域构造遗迹等，此外，还有独特而丰富的非地学遗迹。

世界地质公园岩溶地貌景观：凤山地区以岩溶高峰丛地貌、坡立谷、岩溶峡谷最为典型。凤山地区高峰丛地貌独具代表，是由纯碳酸盐岩组成的、有统一连生基座的石峰、洼（谷）地相伴的地形，石峰高峻、挺拔，高程多在 800 m 以上，洼地以浑圆状及长条形为主，石峰与洼地高差 150～500 m，形成高峰丛深洼地的典型地貌形态组合，尤以凤山县的坡心、良利、仁安、坡龙、弄者等地的峰丛最为优美，堪称我国甚至世界高峰丛深洼地的典型代表。凤山县松仁坡立谷位于凤城镇松仁村，距离县城 4.2 km，其北端与久加谷地相连。乔音河由北而南蛇曲般流经坡立谷，于其南端潜入地下。坡立谷平坦开阔，最宽处达 550 m，最窄处为 100 m。底部海拔高程为 515～530 m，周边是相对高度为 200～430 m 的峰丛，尤其是谷地东侧边缘的峰体，大多为斧劈般的悬崖绝壁，形成独特的峭壁状峰丛。

第二章

品读乐业-凤山

一、长寿奇观

（一）世界地质公园博物馆 —— 丰富生命知识

乐业－凤山联合国教科文组织世界地质公园位于云贵高原向广西盆地过渡的斜坡地带，由相邻的乐业大石围天坑群国家地质公园和凤山岩溶国家地质公园组成，包括八大景区和两个地质博物馆，即黄猄洞天坑景区、大石围天坑群景区、穿洞天坑景区、罗妹莲花洞景区、布柳河仙人桥景区、江洲长廊景区、三门海天窗群景区、鸳鸯泉景区，以及穿龙岩综合地质博物馆和乐业天坑博物馆。

名片 2-1

八大景区面积：

黄猄洞天坑景区 36.25 km^2。

大石围天坑群景区 44.75 km^2。

穿洞天坑景区 17.41 km^2。

罗妹莲花洞景区 15.63 km^2。

布柳河仙人桥景区 35.51 km^2。

江洲长廊景区 31.21 km^2。

三门海天窗群景区 15.36 km^2。

鸳鸯泉景区 60.85 km^2。

名片 2-2

乐业－凤山联合国教科文组织世界地质公园：

地理跨度为东经 106°18′ ～ 107°06′，北纬 24°18′ ～ 24°50′。

海拔高程 274 ～ 1500 m。

总面积 930 km^2，其中乐业县约占 47.97%，凤山县约占 52.03%。

总面积中，核心保护区面积为 3.4 km^2，一级保护区面积为 19.0 km^2，二级保护区面积为 43.9 km^2，三级保护区面积为 863.7 km^2。

> **知识环岛 2-1**
>
> 　　联合国教科文组织世界地质公园（UGG）是由联合国教科文组织（UNESCO）选出，以其地质科学意义、珍奇秀丽和独特的地质景观为主，融合自然景观与人文景观的自然公园。
>
> 　　截至 2019 年 4 月，联合国教科文组织世界地质公园网络（GGN）共有 147 个成员，其中 39 个在中国。
>
> 　　世界地质公园通过正规而严格的审核而获得资格认证，此资格每隔 4 年必须进行再评估。
>
> 　　世界地质公园的核心理念是地质遗迹保护、地质科学研究和科普教育，以及支持当地居民可持续发展。

　　2010 年 10 月 3 日，乐业－凤山地质公园被正式列入联合国教科文组织世界地质公园网络名录，获得"广西乐业－凤山联合国教科文组织世界地质公园"称号。

1. 乐业大石围天坑群世界地质公园博物馆

　　乐业大石围天坑群世界地质公园博物馆成为公众了解世界地质公园的一个窗口平台。由乐业县人民政府积极协调社会各方面力量建成，占地面积 763 m^2，建筑总面积为 1575 m^2。2005 年 4 月 28 日，乐业大石围天坑群国家地质公园博物馆正式开馆对外服务。

　　博物馆内现有 363 m^2 的展览厅和 189 m^2 的现代声、光、影像演示厅各一个。博物馆展示的内容主要是以文字介绍、图例、表格、数据、图片和实物标本相结合，用展板形式和通俗易懂的语言，全面介绍乐业地质公园的地质背景、地质遗迹景观特征、价值、形成演化历史和开发保护情况。

　　博物馆设有相应的专职讲解员。目前，展厅内共收藏地质公园各类地质、古生物化石标本 400 多件，附有说明和彩色图片、附表、附图 284 张，不同阶段的影视光盘、音像材料和学术、宣传资料一批。

　　博物馆是地下河洞穴观光与探险、科普教育、休闲度假的极佳场所。通过图文展板、实物标本、沙盘模型、多媒体设备和专职讲解员相结合，全面、

乐业—凤山世界地质公园博物馆

系统地介绍地质公园的地质形成背景、价值、形成演化历史、开发保护情况、当地人文风情，展示了地质公园地质遗迹景观特征及其国内外对比等内容。

2. 凤山世界地质公园博物馆

凤山世界地质公园博物馆位于凤山县城北面中国第五大洞穴厅堂穿龙岩洞口内，占地面积 12 000 m²，空间高度达 101 m，是我国目前利用天然洞穴建设的空间最大、钟乳石展品最多、格局最美、展示最奇特的地质博物馆。

凤山世界地质公园博物馆是个典型的、全国乃至全世界唯一的大型岩溶洞穴地质博物馆。馆内设了图文灯箱展区、实物展区、多媒体演示区（地堡）、沙盘模型展区、民族民俗民居展区等，在布展风格上把洞穴原生态和现代展览技术各种元素有机结合，突出色彩、灯光与洞穴的和谐；在布展内容上除原址遗留的地质遗存物，还收集了凤山世界地质公园其他景区及全国各地的典型地质遗迹标本。

穿龙岩景区

穿龙岩景区由穿龙岩、雷锋古寺、美人睡山、土官古墓群等景点组成。

穿龙岩位于凤山县凤城镇西北面，自古是当地村民步行入城的必经之道，又名凤阳关。古道沿穿龙内洞岩壁大型水平边槽延伸。乔音河从其腹中流过。穿龙岩是由于地下水的侵蚀作用及云贵高原地壳抬升作用形成，因奔腾数十里的乔音河下游流经松仁村进平包屯黑潭，从内龙山脚冒出一截后闯入岩洞直注县城，活像一条巨龙，隐而复现，穿岩入城，故古人名之曰"穿龙岩"。

穿龙岩1

知识环岛 2-2

边槽：溶洞一侧洞壁上近于水平的溶沟。边槽常有上下数层，系地下水溶蚀的结果，是历史水位的记录。

凤山八景之一"丹崖晚照"：穿龙岩西南面石壁高约180 m，130 m处有一小溶洞，被称作凤山的"凤眼"，夕阳晚照，满壁金光。

穿龙岩是乔音河地下洞道的一小段，是一个大型厅堂型伏流穿洞，发育于上石炭统浅灰色中一厚层状灰岩中，岩层产状平缓，倾角10°。

穿龙岩排名中国洞穴大厅第5名，世界第12名。洞底向东倾斜，洞厅投影底面积4.15万 m^2，相当于3个足球场，像一个巨大的会议厅，空间旷阔，极为壮观，堪称一绝。

名片2-3

穿龙岩：

北洞口河床海拔480 m。

主洞长372 m、宽96～140 m，其中伏流宽20 m左右。

洞厅高35～47 m。

南面洞口宽约80 m，高约30 m。

整个穿龙岩最宽约200 m（含河床宽度），深度为400 m。

算上大大小小的支洞，穿龙岩总长度1100 m，主支洞总长近1 km，容积为111.6万 m^3。最大高差101 m。

穿龙岩2

穿龙岩地下河首先从西侧流入洞内,然后横向转折拐向东,再向南流,在转折处可很好地看到地下河溶蚀和河流堆积的地貌。在北洞口西侧崖壁可见丰富的蜓类化石,崖壁脚部发育有大型水平边槽。

由于乔音河侵蚀和人类活动影响,穿龙岩洞底地形呈3级,高差约18 m。第一级为乔音河,宽约20 m;第二级高出河床10～15 m,宽80～100 m,为凤山－天峨二级公路;第三级高于第二级3～8 m,宽10～20 m,由黏土和结晶的钙板组成。

洞内钟乳石北富南乏,而西南洞顶为大面积的方解石。由于年代久远和人为活动影响,洞内石笋、石柱等岩洞景观破坏较大,地面仅有3处较大的石柱,洞顶却到处可见悬挂的石钟乳、石幔、石笋。许多燕子在洞顶做窝,成群的燕子在空中飞舞。

穿龙岩石刻

在穿龙内洞左侧岩壁边槽上方石崖上有一长50 m、高10 m的石刻长廊,古今文人墨客在这里挥毫留下了许多手迹。据说古代地理学家、旅行家、游记文学家徐霞客曾在这里驻足留墨。

穿龙岩洞内有3处大石笋。一处位于东北侧,直径10 m、高5 m,另两处位于洞厅中心,直径分别为8 m和14 m,高度分别为7 m和10 m。在地质博物馆的东南侧可见高度超过 20 m 的大流石坝。在地质博物馆西侧至高处，有一个宽度为 10～20 m 的小型洞厅，由黏土堆积、大型边石坝、大型石钟乳和许多天井组成。从这些天井滴下的水流甚至溶蚀了早期沉积的石钟乳，使之成为喇叭状的石钟乳，视为奇观。在石钟乳下方，有一小型支洞，长 200 m，高差 20 m，雨季流水不断，形成了层层边石坝。

在穿龙岩东北侧，有个百米支洞，洞口在崩塌厅堂一侧。支洞洞顶上方有许多天井，对其中 7 个进行探测，均无延伸。最高的一个位于洞道中央，直径 20 m，其中发育流石可延伸至最高处。在穿龙岩两端均发育大量向光性石钟乳，长度 0.3～0.8 m。

> **知识环岛 2-3**
>
> 天井：洞顶或洞厅上方竖井状盲洞或竖井，为具侵蚀性的地下水流顺裂隙溶蚀而成。

穿龙岩明显受构造破碎带控制，在大厅西侧发育了近南北向的方解石条带，使得洞道大致呈南北走向。无论在穿龙岩高处，还是在穿龙岩西南洞顶，以及西南崖壁，甚至县城南部酒店一侧的山脚均可观察到延伸的方解石条带。

溶洞与博物馆的有机结合。穿龙岩适合所有年龄的人在此开展活动。它是天峨县进入凤山县的便捷之道。穿龙岩景区建立了地质博物馆、洞天剧场和停车场,洞天剧场只在探游节和重大节庆日才开展活动。停车场有时是广场舞活动的空间。

穿龙岩是攀岩的理想培训基地。洞内还开辟了多条攀岩线路,博物馆高处有时也作为洞穴探测技术的培训基地使用,全国各地的洞穴爱好者在此进行洞穴救援培训。在河流上方搭建的绳索系统,作为刺激肾上腺素绳索运动使用。

穿龙岩有乔音河最大的鱼,在凤山当地非常有名,但是没有人会吃它,您能找到它吗?因为河流将它深深刻在了石灰岩中。

鸳鸯泉景区

鸳鸯泉景区由鸳鸯洞和穿龙岩两个次级景区组成,地质遗迹分布于坡月地下河东支乔音地下河流域,主要地质遗迹有鸳鸯洞、鸳鸯泉、凉风洞、

鸳鸯泉风景区

西西里洞、云峰洞、坡仙洞、黑洞、亮洞、穿龙岩、水帘洞，以及仁安峰丛、凤城坡立谷、松仁坡立谷等，此外，在景区部分峰丛山体上还发育有穿洞，与所在的山体共同组成月亮山、象鼻山等象形景观。其中，穿龙岩建设为乐业－凤山联合国教科文组织世界地质公园综合博物馆。

鸳鸯泉风景区，三面环山，可与天下第一洞的巴马瑶族自治县百魔洞相提并论，洞中的松果状石笋林，在全国也是称得上一流的。鸳鸯洞正名流自治区内外，它将成为新兴的旅游胜地。鸳鸯洞设有游客中心、停车场和地质遗迹点解释牌等。

鸳鸯洞位于凤山县城东南部凤凰山腰，距离凤山县城 3 km。鸳鸯洞由于毗邻鸳鸯泉，加上洞内有一对造型酷似鸳鸯的石头而得名。它是世界地质公园核心景区，国家 AAAA 级旅游景区。

鸳鸯洞海拔 700 余米，为云贵高原南缘岩溶中高位双层溶洞。洞中石柱、石笋、石幔琳琅满目，形态动人，栩栩如生，有龙腾虎跃，巨龙盘绕，大瀑奔流，也有奇浪飞溅，鸳鸯戏水，银碟飞舞。景观秀丽，仰可手指日月，俯可畅饮鸳鸯泉。

名片 2-4

鸳鸯洞：

洞口高 7.5 m，宽 12 m。

洞长 480 m，最宽处 320 m。

岩厅最高点 52 m。

面积为 2.9 万 m^2。

从洞口进入便是第一层洞，游程迂回全长 1200 m。洞内大厅规模宏大，排名中国第九。神奇的地下宫殿，洞中乳石峥嵘，气势恢宏，奇石造型精妙，宏大之处，景含群山之状，气势磅礴，石笋高达 36.4 m，排名中国第一、世界第三，犹如擎天巨柱直插云天。抬头仰视，擎天巨柱直插，因光线变幻、水雾升腾，身在其中有没入茫茫太空之感，洞中石笋不计其数，在多处聚集形成了奇特的洞中石林景观。20 m 以上高度的石笋约 15 个，6 m 左右高度的石笋更是不计其数。洞内最大的石幔高约 15 m，宽 6 m，颜色洁白，酷似飞流直下的瀑布，刹那间结成了冰柱，凝固在这美丽的鸳鸯洞中。洞内

高达36.4 m的石笋

辉煌瑰丽，多姿多彩，庞大的石塔群，挺拔高耸，雄伟壮丽，让人惊叹不已。洞中怪石林立，洞壁鬼斧神工，状怪形奇，加上洞中雾气缭绕，变幻无穷，更使这些巍巍景观显得诡秘魔幻，多彩多姿。经勘察测量洞内空气中负氧离子含量超过 7 万个 /cm^3，是天然的氧吧。

鸳鸯洞的科学考察研究价值在于反映云贵高原喀斯特地貌的演化过程和人类各时期的生态环境。洞中景色为天下奇观。以溶洞走向和洞物分析的科考方式考察此洞，这是一个比较完整的古时代岩溶发育的痕迹，洞中石笋颜色的层次变化，可记录云贵高原各个时期生态环境的特征。

鸳鸯洞

1998 年 3 月，鸳鸯洞被凤山县旅游资源调查组考察发现后，立即被组织开发，由于洞景独特，交通便利，旅游开发基础好，已有大量中外游客慕名游览。

景区内设有农家乐餐厅，有自助烧烤场，可提供当地美食；设有特色产品区，提供当地特色产品；晚上有露天音乐广场，定期举办各类文艺汇演、民俗表演。是一个集游览、美食、购物、娱乐为一体的综合型景区。

云峰洞位于凤山县城东往东兰县方面的峰丛山腰。

名片 2-5

云峰洞：

东洞口位于洼地边，海拔高程为 745 m，洞道向西倾斜。

北洞口位于峰丛山腰,海拔高程为760 m,高出凤城坡立谷280 m。洞全长640 m,洞道最窄处位于中部,宽2.6 m,高3.9 m,最宽大处位于北部阳光大厅,长320 m,宽50～120 m,高32 m。面积3万 m²。

云峰洞

云峰洞内钟乳石以个体硕大的石笋、石柱及壁流石为主,两个洞厅视野开阔,洞底平坦,且有面积约80 m²的季节性水塘。自北洞口俯视,整个县城尽收眼底。

云峰洞洞口溶蚀形态发育,东洞口洞顶溶蚀形态发育,指示古水流从东往洞内流,有趣的是北洞口洞顶的溶蚀形态也指示古水流往洞内流,这说明这些溶蚀形态均受到了生物岩溶作用的改造,从区域地貌和水文地质情况来看,古水流应该是从东往北流向凤城坡谷地。

云峰洞步道主要看点是古堡、高峰丛深洼地、生物多样性。云峰洞主要看点是古城墙、生物、洞穴。

云峰洞由于洞口宽大,洞口段受到洞外光线的照射,在洞穴弱光带洞道及其钟乳石表面生长有许多藻类、苔藓、地衣等生物。在这些生物的溶蚀和沉淀作用下,形成了许多生物岩溶溶蚀和沉积形态,并具有方向性。

我国是世界上苔藓植物多样性最为丰富的国家之一,约有3000种,占全球的15%。苔藓是地球上较早的陆生植物,它们体积小、结构简单、没

云峰洞季节性水塘

云峰洞步道导览图

云峰洞内植物

有维管组织，不开花，用孢子进行繁殖。苔藓植物是自然界的拓荒者，在维持水分平衡、减缓温室效应等方面，发挥重要功能。苔藓植物是植物王国的小矮人，具有独特的美和多样性。

知识环岛 2-4

高峰丛地貌：

  由纯碳酸盐岩组成的、有统一连生基座的石峰、洼（谷）地相伴的地形，石峰高峻、挺拔，高程多在 1000 m（乐业）或者 800 m（凤山）以上，洼地以浑圆状及长条形为主，石峰与洼地高差 150～500 m，形成高峰丛深洼地的典型地貌形态组合，如云峰洞景区公路和县、乡级公路沿线的高峰丛深洼地岩溶地貌。

  凤城坡立谷是凤山县城所在地。

名片 2-6

凤城坡立谷：

底部高程 474～490 m，谷地宽阔平坦。

南北向长约 5 km，宽 40～900 m，周边为陡峻的峰丛。

山顶高程 615～952 m。

  站在凤城坡立谷周边峰丛山顶或从云峰洞北洞口俯视，九曲河、乔音河、巴旁河"三龙"在县城东南相会，蜿蜒而过，流至恒里，于京里潜伏。

  古碉堡位于云峰洞步道，呈椭圆形，以巨石围砌而成，高 1～2 m。两座古碉堡呈扇形分布，碉堡开一道门进出，旁设射击口一处，其中一座古碉堡已坍塌，仅存的古碉堡也有不同程度损坏。因云峰洞步道可俯瞰县城，是守御凤山县政府的天然屏障，故碉堡常作为军事设施。

  云峰洞古城墙始建于清代雍正八年（1730 年）。

  生物具有多样性。云峰洞洞穴植物可界定为洞穴生境中的天然植物区系。随着光的强度由洞口向洞内逐渐减弱，植被物种多样性减少，并使物种的分布表现出分带性。云峰洞的洞口带分布的植物主要是一些洞外植物由于雨水、风和动物的携带而向洞内扩散，多为岩溶石山常见植物，如老虎刺、

云峰洞口俯视整个县城

云峰洞古城墙遗迹

构树、八角枫、圆叶乌桕、斜叶榕、竹叶花椒、红背山麻秆等。洞口可以明显看见洞底部生长的隐脉楼梯草形成一个平面，全部朝向洞口，表现出了极强的向光性。

乐业－凤山联合国教科文组织世界地质公园内的典型块状岩溶区具有重要的科学研究意义及极高的美学观赏价值。发育有两大地下河系统——百朗地下河和坡月地下河，总长分别为 162 km 和 81.5 km，其中百朗地下河系统规模世界第一，形成了成熟的高峰丛地貌。拥有全球最大的乐业大石围天坑群、分布最集中的凤山洞穴大厅、天窗群、最大跨度的天生桥及典型洞穴沉积物、最完整的早期大熊猫小种的头骨化石，记录二叠系末至三叠系生物灭绝事件界限剖面，以及独特天坑生态环境保留的动植物多样性，如天坑植物群落、布柳河河谷森林群落、中国兰花之乡和洞穴动物群落。

大石围天坑群一带碳酸盐地层中蕴藏着丰富的古生物化石遗迹，是确定该区碳酸岩层形成年代和研究古地理变迁的重要依据。古生物化石遗迹有蜓类、海绵、藻类、珊瑚、海百合和腕足类等海生物化石，其中不乏标准化石。

特殊的地质背景具有非常好的开展地质遗迹保护和发展旅游事业的条件。为当地人民提供了良好的生存环境，多民族融合留下了独特的少数民族民俗文化。

3. 江洲仙人桥

江洲仙人桥位于凤山县城西南部江洲瑶族自治乡凤平村，距离凤山县城60 km，江洲乡巴标村蛮肥屯公路穿桥底而过，距江洲乡政府仅有1 km。

江洲天生桥1

江洲仙人桥形成的地质年代为古生代二叠纪，距今已有2亿多年的漫长历史，为喀斯特地形地貌。它是中国第二跨度天生桥，秀丽的景观画面已多次上了中央电视台和广西电视台，《广西日报》《河池日报》《地质矿产报》

也刊登过。

　　仙人桥由当地不少传说而得名。人们对这座桥非常敬仰,在这里设庙宇,在这一带护林植树,让这里绿,让这里美,使龙气盎然,努力地维护美丽山水,相信因此日子会一天比一天更好起来。

　　仙人桥处于两山夹峙,桥两头连接两边大山,江洲小河和凤山至江洲公路穿于其下,俨然像一座天然拱桥。从远处眺望,巍峨雄伟,气壮山河;在桥下观看,宽广无比,使人倍感心旷神怡。桥拱下面千奇百异的石乳倒挂,青藤攀缘,栩栩如生,秀丽壮观。桥底两端有供游览的天然平台和岩洞,也就是传说的仙女与凡夫对歌的歌台和更衣休息的地方。这里阴凉爽快、处境通幽是夏季青年男女谈情说爱的地方和独有的避暑仙境。桥底下面江洲河缓缓流过,河水清凉碧绿,鱼翔浅底,农闲季节,壮族、瑶族同胞常到此垂钓消闲,时常也钓上两三斤重的大鲤鱼,就地架锅烧煮,大享绿色食品的天然美味。

名片 2-7

江洲仙人桥:

　　跨度长118 m。宽76 m。高58 m。

江洲天生桥2

天生桥北侧桥下有明代建筑物永宁寺遗址。西端桥底有清末所建的建筑物永宁遗址，有光绪三十四年立的百色分司王王示石牌；在清代，田州土府名士将此桥题为孔滴清岚，是田州八景之一。为纪念仙女下凡之地，每年的农历三月初三，当地瑶族、壮族、汉族的少男少女都到此地搭擂对歌，寻找百年相好，这具有瑶乡特色的风俗几千年来一直延续至今。对此天然美景，行人至此，无不拍手叫绝，确实是令人陶醉的旅游胜地。

4. 孟里天生桥

孟里天生桥位于凤山县更沙乡孟里屯，距离凤山县城 69 km。

与大石围峰丛相比，孟里峰丛地貌以峰丛垄岗更雄伟、洼地更深邃和更宽阔为特征，这与其组成地层岩性有关。大石围峰丛地处中、上石炭统，以马平组厚层块状生物碎屑灰岩为主；孟里峰丛则以下二叠统茅口组中厚层微晶、泥晶灰岩为主。

名片 2-8

孟里峰丛：
分布面积 120 km^2。石峰海拔 700～1100 m。峰丛相对高度 300～600 m。

孟里天生桥是更新地下河更沙支流早期洞穴通道未完全崩塌残留的产物。其东北侧为一塌陷漏斗，体量接近天坑标准，东南侧为早期塌陷漏斗演化成的深邃洼地，它们都是更新地下河行迹在地表的反映。

名片 2-9

孟里天生桥：
桥面厚度 17 m。拱高 60 m。孔跨 60 m。桥宽 90 m。

5. 罗妹莲花洞

罗妹莲花洞位于乐业县城内西南方向的乐雅公路旁，距离乐业县城约 1 km。

莲花盆

　　罗妹莲花洞，顾名思义，罗妹是洞穴的名称；莲花洞，是指洞穴的特征，以莲花盆著称。原名罗妹洞，经中外专家联合科考队考察发现，洞内发育的莲花盆数量及规模堪称世界之最，故将洞名改称罗妹莲花洞。

　　罗妹莲花洞是百朗地下河系统上游的一段伏流洞穴。此洞分上下两层，上层为化石干洞；下层为地下河水洞。洞体由西至东呈狭长的"S"形廊道展布。洞内分为八大景区：罗妹迎宾、南天洞庭、瑶池仙境、莲花世界、长龙卧波、九龙柱、罗妹望夫、南海洞天。有59个景点，景点众多，各有特色，目不暇接。景观以复合型为主，形态各异，惟妙惟肖，栩栩如生。有高山飞瀑、石柱林、盾帐、飞禽走兽、花鸟虫鱼、渔家村寨、参天古树、天山雪景等景致，令人叹为观止。

　　上层洞为旱洞，洞底平坦，最大的特色是洞穴莲花盆群数量众多，形状各异，共有296个莲花盆，若加上盆中盆的数量则达600多个，属世界上最大的莲花盆群体。最大莲花盆直径达9.4 m，形状独特，精美无比，被称为"莲花盆之王"，排名世界第一，价值连城。

名片 2-10

罗妹莲花洞上层洞：

洞口高程 978 m。洞长约 970 m。宽 10~50 m。高 1.5~20 m。洞底面积 20 350 m^2。

罗妹莲花洞是目前全球已发现洞穴中莲花盆最多、最大、类型多样的洞穴。莲花盆内外均有分布，按形状来分，有圆形、椭圆形、枕头形、不规则形等；按体态来分，有的像睡莲，有的像圆桌，有的像墨砚，有的树墩，有的像蒲扇……不一而足。罗妹洞的莲花盆与众不同，盆盆相叠，盆中有盆，盆中有柱，盆中长"树"，奇景不断。莲花盆中长出了"石柱"，顶天立地，给人留下深刻记忆。

同时发育了大量的以底流石为特色的次生化学沉积物，包括流石坝、石田、不计其数的穴珠、石旗、石带、石幔、石瀑、石幕、石盾等。踩着莲花盆通道游览其间，石笋奇异，钟乳垂挂，晶莹透亮的石笋、石柱、石瀑和形状不一的莲花盆在七彩光的映射下，美轮美奂，如临仙境。

罗妹莲花洞是百朗地下河系位上游的一级伏流洞穴。下层洞为现代地下河廊道，为百朗地下河的上游河道。总体上呈多级"之"字形展布，有 8 个景点即暗访地宫、仙人开道、神舟直上、九典天宫、银河西流、重放光彩、罗妹挥手、溪水常流，整个洞内景观奇绝，是目前世界上少有的莲花洞景，景观旅游价值极高，开发潜力极大。

名片 2-11

罗妹莲花洞下层洞：

入口高程 955 m。长 679 m。宽 5~33 m。高 7~10 m。

罗妹地下河谷景区：天坑群的形成从这里开始。洞内幽深静谧，钟乳奇石迭出。由石钟乳、石笋、石柱、壁留石、天流石、底流石和莲花盆组成了 69 大景区，数十个景点。其中以莲花盆、穴珠和石田最具特色。较大的莲花盆集中在洞的中段，最引人入胜的是莲花盆与石钟乳的珠联壁合，景观奇绝，国内为冠，世界无双。穴珠分布也较普遍，大者如板栗，小者似黄豆，大多呈浑圆状，件件都是巧夺天工的精美艺术品。石田阡陌纵横，延绵不断,在斜坡上的石梯田层层叠叠,步步高升,边坝平行洞壁蜿蜒展布,风光旖旎。

1984年罗妹莲花洞景区被定为乐业县重点文物保护单位。

探上古岩溶幻境,赏莲花奇石之王。罗妹莲花洞是世界地质公园内地表明流与地下暗河频繁交换的地区,是岩溶坡立谷典型发育区,也是洞穴莲花盆集中发育区。主要有天坑博物馆、罗妹洞、罗妹洞地下河、平寨河、河坪地下河、金银洞地下河、同乐坡立谷、六为坡立谷、牛坪坡立谷等景点。

万事万物皆有灵性,这一切神奇的自然演变,构成了一个个天然博物馆,把人类文明的发展史展现得一览无遗。

6. 蚂蜂洞

蚂蜂洞位于乐业县城南部江洲村,距离乐业县城23 km。

蚂蜂洞为一穿洞,北洞口位于洼地一侧,南洞口位于天坑绝壁。洞口有一大厅。中段发育较丰富的钟乳石,下段有古近纪河流湖沼相地层剖面,证实该洞是一个河床遗迹,形成于古近纪,距今大约300万年。

蚂蜂洞

名片 2-12

蚂蜂洞：

洞长 215 m。北洞口标高 1372 m。南洞口标高 1289 m。洞口大厅面积 1225 m²。

新近纪地层剖面位于大石围天坑东壁蚂蜂洞内，海拔标高 1289～1372 m，剖面长 33 m，主要岩性为细砾岩、含砾砂岩及泥岩，厚 14.1 m，沉积特征以水平层理为主，无交错层，砾石不具二元结构，并含少量有机质，说明其可能属河流湖泊相沉积。这些岩层中含丰富的植物孢粉化石，以被子植物花粉为主，次为蕨类孢子和裸子植物花粉。被子植物花粉中以桦科分子较发育，主要有桦粉属、榛粉属、桤木粉属、鹅耳枥粉属；此外还有胡桃科、栎粉属、栗粉属。草本植物花粉常见，主要为藜粉属、菊科、禾本科分子。裸子植物花粉中以松科最发育。蕨类孢子中水龙骨科单缝孢子较发育，还有木沙椤孢属和凤尾蕨孢属等。根据孢粉组合特征，确定属新近纪产物。

知识环岛 2-5

人类历史以朝代划分，地球历史则按代纪划分。

根据生物的演变、地质条件和古气候的变化，把地球的历史分成几个代：太古代、元古代、古生代、中生代和新生代。代下面又分为"纪"等。

该剖面为广西至今发现最高海拔的新近纪剖面，也是广西最高岩溶峰丛中首次发现的新近纪剖面，为研究桂西北地区地壳上升及大石围天坑附近的峰丛地貌发育史，具有重要意义，也是普及地学知识的良好场所。

7. 火卖洼地

火卖洼地大致呈南北走向，由于长期的岩溶地质作用，由 9 个石灰岩山峰所围绕，形成一个四周高、中间低的喀斯特小漏斗式的盆地。洼地中央有"一洞三坑"中的两坑，即蜂子挡和沙堡堡天窗。洼地东垭口为连接火卖与县城的通道，东南垭口通大朝屯和大曹天坑，西南垭口通甲蒙天坑，西北垭口通迷魂洞和白竹洞。

名片 2-13

火卖洼地：

长 450 m。宽 100～240 m。石峰高程 1280～1390 m。洼地高程 1170～1220 m。峰丛与洼地底部高差 110～220 m。

蜂子垱洞有 3 个洞口，为早期地下河塌陷形成的 3 个天窗，即蜂子垱、沙堡堡和骆家天窗，因此被称为"一洞三坑"。蜂子垱和沙堡堡天窗位于火卖洼地内，相距约 25 m，骆家天窗位于火卖洼地外。天窗洞口需要借助绳梯才能到达洞底。

名片 2-14

蜂子垱天窗洞口高程 1208 m，洞口直径 20～10 m，天窗高度 40 m。
沙堡堡天窗洞口高程 1202 m，洞口直径 10～7 m，天窗高度 10 m。
骆家天窗洞口高程 1243 m，洞口直径 15～7 m，天窗高度 58 m。

洞底有季节性地下河，洞道总长 1015 m，宽高均 5～40 m。洞内钟乳石类景观以底流石石梯田为主，但洞顶钟乳石却塌落成堆。夏天天窗口气温比洞外低 3～6 ℃，为消暑纳凉好去处。

8. 大曹天坑

大曹天坑位于乐业县央林村大曹屯西，距离乐业县城 8 km。

大曹天坑坑口为不规则四边形。天坑北绝壁最深，为 105 m。由天坑东侧可以进入坑底。在天坑东北角底部有一干洞，长 200 m，末端有一深 30 m 的竖井，下此竖井即为大曹地下河洞穴，以及红玫瑰大厅。

名片 2-15

大曹天坑：

洞长度 9182 m。洞深度 169 m。坑口南北长 300 m。坑口东西宽 140 m。坑口面积 3 万 m^2。

红玫瑰大厅位于大曹天坑底东侧。洞厅西北侧洞壁发育长200 m、高100 m 的巨大石瀑和壁流石，堪称世界之最。红玫瑰大厅是大曹洞下层洞顶板崩塌，导致中层洞与下层洞贯通，继而引发中层洞顶板崩落的结果。

名片 2-16

红玫瑰大厅：

长 300 m。宽 200 m。高 200 m。底部面积 5 万 m^2。容积 525 万 m^3。

2018 年 10 月 4—15 日，由国际洞穴联合会名誉主席安迪·伊文思率队，与中国地质科学院岩溶地质研究所合作，对中国乐业－凤山联合国教科文组织世界地质公园 2017 年发现的香港·海亭大厅进行三维激光扫描，确定其容积为 353 万 m^3，位居世界第十；其洞底投影面积达 7.76 万 m^2，位居世界第三。应地质公园的要求，专家团队对冒气洞阳光大厅重新进行了高精度扫描，发现其容积为 677 万 m^3，居世界第三；由地下河至冒气洞的高度为 450 m，为世界之最。根据前期和此次三维扫描成果，地质公园内的阳光大厅、红玫瑰大厅、香港·海亭大厅、马王洞大厅、马可波罗大厅、穿龙岩大厅，容积均超过 100 万 m^3。世界十大溶洞大厅中，有 3 个位于中国乐业－凤山联合国教科文组织世界地质公园，包括阳光大厅、红玫瑰大厅、香港·海亭大厅。

香港·海亭大厅位于凤山县平乐瑶族自治乡海亭村，距离凤山县城 35 km。2017 年 7 月香港洞穴探险队发现此大厅，因此命名为香港·海亭大厅。

大厅位于峰丛洼地之中，天坑之下，天坑坑口直径 100～200 m，最大深度 118 m。天坑底部是一片原始森林。

安迪·伊文思亲自携专家团队 9 人到现场考察认证。专家们利用洞穴单绳技术下降到天坑底部进行考察，发现天坑底部朝东南方向倾斜形成一个巨大的洞穴，纵深 400 m，高差 110 m，洞底一侧是崩塌块体，另一侧则是保存完好的钟乳石景观；通过三维扫描还发现，洞顶上方有一个直径 60 m、深度 150 m 的天井，天井顶部距离底部仅有 15 m 左右。这种与天坑紧密相连的溶洞大厅为岩溶天坑的演化提供了许多生动的证据，由洞穴崩塌露出地表形成天坑，同时导致岩石应力释放，在大厅周壁形成岩层变形、弧形节理、破裂面，以及大量新旧不一崩塌堆积体。在大厅底部有一处竖井，与地下暗河相通，为区域构造抬升演化的结果。

如此大的洞穴是如何形成的？"这些巨型洞穴都是天然洞穴，是地下暗河长期溶蚀搬运的结果；后期由于地壳抬升，大部分崩塌块石失去地下河的溶蚀搬运而堆积在大厅底部。"中国地质科学院岩溶地质研究所专家张远海这样解释，"天坑是地下河发育洞穴到非常成熟的形态，其在地下形成溶洞大厅，然后崩塌露出地表通常表现为天坑。"

"所有溶洞的形成并非一蹴而就，它们基本上都有着200万年以上的历史。""这些洞穴是研究地球演化的重要证据，是研究岩溶地貌演化的重要载体，是一种极具旅游开发价值和地学科普价值的宝贵资源，更是探险者的乐园、勇敢者的天堂。"

大曹地下河洞穴系统长9461 m，分3层洞道。上层洞高程1060～1080 m，位于大曹天坑底部，钟乳石景观稀少；中层洞高程940～980 m，洞腔高大，以红玫瑰大厅及其中的巨大流石坝为特征；下层洞高程920～940 m，为地下河洞穴，洞底几乎全为黏土所覆，以泥裂开景观为特征。

9. 牛坪洞

名片 2-17

牛坪洞：
长度 3450 m。深度 115 m。

10. 金银洞地下河

金银洞地下河为百朗地下河系的一个支流，常年有水，总长5595 m。地下水由东北流向西南，沿途有多条支流汇入。上游及下游有干洞通道，洞内分布有较大的壁流石，也可以见到新生的钙膜，但石笋却很稀疏。在2002年中英第12次联合探险中，科学家们在金银洞"东方快车"支洞地下河中，发现了洞穴生物新物种——克氏盲昆虫。金银洞深度69 m。

11. 牛坪坡立谷

> **知识环岛 2-6**
>
> 坡立谷：通常指谷地平坦、周围被封闭、具有地表河和地下排水系统的大型岩溶封闭洼地。
>
> 边缘坡立谷：岩溶区与非岩溶区接触带所形成的较大面积谷地。边缘坡立谷因为接受自非岩溶区的外源水，在可溶岩一侧形成大型谷地，这种负向岩溶地貌形态在地质公园连片峰丛分布区中显得格外引人注目，成为人类耕作、居住、生活与工程建设的场所，如乐业同乐坡立谷、六为坡立谷、凤山凤城坡立谷、坡心坡立谷、东泥坡立谷等。

牛坪坡立谷呈近南北向展布。南端接纳百朗地下河几经罗妹洞伏流、陇洋伏流和牛坪伏流后流出的明流，北端接纳来自下岗坡立谷的水流，此二股水流汇合后复潜入峰丛山脚下的洞穴，形成可以测长度达 3600 m 的牛坪洞地下河，百朗地下河自此之后再无地表露头，直至约 40 km 后才最终在出口流出地表，注入红水河中。

> **名片 2-18**
>
> **牛坪坡立谷：**
> 底部高程 920~930 m。长 2300 m。宽 100~200 m。

12. 六为坡立谷

六为坡立谷属于边缘坡立谷。坡立谷北端为下、中三叠统砂岩、页岩、泥岩等组成的土山地貌，所产生的大量外源水侵蚀、溶蚀性强，有利于在石灰岩地层中形成坡立谷。六为边缘坡立谷底部分布有乐业县同乐镇的六为村等 6 个村屯。坡立谷两侧山体中可以见到 5 个洞穴，以金银洞为代表，其测量长度达 5600 m，坡立谷南端有数个消水洞，他们吸纳地表水流，注入地下河系中。

名片 2-19

六为坡立谷：

谷底北高南低，呈西北向展布。谷底标高 950～985 m。长 4200 m。宽 250～550 m。总面积约 168 万 m^2。

知识环岛 2-7

漏斗是岩溶名词，指岩溶区封闭的洼地，洼地四周坡陡，深度 2～500 m，底部平坦，直径 10～1000 m，平面形态呈圆形或椭圆形。岩溶漏斗是地表水流沿垂直裂隙向下渗漏时使裂隙不断扩大，先在地面较浅处形成隐伏的孔洞，随孔洞的扩大上部土体逐步崩落，开始在地面出现环形的裂开面，最后陷落成漏斗。

如果漏斗面积不断扩大，并且发展成底部由周边泉水汇集而成的小溪通过一端没于落水洞中，这叫坡立谷。

不过，在中国，有时将底部直径小于 100 m 的叫漏斗，超过 100 m 的叫洼地，再大者且有地表河的叫坡立谷。

知识环岛 2-8

天坑与漏斗的联系和区别：

岩溶漏斗形态：碟状或浅盆状，宽度大于深度，宽数米至百余米，深数米至数十米。

岩溶天坑形态：井筒状倒置漏斗状，深度与平面宽度均不小于 100 m。

岩溶漏斗岩壁与底部：周壁与底部多无明显的分界线，周壁为缓坡，底部常有落水洞，或被溶蚀残余物所充填。

岩溶天坑岩壁与底部：周壁与底部界线分明，周壁为陡坡绝崖，坑底有厚层的崩塌块石堆积，并有相当规模的地下河水存在。

岩溶漏斗成因：绝大多数是由地表流水沿节理、裂隙不断溶蚀，并伴有塌陷、沉陷、渗透发育而成，与地下河道是否存在无关。

岩溶天坑成因：在特定条件下，地下含水层中管道水流（地下河：

塌陷天坑）和地表集中水流（地表河：冲蚀天坑）积极活动的结果，与地下河有着不可分割的生成联系。

岩溶漏斗形成：一个漫长的渐进过程，其发育史多与当地的岩溶地貌发育史一致或十分接近。

岩溶天坑形成：多具有突发性（塌陷天坑）和快速的发育过程（冲蚀天坑）

知识环岛 2-9

地球五大生物灭绝事件

生物大灭绝，指的是一大批生物物种同时或者在很短的时间内突然消失。最严重的一次大灭绝发生在二叠纪晚期，当时96%的生物消失了。

①奥陶纪—志留纪生物大灭绝：4.43亿年前。

②晚泥盆世大灭绝：3.59亿年前。

③二叠纪生物大灭绝：2.52亿年前。

④三叠纪—侏罗纪生物大灭绝：2亿年前。

⑤白垩纪—第三纪生物大灭绝（K/T灭绝）：6500万年前。

看美丽中国，向世界地质公园进发。当人们走进世界地质公园，阅读这部记录了地球46亿年沧海桑田变迁的地质史学巨著时，不仅仅是感受天地间的沧桑巨变，还将以一种全新的视角重新审视人与自然的关系。

让我们走进世界地质公园博物馆，去了解乐业—凤山长寿养生文化的精华。通过到世界地质公园博物馆生态康养游，丰富了生命知识。

（二）长寿乡村游 —— 康养游者忘返

1. 凤山桃花源

凤山桃花源位于凤山县城西北部，距离凤山县城约 45 km，距离南宁市 330 km，距离河池市 200 km。南宁、河池至凤山公路均可通达。

凤山桃花源是以峰丛洼地类型为主的地质遗迹景观。该景区四面环山，山峰顶高 687～808 m。环顾东、南、西、北侧，可见有 4 个洞口位于不同高程上。洼地宽敞，洼地底部甚为平坦，平面上呈浑圆形，直径 450～500 m。景区西南端与穿龙岩相接，内龙位于穿龙岩后面，乔音河从地下流出，水流潺潺、蜿蜒流淌，穿过内龙流入穿龙岩，如同青龙沿岩道右侧峭壁之下，滩旋而激，水声如同春雷滚地，在洞厅内回响不绝。因人工发电引水而形成的瀑布断崖而下，如白练垂悬。田园绿坡、水中白浪、蓝天白云，数百亩田地镶嵌其中，景色宜人，构成一幅动态立体画。展现在眼前的是作家笔下的世外桃源，有一种置身其中的感觉。前人曾有"路入岩中别有天，人间佳景异桃源"之赞，因此取名叫桃花源。

从桃花源穿过地下河即指乔音河，就到了被誉为凤山"小桂林"的松仁村。这里峰丛林立，形态万千，似人面、如美人。加之竹影婆娑，云锁独峰，稻田碧绿，久加河、乔音河如玉带穿流其中，更是让人流连忘返。松仁月亮山更是令人叫绝，有诗曰：昼观山月亮，夜看月亮山！

乔音乡位于凤山县城西北部，西、北两面与天峨县更新乡、纳直乡毗邻，乡人民政府驻地那王村，距离凤山县城 22 km。

乔音乡总面积 187.8 km^2，属土山区。主要农作物为水稻、玉米、黄豆，经济作物以桑蚕、薯类、瓜果、蔬菜为大宗。森林覆盖率 64%，林产品及林下土特产品是乔音乡特色农业的主要项目，如八角、油茶、板栗、核桃、蔬菜瓜果、山羊、禽畜、水产品等。

2. 巴腊猴山

巴腊猴山位于凤山县城西北部乔音乡久隆村巴腊屯，距离凤山县城 20 km。凤山－天峨二级公路经过景区边缘。

巴腊猴山四面环山，清雅幽静，空气清新，风景优美，属典型的喀斯特地貌。景区占地 5000 余亩，集康养、休闲、观光、旅游为一体，以"高效生产与科技示范、结构调整与就业增收、旅游休闲与养生、生态保护与科普教育"为定位进行开发。

循山漫步，游客可尽情观赏奇异花草、树木，在大自然氧吧享受悠然的休闲时光。在这里可以参加很多项目的活动：一是参加观赏猕猴及互动项目，猕猴是国家二级保护动物，是一种古老的灵长类动物，也是人类的"远戚"，有很高的医学研究价值。猕猴善于攀爬、跳跃，会游泳、跳水，模仿性强，天性顽劣可爱。当人们与它们亲密接触，看它们在人群中大摇大摆地行走，看它们从人们手心拿走食物，看它们追逐嬉戏，感受大人们的笑脸与笑声，以及孩子们的天真童趣，此时所有工作上的压力和生活中的不顺也自然烟消云散。二是在兰园赏花品茗区自然环境中观赏兰花、体会兰花，享受空气里飘散着的阵阵清香，手把茶壶，谈古颂今，吟诗作对，雅然致极。三是在坐落于银子坡上的养殖示范基地的动物养殖观赏园中，林下饲养有红腹锦鸡、六画山鸡、七彩山鸡、白鹇鸡等。不仅可近距离观赏它们，还能大饱口福。四是在农家乐餐饮区，这里提供货真价实的农家土菜，产品有野菜（3—7月）、当地蔬菜和野鸡、土鸡及蛋品等。五是在养生休闲区，这里是度假康养的理想场所，依山而建，环境优雅，空气清新，天然氧吧，设施齐全，清雅幽静。

无论是与"远戚"亲近还是度假休闲、观赏奇花异草、品尝可口美味、体验大自然生态带来的全新感受，巴腊猴山都会让人心旷神怡、轻松自在、流连忘返。

3. 梦娥瑶寨风情园

梦娥瑶寨风情园位于凤山县平乐瑶族自治乡兰包村梦娥屯，距离凤山县城 40 km，距离三门海天窗群景区 18 km，介于江洲仙人桥－地下长廊景区和三门海天窗群景区之间，是凤山县蓝靛瑶族聚居的大山屯。

风情园是最佳的长寿地带性环境之一。属亚热带季风气候区，气候宜人，春暖秋凉，四季分明，雨量充沛，热量丰富，山地小气候明显，日温差小，年均温度在 19～21 ℃。

瑶寨内居住的蓝靛瑶族保持着特有的山歌及歌会、舞蹈及铜鼓、服饰与婚姻、抛绣球、瑶族斗鸟等原始生活习俗，各种节日、宗教活动、神话、故事、传说在风情园内得以生动活泼地展示。进入梦娥瑶寨可以尽情感受蓝靛瑶族独特淳朴的民俗民风、观看蓝靛瑶族姑娘的民族歌舞表演、参观民俗文化馆、到风情湖观光垂钓，更可以品尝当地地道的瑶家美味佳肴与热情好客的瑶族姑娘比酒量，共度美好时光。

4. 凤山恒里暗滩景区

凤山恒里暗滩景区位于凤山县城郊的恒里村，距离凤山县城 4 km，距离南宁市 300 km，河池市 160 km。南宁、河池至凤山公路均可通达。

景区主要以典型的地下河、边缘坡立谷喀斯特地貌为代表，辅以红色旅游资源和民俗文化。景区内恒里新洞以大型流石坝和连花盆为特色；地下河冲刷的地下暗滩是景区最负盛名的旅游资源；大规模的洼地、峰丛与沿村而流的乔音河构成景区的田园风光。

5. 磨里

磨里位于乐业县城东南部新化镇磨里村，距离乐业县城 51 km。地处百色、河池两市乐业、凤山和天峨三县交界地带。

磨里是乐业著名的泉水之乡、生态竹乡、鱼米之乡……这里布柳河纵深切割地表岩溶，地表跌宕起伏，山高谷深，群山巍峨。磨里村坐落在岩溶峡谷之中，由于地处低洼，地下河水多在这里露头形成很多泉眼。当地人称磨里为"卜磨"，"磨"壮语意思为泉眼。

到磨里，首先映入眼帘的是茂密的竹林，特别引人注目。惹人情不自禁地驻足观看，它们笔直的躯干，翠绿的叶片，婆娑的影子，就是一幅美丽的画面。一个个壮寨洒落在布柳河两岸，翠绿的竹林把村寨紧紧环绕。竹子的种类很多，有很多的用途，有挺拔粗壮的楠竹，可作建材和水上交通的材料；有袅娜多姿的凤尾竹，可供观赏；有甘甜如蜜的甜竹，竹笋可供制作佳肴；等等。竹子是速成林的树种之一，是可再生的森林资源，在绿化世界具有很高的观赏价值，浑身是宝，当地居民很喜欢它。他们利用竹子做出很多种类的竹器，装扮和丰富生活。随着木材的紧缺，以竹代木的时代已经来临，生态公益林不能砍伐，竹子被纳入生态公益林中的植物品种，磨里人民不断增大种植面积，已经产生很好的社会、生态和经济效益。

磨里村地处布柳河峡谷，气候温和，雨量充沛，该地方拥有绝妙无比的神奇仙人桥、布柳河峡谷、葱郁茂盛的植被、流动的花——蝴蝶、茂密的竹林、山峦起伏、山脉纵横、奇峰罗列、弯弯曲曲的布柳河横贯其中、一道道的支流绵延全境等原生态资源，是一个远离尘嚣的静谧世界，总是那般让人心旷神怡。青山常绿，碧水常驻，河山映衬，相得益彰，近水远山皆有情。但见水绕峰回，碧水幽幽，波涛粼粼；沿岸或青山如黛，或绝壁若崩，苍梧翠竹间，若隐若现几间民房，让人恍若误入仙乡梦境。天晴日丽，泛舟河上，可细赏锦鳞游泳，野鸭戏水，渔歌互答；可静观山岚升腾，龙脊漫隐，田鹭孤翔。至若夜色如水，渔火次第亮起，山川隐退，清风徐来，水月镜天，轻舟慢渡，独享世外宁静之境，真乃人生之乐事。生态乡村建设更使得这里生活环境发生大变化，清洁卫生，居民生活幸福美满。

居住在喧哗闹市的人们，向往磨里村竹林居的生活，小憩林间壮家成为人们每年都渴望前往休闲的地方。竹林涛涛，让人感到胸怀开阔，满目绿色的竹林，使人感受到山川的壮丽和人生的美好。

6. 火卖生态文化村

火卖生态文化村位于乐业县同乐镇西部火卖洼地内，距离乐业县城8 km，坐落在百色至乐业新公路边的一座大山上，海拔1300多米，离公路的垂直高度为800多米。

火卖生态文化村是旅游、休闲、度假的好地方。属于亚热带湿润气候区，海拔高、自然植被好，冬无严寒，夏无酷暑，冬暖夏凉，气候四季宜人，年平均气温仅14.5 ℃，被誉为天然空调圣地，环境清幽，空气清新。清晨在东南方的观音山上观看旭日东升、看茫茫云海，白天体验民风民俗，夜晚望繁星闪烁。这里有优美的自然风光、浓郁的农家风情和保存完好的生态景观等旅游资源。

火卖生态文化村已成为有名的农业旅游示范点。独特的地貌位置使它保存了较原始的生态环境，保存了独具特色的自然生态和染布、制香、造纸等淳朴古雅的民风民俗，木房结构独具特色，融合了古朴的建筑与浓郁的农家风情。除了品尝原生态的农家野味外，还能欣赏周边美景。村民房屋修建于火卖东北，位于海拔1700 m的峰丛洼地中，上山的路十分狭窄陡峭，让人体验到高山汉族当年择居背后的艰辛，现为火卖村海拔高度下面的公路往山上2 km。木瓦结构是这里民居的主要特色，民居层层叠叠、错落有致，散布在青山树木葱茏中。村落周围石山生长着茂密的次生森林，这里空气清爽宜人，野生动植物丰富，时常有飞猫（鼯鼠）光临。雾漫四周，群山惹隐惹现，仿佛仙境……晚观云海，朝看日出，看到喀斯特峰丛间的云海日出景观，实在是非常美妙。农家乐生态观光旅游新村吸引了大量的摄影爱好者与画家纷纷慕名而来，往往一住就是十天或半个月。

火卖生态文化村地貌非常独特。地质遗迹包括大曹洞地下河洞穴、世界第二大厅——红玫瑰洞穴大厅、蜂子垱"一洞三坑"竖井群、新垌子竖井群、迷魂洞、飞虎洞、大曹天坑等。老虎洞、迷魂洞等岩溶洞穴中生长着各种形态奇特的石笋、石柱、石"头盔"、石盾、莲花盆等洞穴奇观景观，是游人观光休闲度假及探险的好去处。

勤劳的村民世代耕种旱粮以维持生活。该村村民以邹姓为主，共有53户，于清代由贵州省遵义市余庆县搬迁来此居住，距今已有200多年历史。

勤劳善良的火卖村村民建设并发展农家乐旅游。依托火卖洼地的地理优势，以及当地的地质遗迹景观，利用火卖的原生态环境，提供吃、住、行、游、购、娱等服务。吃的是农家土鸡、野菜等地地道道的农家特色菜，游客还可以亲自到菜园采摘，操刀下厨，在品味佳肴美味的同时，体会劳动的乐趣；住的是木瓦结构小屋，夜闻虫鸣犬吠，晨听鸡叫鸟歌；起个大早可以爬到观音山观旭日东升和茫茫云海。云海下面是连绵的峰丛景观，顺着道路走到火卖洼地的西南垭口眺望大曹天坑，那景观真是壮丽无比。如果有灯具顺道路指示，看看飞虎洞和迷魂洞，则更是让人流连忘返；如果有单绳装备，亲眼看见蜂子垱鲤鱼吐水石钟乳奇观，也不枉来火卖一行。考察火卖生态村那古朴的染布、制香、造纸作坊，体会古代劳动人民的智慧。到兰花园逛一逛，带一身兰花幽香。

穿洞天坑和火卖生态村均设有游客中心、停车场、餐饮服务，火卖生态村还设有住宿服务。

7. 牛坪山庄

牛坪山庄位于乐业县同乐镇南面央林村牛坪屯生态村，距离乐业县城5.5 km，地处国家级登山健身步道8 km处。牛坪为一个自然屯，这里既不"牛"，也不"坪"，总面积只有1.5 km^2，且坡地面积占了九成，过去这里是上岗、拉蓬等地方群众放牛的好地方，故名曰"牛坪"。

该屯具有优美的自然风光。绿树成荫，清澈的泉水，还可以穿过竹林走索桥，集山险、水秀、洞奇、树绿、竹清的美景于一体，如同"小桥、流水、人家"的世外桃源，高山汉族和本地壮族独特的民风民俗在这里完美融合。

现在的牛坪再也不是放牛的场所，而是康养小镇，是乐业大石围天坑群景区中的一个主要景区。大石围庞大的地下河系统的暗河入口就在这牛坪屯，屯里的小河一年四季清澈见底、甘冽无比、涓涓而流，诉说着岁月的沧桑，见证着万年历史，把握着世界上最大天坑群的每一个塌陷节点。小河两边的原始树木千年更替，断枝残梗的老树与高大参天的新树交相辉映，倒影在涓流不息的河水中。河堤两边的竹林密密麻麻的曙光蔽日，加上高大的河堤树随心所欲地罩着，河面的涟漪从凉飕飕的河水中荡过，显得好生阴森。唯有这里哗哗的落差流水声成了牛坪所有音符跳跃的主角，吞没着所有其他频率的声音。

该屯居住有汉、壮两个民族42户，于2011年5月正式对外开放。高山汉族和本地壮族充分发挥依山傍水、植被密集等生态资源，利用交通便利、一路风景秀丽的条件，倾力打造集民俗餐饮、休闲娱乐等多种产业于一体的民俗特色旅游村，秀美的环境和健康的绿色食品让农家乐生意越来越好。

8. 梅家山庄

梅家山庄位于乐业县同乐镇竹林坝屯，距离乐业县城19 km，位于乐业大石围天坑、穿洞天坑和流星天坑之间的刷把村丰选屯，与穿洞天坑仅一里之遥，在景区公路边。

这里四周都是原始森林，群峰环绕，环境优美，气候宜人。一里之遥有天坑点缀，北有大龙天坑，南有穿洞天坑，西为大坨天坑，东南为茶洞天坑。毗邻山庄有燕子山，从400 m的登山步道，可至观光亭眺望四周美景；燕子山脚、青竹林中有聚贤洞，长约500 m，中有石柱林，保存完好，景观别致。

梅家山庄已经成为游客悠闲度假的乐园。梅家，祖籍西川，200年前举家迁来此地，续发9代。如今四世同堂，人丁兴旺，和睦相处，全家人一起劳动，共同生活。梅家山庄一切事务均由梅家子女自行打理。其所有食品全是来自自种自养的绿色环保食材。游客在那里可以吃到地地道道的农家菜、农家饭、农家酒，体会农家乐。山庄内古香古色的房屋不仅配备有农家乐设施，且辟有书画斗室，汇聚贤才志士，修养身心，一展才华。还可以听到地道的高山汉族山歌对唱。游客们可以在那里游览山庄旁的燕子山，爬到山顶，可以鸟瞰流星天坑全景，欣赏穿洞天坑侧景，可以欣赏巍巍雄姿的喀斯特峰丛地貌奇观，可以看到冬季的清晨云海等自然景观。

在当地政府的支持下，2013年山庄被评定为广西壮族自治区四星级农家乐，2014年山庄被聘为世界地质公园的战略合作伙伴。梅家共43口人，被评为上榜家庭。

9. 百逢农家乐

百逢农家乐位于乐业县新化镇谐里村百逢屯，距离乐业县城17 km，百色至乐业二级公路旁，距离大石围天坑、布柳河仙人桥23 km。

该农家乐交通便利、依山傍水、环境优雅、景色秀丽、风光迷人，是集旅游、休闲、美食、娱乐为一体原生态乐园。以农家餐食为主，主要特色菜为清水鸭、清水河鱼、茅草香猪肉、茅草香狗肉、农家三角豆腐、农家鸭血粑、农家血肠等。农家乐以客人自行采摘原生态新鲜有机蔬菜园、自助厨房、自助烧烤为主。这里一年四季都有采摘的内容，包括摘草莓、摘柑橘、伐甘蔗、摘玉米、摘青菜、挖红薯等，还有鱼塘、游泳池、KTV、会议室、气排球场、篮球场、棋牌室、文体娱乐室、蓝衣壮民族展等娱乐观光等，是休闲观光、家庭朋友聚会的好去处。

10. 五台山森林公园

五台山森林公园位于乐业县西北部同乐镇六为、上岗两村交界处，距离乐业县城16 km。五台山森林公园因原始森林而得名。

五台山森林公园地处亚热带季风季候区，雨量充沛，植被分布明显、种类繁多，属于原始森林区。山上常年气候偏低，浓雾常伴，植被茂密，物种繁多，郁郁葱葱，显得格外壮观美丽，尤其森林里一棵棵参天大树拔地而起，枝繁叶茂，遮云蔽日，以及附着在树干上的厚厚苔藓犹如给一棵棵大树披上了一层绿纱。这不仅让这片原始森林充满神秘感，同时也让人们见证了森林的久远。

名片 2-20

五台山森林公园：
总面积5.6万亩。海拔1000～1657.6 m。

五台山森林公园是生态休闲、森林探秘、科普科考的上佳旅游胜地和科研基地。这里人迹罕至，云雾缭绕，红绿相映，奇花争艳，异草斗翠，鸟语花香，吸引了众多野生动物在此繁衍生息。

五台山森林内湿度大，树干附生物种繁多；1500 m以上渐现矮小的高山矮林，且地势较为平坦，由众多的小山头及阡陌交错的沟壑组成，地形复杂，仿若迷宫。小山头上长满映山红及四季常绿林木；沟壑纵横，覆盖着厚层苔藓，人入其间，曲径通幽，恍若仙境。

五台山森林公园是寻幽探秘的理想去处。乐业县高山原始映山红又名杜鹃花，分布于五台山上，呈灌木至小乔木状，高2～5 m，以丛状居多，每丛15～30支，每年4月花开放，一个个小山头艳如花海，令人流连忘返，乐不思归。五台山森林公园将以大自然特有的博大胸怀为你洗去喧嚣城市的疲惫和浮躁，还你一个自然、清新和宁静的世界。

五台山森林公园绝对是久居都市的人们休闲旅游的好去处。拥有独特的地理优势，数峰相连，沟壑交织，森林孕育的溪水源源不断地流出，顺山而下、不急不缓，清澈见底。两岸森林里的树上、岩石上苔藓绿意盎然，吸引了众多外来摄影爱好者驻足观光摄影，同时也给这个充满神秘感的原始森林增添了新的活力。五台山森林公园负氧离子平均高达7640个/cm^3，是天然氧吧，每年慕名而来游客络绎不绝。

六为坡立谷，每当春播之后，秧苗新绿时，就像一张被群峰包围的绿色大地毯，十分醉人；群峰山坡上的层层梯田，就像大地毯上的花边，锦上添花；群峦上的绝壁，斜生古树，与田野风光，相互映衬，共同构成了一幅美丽如画的长卷；在画卷的尽头，有原始森林的五台山，每当清明时节，杜鹃花绽放，漫山红遍，汇成了一片红色的海洋，可谓壮观！

当地家家户户践行绿水青山就是金山银山的理念，自觉参与到森林保护中来，使得五台山森林公园山清水秀，鸟语花香，人与自然和谐共生。

11. 云龙山

云龙山位于乐业县甘田镇。云龙山海拔 1230 m，峰峦起伏，终年云雾缭绕，气候适宜，空气质量异常清新。

在龙云山上有个叫"故事小镇"的休闲康养度假小区，距离乐业县城 25 km。建有古典式大门、游客中心、樱花园等，都极具观赏性。还有甘田顾式有机茶园。故事小镇实现了从发展有机农业到带动乡村旅游的跨越。

独特的气候环境和优越的生态资源，让乐业县的有机产业蓬勃发展。该县已有茶叶、大米、猕猴桃、玉米、大豆、肉牛等 14 个类别 51 个系列的有机农产品。乐业县已成为全国有机农业示范基地，成功将青山绿水变成了"绿色红利"。发展有机农业，把生态有机农业嫁接到全域旅游上，不仅守住了"绿色"，还让群众吃上健康、有机的食品，大力发展康养、休闲、度假等产业，实现农业生产与农产品加工、休闲旅游的融合发展，实现生态保护和经济发展的双赢。

2010 年，得天独厚的自然优势、海拔 1800 多米的草王山万亩高山有机茶叶生产基地获得农业部颁发的"全国休闲农业旅游观光示范基地"，同年，草王山茶叶有限公司生产的乐业红牌"绿美人"参加了首届"国饮杯"比赛并荣获一等奖，生产的"乐业红"红茶荣获特等奖。

借助世界地质公园、世界长寿之乡等"金字招牌"，乐业县以五台山、上岗为核心，打造 1 个康养小镇及布柳河、顾式茶山、草王山、火卖、牛坪、六为、蒋家坳、白云山庄、黄猿洞等 10 个集旅游、休闲、度假、康养于一体的精品区域。

世人常常把精神矍铄、健康快乐的百岁老人比作"活神仙"。到乐业－凤山生态康养游，你自然会想去看一看这些"活神仙"，以及那些神秘的村落。

乐业－凤山，千百年来到底哺育了多少寿星，演绎了多少生命传奇，恐怕谁也估算不清了。

河两岸翠竹摇曳，垂柳婆娑，壮族村屯依山傍水，坐落于山水融汇之处，展现着天人合一的绝妙境界。虽然近几年生态康养游的外地人越来越多，但长寿村仍保持着自己的特色。

繁华而不嘈杂。随着知名度的日益扩大，长寿村聚集越来越多的外地人，有来生态康养游的，有来休闲度假的，有来康复疗病的，有来旅游观光的。这些不同文化程度、不同性别、不同年龄、不同职业、不同民族、操不同口音的人聚居一处，给长寿村增添了许多热闹。可是，他们温文尔雅、礼貌谦和，与当地村民相处融洽，平静、祥和地过着每一天。因此，长寿村始终保持祥和、安静的状态。

原始而不落俗。随着经济的快速发展和外来人员的频繁活动，给长寿村注入了许多时代气息。但是，村民们始终没有放弃祖宗传承下来的许多传统和习俗：吃的讲究原生态、原汁原味；劳动工具、生活器具，讲究新旧结合，把老式的东西视为祖宗遗产加以保护；人际关系讲究尊老爱幼、互助互爱，与人礼貌、热情、诚实。在那里，除了自然界本身拥有的阳光空气、山川秀色，人们还可以从田间阡陌上、从农舍村落中找到失落已久的某些东西。这些东西抑或是一种记忆、一种感觉，就好像是从村头田间的泥土芳香中嗅到自己祖辈的气息、从村民们的言谈举止中感受到与生俱来的亲和力。

乐业－凤山的春天，大片油菜花竞相开放，放眼望去是一望无际的金黄，黄灿灿的，耀眼迷人。乐业－凤山就连农田都自成美貌，绝美的田园美景，不得不说是大自然馈赠给人类的礼物。

这种浓浓的返璞归真的滋味，会让你吃得香、睡得沉、精神爽，真真正正体会神仙的生活，在生态康养游中提高自己的生命质量。

（三）"候鸟人"现象 —— 领略生命奇观

自古世上有候鸟，今日乐业－凤山多"候鸟人"。

名闻海内，"候鸟人"飞来。像随着季节迁徙的候鸟一样，如今，每年都有许多外地人到乐业－凤山当"候鸟人"。乐业－凤山的"候鸟人"究竟有多少？听听县城汇集的方言就知道了：东北、北京、天津、河北、山西、内蒙古、河南、上海、重庆、江苏、浙江、安徽、江西、山东、湖北、云南、广东、福建、海南、陕西、四川、湖南、贵州、新疆……

随着乐业－凤山的名气日益剧增，人们纷纷慕名而来生态康养游。冬天，北方人南下到乐业－凤山是康养兼避寒；夏天，南方人到乐业－凤山是康养兼避暑。近几年来，乐业－凤山的"候鸟人潮"越来越庞大。竟有很多人放弃一年一度的家人团聚，继续在乐业－凤山与当地群众共度春节。越来越多的长寿村都有了寄居的"候鸟人",他们有的住一个月,有的住半年,成了常住"人口"。以前北方人居多,现在出现了不少南方人。近年,连广西人也加入了这个队伍。

三门海镇坡心村是这些"候鸟人"的最爱,每年都会有大量人来这里寄居。"候鸟人"们住在农家,吃在农家,静心休养,每天吃过早餐后,成

三门海 2

群结队到附近的社更穿洞、万寿谷等处,或游山玩水观洞,呼吸新鲜空气,或聊聊天,回来的路上打两瓶天然矿泉水带回住地当饮用水喝,午休后又照此活动。偶尔也开展一些娱乐活动,有些女性则主动帮助户主,做些轻微家务劳动。白天有说有笑,晚上睡个好觉。他们在乐业-凤山生活了一段时间后,身体和精神状况都发生了变化,有些人自然康养后取得了神奇效果,通过他们的口碑相传,越来越多的人加入了"候鸟人"的队伍,而他们居住的村屯,扩大到了附近多个村屯。无论是生态康养游者,还是旅游度假者,无不赞叹乐业-凤山的神奇,许多人称这里为健康加油站。

神奇的乐业-凤山,正吸引越来越多的远方"候鸟人"。乐业-凤山的生命奇迹像一道道强大的电波,不断向外传播,同时也引来了众多的外乡人,他们寒来暑往,像自然界的候鸟一样,在乐业-凤山这个大氧吧里,

体验恬静快乐的生活，寻求康养之道。有人把他们亲切地称为"候鸟人"。这些"候鸟人"有的身患数十年的顽疾，求医无方，来到乐业－凤山后，状况有所好转。

这些生态康养游者，来自全国各地。来自不同地区、不同民族、不同性别、不同年龄、不同职业、不同文化程度、操不同口音的人聚居一地，构成了一道独特而奇异的风景线。

乐山、乐土、乐水、乐业，养心、养性、养神、养生。"知者乐水，仁者乐山。"（孔子《论语》）来乐业－凤山生态康养游的绝大多数人都非常理性，认为能否长寿是未知数，至少能保证健康；不求长寿，只求健康地活着，只在虔诚地与大自然对话，天人合一，做着长寿的健康积累。

二、山水风光

（一）三门海 —— 山水放飞心情

三门海生态旅游景区是乐业－凤山联合国教科文组织世界地质公园、世界长寿之源、目前世界洞穴协会确认为世界上唯一的水游天坑群、世界喀

三门海景区 2

斯特地貌典型的核心地带，是一个自然景观、生态康养文化和革命历史遗存融为一体的具备国际级品位的中国最美地质公园之一、国家AAAA级旅游景区。

天窗简介

天窗，是地下河或溶洞顶部向地表的透光洞穴，是喀斯特旅游资源的新族，有极高的旅游观赏价值。

三门海亦因此被国内外专家学者称为"世界之窗"。三门海天窗群集山、水、洞、天为一体，蔚为壮观，神秘的地下河资源，奇妙壮丽的喀斯特湖，喀斯特泉、大型溶洞群、天坑群、天窗群、天生桥等喀斯特地貌的所有特

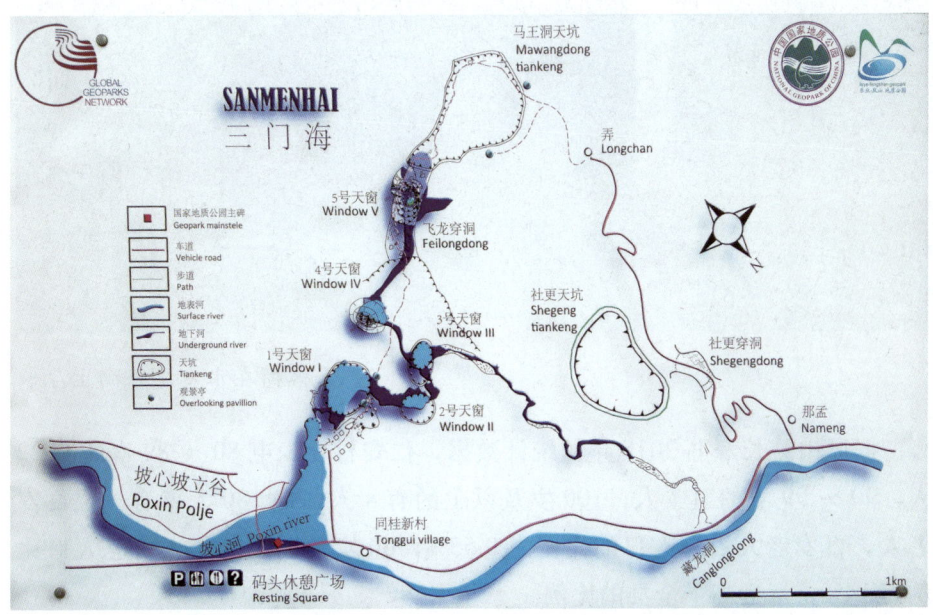

三门海3

征都集中体现于三门海景区内,构成了名副其实的喀斯特世界地质公园。

三门海天窗群规模大、景观奇特壮丽。三门海景区的天窗就有 7 个之多,是串珠式天窗群,并列排成北门七星状,在世界旅游资源中是绝无仅有的。

景区气候宜人,年均温度 19 ℃,冬暖夏凉,空气中负氧离子含量高达 1 万个 $/cm^3$ 以上,素有天然氧吧之称,对人体健康十分有益,被誉为"空气维生素"。

凤山"第一长寿屯"——三门海镇仁安村坪上屯就坐落在几千米外的地方。用从小在三门海边长大的村民的话,"家是一开窗推门就能看海的海景房"。在村里随意走走,就能见到白发苍苍却身体硬朗的老年人在劳作,甚至是五代同堂其乐融融的景象。

榕树在水中生根向上生长

据凤山县长寿办 2016 年的统计数据,仁安村坪上屯 80～89 岁的有 22 人,90～99 岁的有 7 人,100 岁及以上的有 4 人,每 180 人就有一位百岁老人,百岁老人占总人口的比例为 0.55%,60 岁及以上老年人占总人口比例为 14%,远远高于全县的比例。

三门海坡心河是世界著名长寿之乡巴马盘阳河流域长寿带的源头,景区内居民不到 4000 人，但百岁寿星就有 4 个之多，寿星比例高达千分之一，可以说是世界上百岁寿星最密集的地方之一。

　　这里有棵榕树在水中生根，攀岩越壁数十米向上生长，有的树在没有土壤处紧紧抱住大石头汲取着石头中的微量养分生长，让我们不得不佩服生命的顽强！

　　地下暗河，这些神秘的河流，可以说是喀斯特地貌的幕后推手，而它们的真实面目常常隐藏于地表之下。但唯独在三门海，造物主却破例开了7扇"天窗"。让我们有机会透过"天窗"感受这宛如宝石般的水色。

　　而穿越黑漆漆的山洞后，迎面而来的是另一番"别有洞天"的景致，你会如发现世外桃源般欣喜万分。

　　除了媲美蓝洞的水景，三门海景区也是个很适合徒步的地方。这里的四周径道都修得较

"树抱石"

三门海 4

俯瞰三门海的"蓝洞"

第二章 品读乐业-凤山

为完善,爬山完全不用担心路难走。穿行在山林间,移步换景,随处可见奇异天坑奇石。而其中最不可错过的体验,便是爬到高处,俯瞰三门海的"蓝洞"。

三门海天窗群规模最大、景观最奇特壮丽。这里发育有7个岩溶天窗(天坑),并以坡心地下河出口洞段形成的数平方千米面积的明湖和暗湖串在一起,目前有3个天窗由自然通道可乘船入内。

三门海不仅具有极高的旅游价值,也是具有较高岩溶水文地质、岩溶地貌和环境地质科研科普与探险价值的理想场所。

三门海景区以三门海天窗群为核心,包括天窗群上游的飞龙穿洞、马王洞、马王洞中间的半洞天坑和天窗群下游的坡心河、坡心坡立谷、大洋洞、良湾河、消水洞,以及仁安峰丛、社更穿洞、海亭坡立谷、弄乐天坑等地质遗迹。

三门海天窗群的5号天窗,位于三门海和马王洞之间、飞龙洞底部中央。天窗下的地下河从一个地下湖流向下一个地下湖。

名片 2-21

5号天窗:

直径 30 m。宽 10 m。高度 50 m。

飞龙洞穿洞位于5号天窗上方,呈NEE向展布,洞口位于悬崖绝壁下。洞内有巨大斜坡,斜坡下方为5号天窗,与坡心地下河连为一体。

飞龙洞穿洞2

名片 2-22

飞龙洞穿洞：

东北洞口海拔高程为 490 m，宽 62 m，高 54 m。

西南洞口宽 50 m，高 60 m。

穿洞长 193 m，宽 44～62 m，高 54～150 m，投影面积 10 931 m^2。

飞龙穿洞洞壁、洞顶上石钟乳发育，尤其西北洞壁上的石钟乳造型奇异、似龙爪般垂吊，西南洞口上的石钟乳似动物嬉戏，两侧洞壁上生物岩溶发育，为穿洞增添了不少生机。

三门海天窗群的 4 号天窗，呈漏斗状。

名片 2-23

4 号天窗：

上方直径不足 30 m 长、20 m 宽，但其下方直径超过 50 m。

高 48 m，其下方地下河深达 70 m，因此总高度 118 m。

此天窗与 3 号天窗通过水道相连。2009 年 12 月，来自加拿大、法国、澳大利亚、新加坡等地的世界地下潜水联盟队队员将 4 号天窗与飞龙洞底下的天窗探通，此天窗底下水深达 90 m。

3 号天窗位于天窗 4 号的北侧约 40 m 处，为具有上、下两层结构的天窗。3 号天窗与天坑类似，切割了峰丛山顶和峰坡，东北侧形成二级绝壁。天窗呈漏斗状，四周峭壁，直达水面。此天窗可通过 873 m 长的藏龙洞进入，洞壁流痕清晰可见。天窗下方水域称为金银湖。天窗下方犀牛洞洞口流石、流痕发育，树根与石钟乳缠绵生长，悬垂几至水面。地下河深 22 m，河底淤泥厚 10 m。

名片 2-24

3 号天窗：

距离洞口 690 m。顶部直径 75 m，接近水面直径 43 m 长、34 m 宽。

东西长 96 m。南北宽 44 m。

天窗绝壁距离水面高度 20 m，东边峭壁高度 118 m。

平水期湖面面积 1660 m^2，水深 24 m。

2号天窗位于 3 号天窗北侧约 20 m 处。天窗底部一半是水一半是陆，北半部为由崩塌块石和山上冲下的黏土组成的向天窗内倾的斜坡，坡上生长有竹子和灌丛；南半部为水域，被称为莲花湖。天窗底部洞顶生物岩溶石乳垂吊，似百鸟朝凤。洞壁为几乎水平的植物岩溶形态覆盖，此类形成于洞壁上生物岩溶形态并不多见。

名片 2-25

2 号天窗：

东西长 85 m。南北宽 60 m。

天窗绝壁距离水面高度 7～98 m。

平水期湖面面积 1500 m^2，水深 19 m。

1 号天窗位于天窗最东侧，靠近坡心地下河出口，是三门海天窗群中最大者。天窗四周悬崖峭壁，天窗下方地下河被称为玉妆湖。天窗下方的洞穴中发育丰富的植物岩溶形态，构成"大象吸水""连天接海"等景点。1 号天窗有 5 处可以进入：上游、东部干洞、地下湖水洞、下游和南部干洞。

名片 2-26

1 号天窗：

东西长 106 m。南北宽 98 m。绝壁距离水面高度 45～54 m。

底面积 7.2 万 m^2，相当于一个足球场。

天窗下方地下河面积 4900 m^2，平水期水深 18 m。

三门海是坡心地下河出口洞段，海拔为 419 m，是长寿盘阳河的源头，因此也被称作寿源洞。

自地下河出口往上游依次为 1 号、2 号、3 号、4 号、5 号天窗，呈串珠状镶嵌在地下河上，其中 1 号、2 号、3 号天窗所在的地下河规模较大，长 690 m，可乘船入内，因而此景被称为三门海。3 号天窗和 4 号天窗之间洞道需要潜水 50 m，而 4 号天窗和 5 号天窗之间需要潜水 70 m 才能沟通。

社更穿洞位于三门海东北侧社更那孟屯南侧山坡上，社更到弄蚕屯简易公路穿洞而过。穿洞顶部奇峰耸立。洞壁上指向流痕清晰,指示古水流方向由南向北,而且在南洞口附近有早期河流相堆积物。

社更穿洞2

> **名片 2-27**
>
> **社更穿洞:**
>
> 洞口高程480 m,高出坡心谷地50 m。
> 长239 m。宽78～142 m。高60～76 m。
> 洞顶厚度25～100 m。底面积24 200 m²,相当于3个足球场面积。
> 体积25万 m³,相当于北京鸟巢体育馆的1/3。

虽然看起来像天生桥,可是它的长度远远超过宽度,因此只能叫作社更穿洞,也因为是穿洞,没有灯也可以将它一览无余,同时将洞外风景尽收眼底。

> **知识环岛 2-10**
>
> 穿洞:指具有两个或两个以上洞口的地下通道。

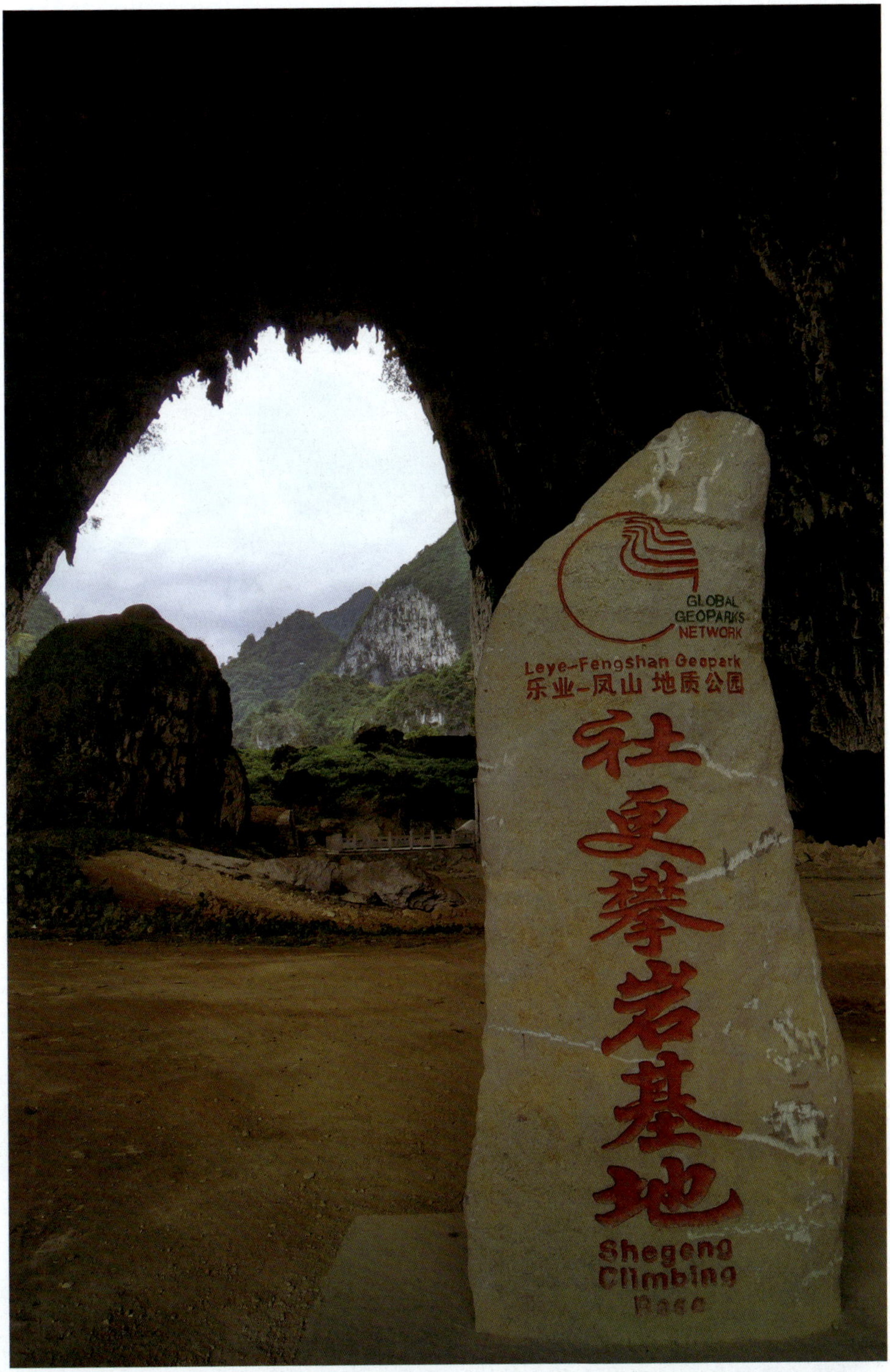
GLOBAL
GEOPARKS
NETWORK
Leye-Fengshan Geopark
乐业-凤山 地质公园
社更攀岩基地
Shegeng
Climbing
Base

社更攀岩基地

社更退化天坑虽经受长年累月的风雨侵蚀破坏，坑底堆积了大量黏土与块石，但其轮廓特征仍然显著，周壁大部分为陡峭绝壁。社更天坑与社更穿洞南端洞口相接。

社更退化天坑 2

名片 2-28

社更退化天坑：

坑口直径 400～340 m。最大深度 115 m。

容积 12.1 亿 m³，18 倍于北京鸟巢体育馆。

从其分布于南天门和社更穿洞连线上及穿洞内流痕所示的古水流方向等遗迹判断，古坡心地下河曾经从社更穿洞方向流过，社更穿洞很可能为当时的地下河出口，因此，社更天坑为古坡心地下河通道因地壳抬升水流下切而导致洞顶贯通地表而形成。

知识环岛 2-11

退化天坑：一个成熟的天坑是以四周近直立的崖壁为特征，而一个不成熟的天坑是以倒置漏斗为特点，由于原生洞厅的不完全崩塌，天坑地表开口明显比坑底面积小。一个退化的天坑虽然仍保留其大型规模和许多段悬崖边缘，但是其底部面积远比口部面积小；退化天坑底部有大量碎石堆积且天坑四周已形成斜坡，而且没有过境暗河通过。

社更退化天坑3

马王洞位于三门海天窗群上游，洞口巨大，因而被称为南天门。马王洞分两层，下层为地下河，上层为干洞。

马王洞

名片 2-29

马王洞：

高 94 m。宽 138 m。洞穴系统总长度 12 495 m，最大深度 270 m。底面积 146 万 m²，相当于 200 个足球场。体积 1300 万 m³，相当于 2 个北京鸟巢体育馆。有 4 个大厅、2 个天坑、6 个塌陷漏斗。

马王洞天生桥是世界上跨度最大的洞中天生桥。它位于距离洞口长 300 m、深 87 m 处。马王洞洞口巨大，光线充足，洞口弱光带植物生长茂盛。

马王洞天生桥

此处马王洞高度和宽度均超过 100 m，天生桥横跨整个洞道。

同大多数天生桥的形成原理一样，马王洞天生桥也是地下河下切、洞穴顶板崩塌而成，它发育于二叠系灰岩中。

马王洞天坑位于马王洞和飞龙洞之间。天坑北面切割了洼地，形成的悬崖绝壁，深度只有 30～100 m，而南部切割山峰，深度达 110～260 m，但因坑底有崩塌岩块和黏土堆积形成的斜坡，坑底地形西高东低，加上天坑西南、东北各连着马王洞和飞龙洞两个巨大的洞口，因此，从视觉上看，并不显得十分深邃。

名片 2-30

马王洞天坑：

长 270 m。宽 160 m。

天坑周边山峰高程为 555～755 m，坑底最低高程 480 m。

弄乐天坑位于凤山县平乐瑶族自治乡海亭村附近，被中英联合洞穴科考探险队发现，随之命名为弄乐天坑。

名片 2-31

弄乐天坑：

宽约 100 m。长超 200 m。最大深度 118 m。容量具体大小尚未明确。

弄乐天坑有一个巨型洞穴大厅。该大厅位于一个百米深的天坑底部。但洞穴大厅之大，已经可以位列世界超级洞穴大厅的前十位。这已经是广西乐业－凤山这一块地带发现的第三个面积较大的天坑，实属罕见！

弄乐天坑底下隐藏着暗河，与当地有名的"水上天坑"三门海的暗河相互通，这些暗河流出地面后便成了盘阳河的源头。

三门海景区内设置有游客中心、换乘港、多个生态停车场、游船码头、地质公园广场和餐饮服务设施等。设有便利的导示标示系统，为游客提供方便、舒适、温馨、快捷、秩序井然的服务，从而达到保护地质资源，力争对地质地理资源做到可持续地开发和发展。游客可换乘电瓶车直达景区各景点。游客中心配有先进的监控设备，对景区旅游秩

景区路标指示牌

序、游客流量及游客中心游客安全、车辆管理进行全天候监控监管。设置有咨询投诉处，为游客提供旅游咨询服务，进行游客调查，帮助游客处理旅游过程中的投诉和问题。

通过到三门海生态康养游，到洞里来"吸氧"，在洞中做操、打太极拳、闭目养神……康养健体，融入大自然清新怀抱，为长寿做着健康积累。

（二）万寿谷——健康的加油站

万寿谷景区位于世界地质公园核心景区和世界长寿盘阳河流域的源头、地质公园最美乡村——袍里乡坡心村，水洞天窗群与凤山世界地质公园著名景区三门海相连，是凤山国际生态养生度假基地三门海景区的重要组成部分。

万寿谷4

万寿谷景区是广西唯一的一个世界地质公园，是最美地质公园之一、国家AAAA级景区，是联合国教科文组织认定的世界长寿之乡的发源地，这里百岁老人占人口的比例大大超过长寿之乡的标准。

万寿谷具有五大世界之最：最大的洞内天生桥；分布面积最大的石毛石花群；最大的地下石林带；直径最大的神奇黑圈；最长最大的洞内峡谷长廊。

在第23次中外科考探险中，首次在景区内发现世界排名第一的最大洞内天生桥，在距离洞口300 m、深度87 m处，规模为世界最高最长。

名片 2-32

最大洞内天生桥：

离地高度约 75 m。厚度约 20 m。跨度约 150 m。

洞内地下廊道连续高度 150 m、宽 60～80 m、长 2 km。

万寿谷含有四大自然保护区：石毛石花保护区，目前发现石花品种最丰富、分布面积最大；国家Ⅰ级濒危珍稀野生保护植物凤山报春苣苔保护区；中国工农红军第七军 21 师兵工厂遗址保护区；地质遗迹新族神奇黑圈保护区。

万寿谷具有三大奇景观：洞中藏有神奇灵验的寿神、万尊百岁老人和巨大寿星、万个寿字、万个寿桃；10 万个 $/\text{cm}^3$ 的负氧离子；五谷杂粮俱全的长寿大餐。

万寿谷洞中景观

万寿谷是一个历经亿万年自然造就的神奇洞穴，其中地质遗迹种类齐全：洞内天坑、天生桥、天窗、地下河、洞穴长廊等，被地质专家誉为天然的喀斯特地质遗迹教科书和博物馆。里面钟乳石雄伟壮观，品种丰富精美、形态万千,有的晶莹剔透、有的流雪飞瀑、有的似人似仙,神情具备,美轮美奂。洞内景物,随季节变换。盛夏时节,洞顶无数岩泉下渗,滴答有声。洞底股股清泉汇成各种深浅之潭,浅处可濯足,深处可泛舟。秋冬之时,潭碧如洗,倒影可鉴。春季,洞外洞内天窗上下,繁花似锦,鸟鸣泉唱,交相辉映,让人叹为观止。此处地质奇美,极具生态康养游、游览、观赏和科学研究价值,世界罕见,更由于地心磁力特异,负氧离子含量高达2万~10万个/cm³。

2013年9月30日,万寿谷景区隆重开业。神秘的长寿养生文化蕴含其

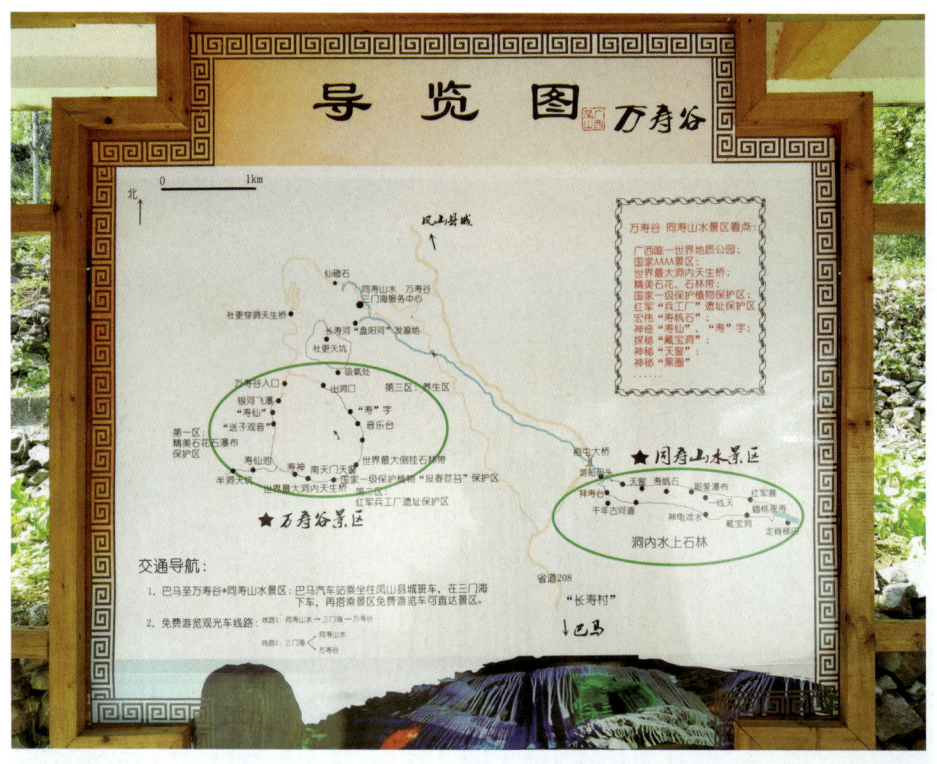

万寿谷导览图

中,更使万寿谷景区充满神奇吸引力。

万寿谷景区是长寿之乡的发源地,盘阳河的源头,不仅水质清澈呈弱碱性,且富含有益矿物质。更让人惊奇的是谷中还生长着对环境要求极高的国家Ⅰ级濒危保护植物——"凤山报春苣苔"俗称"长寿草",从而印证了"万寿谷是天下养生第一谷"。万寿谷是重要的人文景观、革命圣地:仿佛把

人们带回烽火硝烟的年代。

万寿谷由弄蚕洞、马王洞南天门、马王洞北支洞组成，全长超过 1600 m。游览从弄蚕洞入，通过小隧道进入南天门大厅，然后转入支洞，从社更天坑边的小隧道出来，构成一个成"U"形回路，游览时间大约 1.5 小时。

弄蚕洞因为处于半封闭状态，洞中钟乳石琳琅满目、质地玲珑剔透，而且不乏卷曲石和石花景观，可与水晶宫媲美。马王洞南天门大厅，大厅面

万寿谷景区游览示意图

积超过 3 万 m², 大厅顶部发育洞中天生桥，底部发育有天坑，均堪称奇观。洞中天坑地下水域面积约有 1 万 m²。马王洞北支洞长 450 m，最具特色的景观是神秘"黑圈"。

避寒好去处，凤山万寿谷。

美食好去处，野趣万寿谷。

购物好去处，原生万寿谷。

休闲好去处，醉美万寿谷。

康养好去处，山水万寿谷。

万寿谷5

世界地质公园凤山园区核心景区特色游玩的内容太多了，万寿谷是众多代词句的简称，说也说不完，以下关键词句概括可以助您管中窥豹，略见一斑：世界地质公园；国际长寿养生基地；世界上百岁寿星最密集地；世界唯一水上天窗"世界之窗"；世界第一高洞穴；世界最大洞内天生桥；世界最高最长的洞内地下廊道；世界唯一天然洞穴博物馆及洞天剧场；世界直径最大的"黑圈"地质奇观；整个洞穴系统连接着全世界发育于二叠系可溶岩地层中目前已测量旱洞长度 37.9 km 的第一长洞；聚集了品位高、品种全的喀斯特景观；环山似凤，环凤皆山；"群山之祖、寿乡之源"；"中国长寿之乡"；有被称为"地球之肺"的亚热带森林生态系统，有被称为"地球之肾"的喀斯特湿地生态系统，有被称为"地球免疫系统"的生物多样性；国家Ⅰ级野生植物保护区；"天然药园"；"天然动物园"，野生猕猴生息繁衍地和庇护所；植被覆盖率接近百分之百；"天然的超大氧吧"；天然水源取自长寿母亲河流域源头；适宜的地磁强度；土壤富含抗衰老元素；万寿谷、三门海、同寿山水联合生态旅游区；国家 AAAA 级景区；地球腹部佩戴的华丽翡翠宝石肚兜下面的"大地的肚脐"，连接绿色地表世界和地下世界的通道；集"三峡之险、桂林之秀、九寨沟之幽"于一体，具有雄、秀、幽、野的特点，"人在画中游""超级盆景"；"四时皆似夏，一雨变成秋"；"山上山下不同天"；以红色历史、绿色山水、蓝色风情、多彩地带的红、绿、蓝三色品牌结合起来的独具特色的生态旅游品牌；传奇的凤凰文化、神灵的山水生命文化、神秘的长寿养生文化，奇异的文化情趣，古老文化和地域民俗文化汇集封存，具有明显地方特色民俗风情；"补粮祝寿""延续天年"的祝寿宴……

万寿谷神奇神秘在哪里，让我们寿源探密吧。

万寿谷除了有神奇的山之谜、神妙的水之谜、神作的树之谜、神灵的动物之谜、神异的人之谜外，最重要的神奇神秘在五行相互关系。

五行是我国古代认识世界、解释宇宙事物发生变化的一种朴素哲理和辩证思维。

五行中的木→火→土→金→水→木……森林在五行中对应是木，阳光在五行中对应是火，食物在五行中对应是土，地磁、元素等在五行中对应是金，泉水在五行中对应是水。

万寿谷的五行具备有别于其他地方的环境优势。

"木"：这里植被茂密，品种丰富，植被覆盖率接近百分之百，绿色全部覆盖，是世界级的地质保护区、国家Ⅰ级野生植物保护区，是生态康养游者的最佳目的地之一。这里空气格外清新，是天然的超大氧吧，森林和遍地众多溶洞地下河、洁净的空气是负氧离子产生的主要来源，负氧离子浓度极高，含6万～10万个/cm³负氧离子，呼吸沁人心脾，是生态康养游者的天堂。

万寿谷6

"火"：这里阳光充足，年均阳光日照时间长，远红外线丰富，能活化水、活化人体细胞组织、改善微循环、镇痛、消炎、消肿、增强新陈代谢、

万寿谷7

提高机体免疫力等,是保障人体健康长寿的要素之一。

"土":这里土壤富含抗衰老元素,富含锌、硒等10多种对人体有益的微量元素,这些微量元素从土壤中进入各种食物富集,再进入人体,它们对人类的正常发育和健康长寿起着重要作用。这里主要食材、农副土特产品属特有资源,原生态、自然生长、野味,生长周期长,充分吸收自然界中的养分,不施加化肥、农药等,无污染,味道更加鲜美。拥有火麻、山核桃、板栗、油茶、水稻、玉米、薯类、南瓜、黄豆、野生香菇、竹笋、柑橘、枇杷、山茶花蜂蜜、八角、油鱼、土鸡、黑山羊、香猪、黑山猪、众多品种的野菜等丰富的绿色生态长寿食品资源,其中有的为名特优农产品保护品种。独特的长寿饮食,可以体验适宜康养的食物,是美食吃货者的诱惑世界。

黑山羊

"金":这里天然矿泉水和土壤中富含对人体有益矿物质和微量元素,适量的锰,低铜、镉的土壤分布,与心血管发病率呈负相关,而与长寿老年人的密度呈正相关,是维持人体健康的必备条件。适宜的地磁强度,能镇静与改善睡眠、消炎、消肿、防止动脉硬化和血栓、止泻、延缓衰老、改善水质、促使空气中正负离子的分离。这里的生活水平普遍偏低，但是生活质量却很高。

"水"：这里饮用水清澈，品质高，水源头天然磁化弱碱性泉水，处于较高位置的平整地方，天然水源取自长寿村长寿母亲河流域源头，是高品质生活者的理想选择。

（三）同寿山水 —— 长寿自然景观

同寿山水景区位于乐业－凤山联合国教科文组织世界地质公园凤山园区三门海下游地标和良湾河之间，是凤山世界地质公园核心景区，也是巴马长寿母亲河盘阳河五进五出（明暗河交替）的第二进和第二出，距离凤山

同寿山水入口

县城 20 km。

同寿山水景区水中富含对人体有益的矿物质元素，为弱碱性水质，经百魔洞流出。水洞廊道内富含大量负氧离子，绿水潺潺、河涧曲回、水道幽深、乍明还暗，游船通过时激起的河水拍打岸壁的回声萦绕洞腔之中犹如乐章。两岸满眼的凤尾竹子，处处清新舒缓，情不自禁人陶醉。山水长久，人同寿，同寿山水。

名片 2-33

同寿山水：

水洞廊道长 1100 m，宽 20～50 m。水面到洞顶高 50～70 m。

竹排游过彭祖百寿台、历经千万年地质变迁的古河道、水上一线天、烙上寿印的一帆风顺石、留恋人间的神龟戏水、秘藏长生秘诀的藏宝洞、仙女祝寿的瑶池蟠桃、中国工农红军第七军曾遗落苏维埃政权印章的红军寨等景点。

同寿山水 6

（四）根旦国家森林公园 —— 天然的大氧吧

根旦国家森林公园位于乐业－凤山联合国教科文组织世界地质公园凤山园区西部凤旁林场内，距离凤山县城约 12 km。根旦国家森林公园由凤旁分场片区、久文分场片区和猴山片区三大片区组成，规划总面积为 3025 hm^2，是盘阳河流域最大的连片森林之一。

根旦国家森林公园集林幽、树古、藤悬、清新的灌木林美景于一体。这片遮天蔽日的森林公园林木葱郁，森林覆盖率高，森林资源丰富，不仅生长有天然的次生林，还生长着国家一级、二级珍稀保护动植物等重要资源，其中有国家一级重点保护野生植物伯乐树、国家二级保护植物桫椤、金毛狗脊、喜树、樟树、伞花木等，还有林麝、红腹锦鸡等国家重点保护动物。

根旦国家森林公园为国家级森林公园。2019 年年初，经中国森林风景资源评价委员会审议，国家林业和草原局审核批准，我国新增 11 处国家森林公园，其中，2010 年成功申报自治区级森林公园的广西凤山根旦国家森林公园入选。至此，我国国家级森林公园达 897 处。2018 年 11 月 22 日，以中国森林风景资源评价委员会委员、北京大学教授武弘麟为组长的国家林业和草原局专家组一行深入凤山县，就该县申请设立的根旦国家森林公园进行实地考察评估，认为凤山资源丰富，生态优美，林区面积广，具备了生物多样化等特征，符合申请国家森林公园的条件。2019 年 1 月 9 日，2018 年国家级森林公园设立评审会在北京召开，与会专家一致认为拟设立广西凤山根旦国家森林公园符合国家级森林公园设立标准，同意通过设立评审。

通过到万寿谷、同寿山水、根旦国家森林公园等处生态康养游，因高含负氧离子，只需默语 3 分钟，就会静心。通过心静则神静，神静则形安；思绪全无，进入休眠状态，避免神躁则形亡。

（五）布柳河 —— 拥抱神奇之河

布柳河岩溶峡谷位于乐业县和天峨县的交界，南起乐业县新化镇磨里村，北至天峨县更新乡巴满屯，全长 16.9 km。

布柳河

布柳河仙人桥景区

    布柳河岩溶峡谷森林覆盖率大于90%。年均气温19.7 ℃，雨量1348 mm，孕育了低海拔干热河谷季节性准原始雨林，植被茂密、树木葱茏，闭郁度高，树木盘根错节，藤蔓或悬荡或缠绕绞杀，形成复杂纷繁的群落结构遥近水面。老布柳树枯木逢春，生机盎然，孕育着丰富的物种，还有如任豆、顶果木等国家级的濒危物种，并存在明显的垂直带谱，同高程具有不同的生态景观，海拔600 m以下为季雨林，600～800 m为常绿阔叶林，800 m以上为常绿—

落叶阔叶林或灌丛。

布柳河呈现出极大的生物多样性，被专家誉为植物的王国。布柳河谷两岸为茂密的亚热带雨林，植物种类繁多。干热的河谷孕育了亚热带河谷雨林的繁荣，木棉、任豆、金丝李、合欢、野独活等植物的屹立挺拔都预示着干热河谷的特征，这里植被垂直带谱明显，是许多典型亚热带植物物种分布的北界。珍稀植物有布柳树、柳叶润楠、水榕树、重阳木、破布叶、万带兰等。野生兰花、海芋遍地丛生，放眼望去，郁郁葱葱。布柳河的河谷雨林也是地质公园重要的野生兰科植物资源地，生长有57种野生兰科植物，并有带叶兜兰、多花指甲兰、硬叶兜兰、贵州地宝兰等珍稀濒危兰科植物野生居群。布柳河"V"形河谷顺着河延伸，河岸分布着典型的湿地植物。比较典型的是水柳群落、柳叶润楠群落和枫杨群落。

布柳河谷具有良好的生态环境，被专家誉为"鸟类的天堂"。两岸不时传来大山雀、画眉、斑文鸟、麻雀、红尾水鸲等鸟类的鸣叫，动物专家实地观察到的鸟类就有近百种。

布柳河水源丰富，也是两栖类、爬行类动物的重要栖息地。两岸的河谷雨林中还栖息着猕猴、斑林狸、赤腹松鼠等诸多哺乳动物。

布柳河有"天堂之旅"的雅号。漫游在峡谷之中，两岸山崖碧树映水，鸟兽隐现鸣啼，仿佛进入仙境一般，让人心旷神怡。沿河两岸山峦重叠，连绵不断，群峰争奇，常年绿树成荫，古树繁多，林木斗翠，野猴成群，百鸟争鸣，河里水流湍急，清澈见底，鱼儿穿梭；既可漂流，又可观光旅游。

布柳河仙人桥景区位于乐业－凤山联合国教科文组织世界地质公园乐业园区新化镇磨里村布柳河大峡谷，距离乐业县城51 km。

布柳河仙人桥景区以布柳河为纽带，包括布柳河岩溶峡谷、两岸高耸的峰丛及亚热带河谷雨林，世界上跨度最大的天生桥——仙人桥、两岸洞穴群、内里退化天坑、孟里天生桥、孟里峰丛等景点。

布柳河岸上美景迭出，令人流连忘返，乐不遐思。有甘蔗洞、出鱼洞（又叫冷泉洞）等溶洞；冷泉洞内有规模较大且景点集中的石钟乳，这些景点与布柳河垂帘、漂游河段相映成趣。

布柳河继续向东蜿蜒流淌，两岸处处充满生机。布柳河在巴满屯附近穿山而过，形成布柳河天生桥，接着流入三叠系碎屑岩区，岩溶峡谷结束。

景区游览方式有橡皮艇漂流、车道和步道观光等。景区内设置有游客中心、多个停车场、游船码头和餐饮服务设施等，为游客提供方便、温馨、快捷的咨询服务。游客中心配有先进的监控设备，对景区旅游秩序、游客流量及游客中心游客安全、车辆管理进行全天候监控监管。

布柳河峡谷旅游导览图

布柳河的水来自中国长寿之乡凌云县国家级自然保护区岑王老山高山原生态高锶纯天然弱碱性小分子团优质山泉水，含有人体所需的各种矿物质和微量元素。水质甘甜醇口。通过到布柳河生态康养游，漫步其间，天人合一，让神奇为长寿增加砝码。

2013 年，在北京举行的全国首届"中国最美地质公园"评选活动中，专家评审委员会以无记名投票的方式从入围候选名单的国家地质公园中投票产生最终的 30 家中国最美地质公园，凤山岩溶国家地质公园（乐业－凤山联合国教科文组织世界地质公园凤山园区）位列第 23 位。

为推动我国地质公园事业发展，扩大地质公园的影响，普及地学科学知识，促进地质遗迹和原生态保护，活跃地质旅游市场，中国地质学会旅游地学与地质公园研究分会会同河南省地质环境保护与地质旅游发展促进会开展了这项评选活动。

凤山岩溶国家地质公园是国土资源部于2005年批准的国家地质公园之一,是以喀斯特地貌景观为主题特色的地质公园,有三门海、万寿谷、同寿山水联合景区,鸳鸯泉景区,穿龙岩－桃花源景区,江洲地下长廊－仙人桥景区,恒里暗滩景区五大景区,公园规划面积224.9 km^2。地质公园周边还有巴腊天然生态林猕猴繁殖保护区、梦娥蓝靛瑶民俗风情园、根旦国家森林公园、中亭红色旅游景区、八龙红色旅游景区及乔音水库库区风景旅游区等景区。

(六)乐业天坑岩溶 —— 养生地下花园

1. 大石围天坑群景区

知识环岛 2-12

天坑:岩溶天坑的简称,是喀斯特地貌现象中规模最大的负地貌形态之一,它的发育、分布与庞大复杂的地下河洞穴及特殊的水文地质条件密切相关,是四周岩壁峭立、深度与平面宽度均不小于50 m的地表陷坑。是具有巨大的容积、陡峭而圈闭的岩壁、深陷的井状或桶状轮廓等非凡的空间与形态特征,发育在连续沉积厚度及其含水层包气带厚度均特别巨大的可溶性岩层中,从地下通向地面,平面宽度与深度从大于100 m至数百米以上,底部与地下河相连接或有证据证明地下河道已迁移的一种特大型岩溶负地形。

按最大口宽或最大深度,将大于500 m、300～500 m、100～300 m和50～100 m的天坑分别划为超级、大型、中型和小型天坑4个等级,共有岩溶塌陷型和地表水冲蚀型两种成因类型,乐业天坑全是属于岩溶塌陷型天坑。

大石围天坑

知识环岛 2-13

喀斯特地貌(karst landform)：具有溶蚀力的水对可溶性岩石进行溶蚀等作用所形成的地表和地下形态的总称。形成的美景宏伟壮观、气势磅礴，神秘而深邃，奇峰突起、奇峰林立、千奇百怪，让你感受到大自然别有的神奇魅力。

"喀斯特"原是伊斯特拉半岛上一座石灰岩高原的地名，那里发育有典型的岩溶地貌。由此，"喀斯特"成为岩溶地貌的代称。中国是喀斯特地貌分布面积最大的国家，从热带到寒温带，从温润区到干旱区，各种喀斯特地貌类型齐全，包罗万象。中国也是对喀斯特地貌记述和研究最早的国家，早在晋代就有关于岩溶地貌的记载，后来以明代徐霞客所著的《徐霞客游记》记录最为详尽，从研究历史到分布面积，中国是名副其实的"喀斯特王国"。

喀斯特地貌

大石围天坑东峰山体内有中洞和蚂蜂洞,后者沉积有新近地层剖面。西峰绝壁下隐伏着大石围地下河,大石围地下河洞穴起点为大石围底部西侧的地下河天窗。地下水流从天窗下的砾石堆中涌出。天坑底部、绝壁及周围分布有多种珍稀植物。

大石围天坑群景区

大石围天坑

知识环岛 2-13

喀斯特地貌(karst landform)：具有溶蚀力的水对可溶性岩石进行溶蚀等作用所形成的地表和地下形态的总称。形成的美景宏伟壮观、气势磅礴，神秘而深邃，奇峰突起、奇峰林立、千奇百怪，让你感受到大自然别有的神奇魅力。

"喀斯特"原是伊斯特拉半岛上一座石灰岩高原的地名，那里发育有典型的岩溶地貌。由此，"喀斯特"成为岩溶地貌的代称。中国是喀斯特地貌分布面积最大的国家，从热带到寒温带，从温润区到干旱区，各种喀斯特地貌类型齐全，包罗万象。中国也是对喀斯特地貌记述和研究最早的国家，早在晋代就有关于岩溶地貌的记载，后来以明代徐霞客所著的《徐霞客游记》记录最为详尽，从研究历史到分布面积，中国是名副其实的"喀斯特王国"。

喀斯特地貌

　　大石围天坑东峰山体内有中洞和蚂蜂洞,后者沉积有新近地层剖面。西峰绝壁下隐伏着大石围地下河,大石围地下河洞穴起点为大石围底部西侧的地下河天窗。地下水流从天窗下的砾石堆中涌出。天坑底部、绝壁及周围分布有多种珍稀植物。

大石围天坑群景区

> **名片 2-34**
>
> **大石围地下河：**
> 洞穴长度已探测 6630 m。
> 洞口海拔高程 897 m。洞口高 25 m、宽 55 m。
> 河面海拔高程 873 m。河面宽 6～10 m、深 0.5～2 m。
> 地下河末端海拔高程 634 m。
> 总落差 239 m。
> 自地下河水 2 m 直径圆形落水洞消失处至百朗地下河出口的直线距离尚有 30 km。

大石围天坑原始森林底部地下溶洞高 50～200 m，宽 70～150 m，洞中有两条宽 7～13 m 的地下暗河，河流湍急，是广西目前河流量最大、流程最远的地下暗河之一。两条暗河中，一条冷，一条暖，冷暖两条河流长约 30 km，被称为鸳鸯暗河。河里有许多地下水生生物，有中华溪蟹、张氏幽灵蜘蛛和盲鱼等生物物种，最具特色的是通体透明的盲鱼。河岸两旁有金黄的沙滩和五彩的奇石及巨大的化学沉积物，石笋挺拔丛生，石帘晶莹透亮，具有很高的观赏价值。大石围天坑底部暗河下游 6 km 处，有一处宽 30～50 m，高约 100 m 的瀑布，被称为地下第一大型瀑布。

大石围天坑群，世界天坑之最，以大石围天坑为核心景观，以稀少、神奇、奇特、险峻、恢宏、壮丽、秀美、生态环境独特而著称，是旅游观光、科研科考、科普教育、探险探秘、登山健身、攀岩兼探险的极佳场所。有大石围、白洞、神木、大坨、罗家、苏家、燕子等 7 个天坑，目前已开发的有大石围天坑、白洞天坑、穿洞天坑等。还有中洞、蚂蜂洞、琢木当上洞、琢木当下洞、晚霞洞、白洞、大石围地下河、白洞地下河、冒气洞天窗、合山组煤系地层、合山组底东吴运动遗迹——铁铝岩、二叠系的叶状藻化石、腔肠类古生物化石、大坨断层和产子瑶断层等地质遗迹。

走上大石围天坑观景平台，近距离俯瞰大石围天坑壁立千仞，鬼斧神工。仰视，可以感受到非比寻常的"坐井观天"，这里距天坑绝壁顶端大概 300 m。俯视，临近悬崖，200 m 以下的天坑底部，原始森林一片葱茏。平视，望向大石围北峰，还能与自然天成的天坑守护神——神鹰来一张合照。

其他景观主要为三曹山森、白洞-大石围间及大石围与大石围景区出口附近的樱花林、神木天坑森林，以及冒气洞呼吸景观等。另外，还有天坑植被及人文景观把吉屯石灰窑古法造纸作坊及造纸技术等。

大石围游客中心位于乐业-凤山联合国教科文组织世界地质公园乐业园区同乐镇刷把村，距离乐业县城15 km。是一个集景点售票、宣传推广、导游服务、咨询投诉、餐饮住宿、购物、停车场、监控监管等于一体的综合型服务机构，是为游客提供吃、住、行、游、购、娱等全方位、一站式服务的游客之家。游客可换乘电瓶车直达景区各景点。游客中心配有先进的监控设备，对景区旅游秩序、游客流量及游客中心游客安全、车辆管理进行全天候监控监管。

目前不仅配有专用游览车环景区车道游览，而且可以徒步远足游览探索世界级天坑奇特地貌。

2. 穿洞天坑景区

穿洞天坑景区包括穿洞天坑和火卖生态村两个亚区。

景区主要地质遗迹包括穿洞、穿洞天坑及坑底的半月洞与梭子洞，天坑周围的熊家西洞、熊家东洞、飞猫洞地下河系统、甲蒙天坑、茶洞天坑等。

穿洞天坑距离大石围天坑15 km，是唯一可通过洞穴进入天坑底部的天坑。坑底森林密布，有丰富的原始次生森林和藤本植物，树木以中小乔木为主，悬崖长有多个品种松树。东北、西南端林木最稠密，西南端树木从山顶至坑底连续分布，为常绿性森林群落，共有75科158种植物，生长有掌叶木、香木莲、福建柏、短叶黄等，香果树分国家一、二、三级保护植物和多种兰科植物及藤本植物。

穿洞的存在增加了天坑旅游的神秘、新奇价值。其洞腔内分布有一定规模的景观，例如，洞门有古战洞墙，洞前端分布有10 m高的石笋屹立洞中，似天坑的守护神，还有5 m高的石笋状石灰岩柱，4 m高的钝顶石笋（海蜇），似古钟圆塔、洋葱等壁流石，后段洞底有一石二景：从前看，似正在热吻中的一对恋人；自后观，状若张嘴的青蛙、山獭的头。还有古树化石、"森林风光"、"红萝卜"、"火树银花"、"叠层石"等景点，边走边赏，其妙无穷。景观奇绝，令人赞叹，是天坑之缩影，浓缩了天坑之精华。天坑的宽大与空旷、球形洞室及天窗的存在，增加了自然景观的神秘感。

该景点是集溶洞、地下河、光柱、原始森林于一体的天坑缩影，具有旅游观光、科研科考、科普教育、探险探秘、登山健身、攀岩探险等价值。

穿洞内的农具及纺花织布等民族风情物品展示、半月洞内珍稀动植物标本及天坑形成过程等展示，使这里集自然景观与人文景观于一体，提高了天坑的旅游品位，丰富了天坑的旅游内涵。

大石围东峰极顶

3. 黄猄洞天坑国家森林公园景区

黄猄洞天坑国家森林公园位于乐业－凤山联合国教科文组织世界地质公园乐业园区大石围天坑旁，距离乐业县城 30 km。公园为广西壮族自治区直属国营雅长林场所辖，是世界级大石围天坑群的重要组成部分。

黄猄洞天坑国家森林公园是一个颇具特色的生态景区。以周边绝壁最为完美的黄猄洞天坑及其周边的森林为依托，包括周边的七仙女洞、天坑洞竖井、下岩洞地下河、大熊猫化石洞、吊井天坑、龙坨天坑、里朗天坑、拉洞天坑、香垱天坑、老屋基天坑、悬崖天坑、中井竖井及大燕坪竖井、国家兰花基地、白云山庄等景观。

黄猄洞天坑国家森林公园由黄猄洞天坑景区、风岩洞天坑景区、花坪景区、盘古王景区、一沟景区和西南民俗风情园组成。拥有四大天坑，67个风景资源点，其中黄猄洞天坑最为独特，天坑地貌惊险壮观，洞口森林茂密，洞底大面积地下森林栖息着大型野生动物，坑内西侧有落差超过100 m的季节性瀑布。坑边有蛙王护洞的传说，还有七仙女下凡的故事，堪称天坑、森林、瀑布、神话的完美结合。坑内有神秘天坑金刚、天坑仙鸽和黄猄神像等29个自然风景点。天坑内建立了天坑攀岩基地，开发有3条国家级攀岩线路和2条170 m高的速降线路。

公园集天坑、溶洞、高山、森林、瀑布于一体，具有奇、秀、幽、野等景观特色，并且气候温和，夏无酷暑，冬无严寒，是攀岩和速降基地，是游览观光、探险探秘、科学研究、森林生态体验、休闲度假、科普考察、民族风情多功能原生态旅游的理想场所。

黄猄洞天坑位于乐业县花坪镇南干村内。黄猄洞天坑属大型天坑，森林植被好，天坑及四周为国家森林公园。

名片 2-35

黄猄洞天坑：

长320 m。宽170 m。最大深度161 m。

坑口面积5.17万 m²。坑底面积3.82万 m²。

在公园浩瀚无际的原始莽林中，位于乐业县新场村东南400 m山腰，公路左侧山边，海拔880 m，洞口向西，宽3 m，高8 m，有洞口进入6 m处，无次生化学沉积物，6～10 m处有钙化和石笋。经中美考古学家研究，确定此化石年龄为距今大约200万年前，而且是迄今为止发现的最完整的早期大熊猫，即大熊猫小种的头骨化石。有国内首次发现的大熊猫头盖骨化石，有世界稀有的拉雅松、罕见的榉木王；而九十九个堡、风岩峡谷、花坪绝壁等景点将让您惊奇不已；独具特色的长槽民居、南朝梯田、白云山庄和古朴自然的西南民俗风情，将让您大开眼界；穿越千年无人踏迹的盘古王山和草王山原始森林，观日出、看彩林、听林海松涛、抱榉木王、喝清甜山泉将使您终生难忘；南盘江边火红的木棉花与龙滩库区的浩荡烟波又给公园增添一道亮丽的风景。

黄猄洞国家森林公园盘古王景区，以景区海拔最高的盘古王山(1971.2 m)而命名。以原始森林、高山风情为特征的生态环境著称于世。

盘古王景区东起高楼、岜木；西至尖岩脚、龙答湾山；北至山林保、落花生以南；南至盘古王山、草王山。总面积4162 hm^2。

盘古王景区有巍峨壮观的群山峻岭、浩瀚无边的原始林海、阡陌纵横的梯田风光、变幻莫测的天象景观，是寻幽访古、探奇览胜、避暑观光的好去处。

如此美轮美奂的环境，是不良情绪的释放剂，是疾病治疗的增效剂，是疾病康复的促进剂。到几大景区生态康养游，呼吸着富含负氧离子的新鲜空气，自我心理调适，自我心理平衡，自我创造良好心境，平和宁静中，使人仿佛置身于瑶池仙境，放飞心情，不知今夕何夕……

第三章

破译乐业-凤山

一、山之谜

1. 天坑

疑惑

经过中、美、英、日、法等 10 多个国家的专家科考论证，经中外科考专家的科学考察、定位，在方圆不到 20 km² 范围内的崇山峻岭里已发现了 28 个天坑，平均每平方千米有天坑 1.4 个，是世界上最大的天坑群。其中，在 13 个世界级的超大型天坑中，分布在乐业的就有 7 个：大石围、邓家坨、大坨、穿洞、白洞、神木、拉洞等，其天坑数量和天坑分布密度世界少见，囊括了世界上各种类型和规模的天坑精品。

天坑的形成，众说纷纭，有的说是造物主的杰作，有的说是外星人以前在地球上建的基地，有的说是火山口，有的说是天上陨石撞击砸下而成。

地质遗迹分布

探密

乐业－凤山联合国教科文组织世界地质公园地质遗迹丰富，有天坑（群）、大型地下河系统、天窗（群）、天生桥、大型洞穴系统、大洞穴廊道、大厅堂、洞穴化学沉积物（巨大的滴石类石笋石柱、精巧的非重力水类石花卷曲石、罕见的莲花盆）、穿洞、峰丛洼地、岩溶峡谷、坡立谷、岩溶泉、伏流、干谷、石芽溶沟、石林、断层带、小褶曲、古老的大熊猫化石、洞穴新近纪地层、碳酸盐岩、海相生物化石等 20 余种，分 7 个类型：岩溶天坑群及大型地下河遗迹、岩溶洞穴群遗迹、岩溶高峰丛洼地及坡立谷遗迹、水文遗迹、地层古生物遗迹、岩石遗迹和区域构造遗迹等，此外，还有独特而丰富的非地学遗迹。

乐业－凤山联合国教科文组织世界地质公园地质遗迹可归为三大类：地表岩溶地质遗迹、地下岩溶地质遗迹和洞穴次生化学沉积物。

地表岩溶地质遗迹包括峰丛、岩溶谷地和坡立谷、天坑、天窗、岩溶泉、穿洞、天生桥和象形地貌。

地下岩溶地质遗迹包括大型地下河系统、洞穴、洞穴大厅、竖井等。

洞穴次生化学沉积物包括生物岩溶、大型穴珠、卷曲石、流石坝、莲花盆、石笋、石柱和石钟乳等。

乐业县主要是以石山和土山为主的山地山原，地势略似蚬壳形，西南高，最高峰海拔约达 2000 m，向东西北三面倾斜降低，最低的是红水河谷地。东、西、北部砂页岩发育形成的土山山峰谷地山区，山脉连绵起伏，山高坡陡，河溪、沟谷纵横交错，中南部大部分为石灰岩发育的喀斯特山地山原区，石山屹立延绵成片，坡度陡峭，地表缺水弄场多，地下河长溶洞多。

此外，乐业－凤山联合国教科文组织世界地质公园还有大量地层、岩性和构造地质遗迹。

天坑，地理地貌上命名为喀斯特漏斗，当地人称为石围群。大石围天坑群位于乐业县同乐镇刷把村百岩脚屯。乐业县属于南方典型的喀斯特群地区。

全球已经发现的天坑共有 90 个，中国占 49 个，其中乐业占 28 个，分别是大石围、大坨、邓家坨、茶洞、神木、吊井、香垱、穿洞、老屋基、黄猄洞、白洞、悬崖、拉洞、苏家、盖帽、燕子、甲蒙、龙坨、大曹、里朗、棕竹洞、罗家、蓝家湾、打陇、达记、大洞、盖曹、十字路天坑，乐业县是名副其实的"世界天坑之都""世界天坑博物馆"。

乐业－凤山联合国教科文组织世界地质公园，目前已被批准为"国际岩溶与洞穴探险科考基地""国家森林公园""国家地质公园""中国青少年科学考察探险基地"。总面积 930 km^2，已发现大小天坑 32 个，其中超级天坑3个，而全球包含有3个及以上天坑的区域共有17处，数量均不超过10个，是世界上最大的天坑群。大石围天坑群是世界第一天坑群分布区，世上罕见景观集险、峻、雄、奇、秀、幽、美于一体。天坑群中以大石围天坑规模最大，底部面积达16.6万m^2，深度和容积位居世界第二。天坑群及其庞大而复杂的地下河、洞穴系统，其科考、探险、旅游价值在全球岩溶区中无与伦比。

大石围天坑东峰观景台位于乐业县同乐镇刷把村北边、瑶山村西南800 m，距离乐业县城23 km。这里有着四面陡峭的绝壁，将坑洞团团围合，当地村民形象地称之为"大石围"，口部直径、面积和深度等都是整个乐业县首屈一指的，非常具有代表性。

大石围天坑简介

大石围天坑形成于距今大约6500万年以前，发育于二叠统厚层石灰岩地层中，构造上处于一个平缓背斜的轴部，而地貌上则位于峰丛与谷地的交接处。垂直深度约为613 m，坑口东西长为600 m，南北宽为420 m，其容积约0.8亿m^3，属于典型的喀斯特漏斗奇观，是集独特奇绝地下溶洞、地下原始森林、珍稀动物及地下暗河于一体的巨型天坑，是整个天坑溶洞群中最有代表性，也是最有名的景点之一，是世界顶级旅游资源，有天然绝壁地宫之美称。

简单地说，天坑是喀斯特地貌的一种，是流水和岩石长期作用的杰作。天坑的形成是先有条地下河，地壳上升，河流下切，形成地下洞穴，洞穴顶部不断塌陷，形成地下大厅，再继续塌陷，连地面也塌陷了，就形成了天坑。

2007年，大石围天坑景区被国家旅游局授予"国家AAAA级景区"称号；2010年广西乐业－凤山又荣获"世界地质公园"称号。

2. "天使之吻"

疑惑

天坑坑底西南端的厅堂式洞穴顶部有一个小天窗,天窗一线天如月牙镶嵌在洞顶,正午时光柱自 108 m 高处射下,犹如天使之吻,映衬洞厅的宽大与空旷,球形洞室及天窗的存在增加了自然景观的神秘感,奇特景观令人赞叹。

"天使之吻"何时有的?如何形成的?似乎都在引导人们去探索坑底森林之神秘、神心。

探密

穿洞天坑位于乐业县同乐镇刷把村竹林坝屯,距离乐业县城 18 km。

穿洞天坑由 6 座山峰围成,呈多边形,是所有天坑中峰体最多的天坑,属世界六大超大型天坑之一,约 6500 多万年前形成于峰峦之中。

穿洞天坑平均深度 175 m,最深 312 m,容积约 1172.15 万 m^3,西南侧山体中部有一个直通坑底的巨大溶洞——穿洞,天坑因此而得名,是大石围天坑群中唯一可通过溶洞进入底部的天坑。穿洞长 202 m,宽 20～28 m,高 9.5～23.5 m。

在目前所开发的天坑中,唯有该天坑可通过溶洞走入坑底,一览坑底森林之神秘、神心,穿洞天坑的存在增加了天坑旅游的神秘、新奇价值。

到穿洞天坑游览,既能领略大自然的神奇、天坑形成过程等展示,又能领会"天坑博物馆"的科学内涵,让你轻松揭开天坑神秘的面纱。

3. 江洲地下长廊

疑惑

江洲地下长廊洞穴系统目前已探明总长度接近 60 km,已探测旱洞长度 37.9 km,为中国第二长洞穴,更是全世界发育于二叠系可溶岩地层中第一长洞。

至于该洞道真正有多长,至今仍是个谜。

江洲地下长廊入口

探密

　　江洲地下长廊位于凤山县江洲瑶族自治乡境内，距离凤山县城 45 km。距离凤山三门海景区 20 km，距离巴马水晶宫景区 9 km，有三级水泥公路通达。距离南宁市 300 km，距离河池市 160 km。

　　江洲地下长廊因该长廊系一条地下溶洞通道，故而得名。

江洲地下长廊路标

江洲地下长廊洞口海拔高程 550 m，洞口众多，目前已发现 11 个洞口，反映江洲洞穴系统的形成有赖于复杂的水文系统。整个洞穴系统发育有多个明显可见的塌陷天窗和竖井。

江洲洞穴系统

江洲地下长廊不仅通道复杂，而且洞道空间巨大，洞腔由巨大的廊道和众多大型厅堂组成，通道宽、高一般均在 50 m 以上，全洞洞道平均半径 28.6 m。地质公园内 5000 m² 以上的大洞穴厅堂近百个，江洲地下长廊就有 25 个，面积 4000～18 500 m²，其中 8 个大厅面积大于 1 万 m²。

江洲地下长廊垂向上干洞、水洞并存，干洞之下为地下河洞穴，上下通道由竖井或塌坑相通，竖井直径多在数米至 30 m，深度最大可达 180 m。

洞内堆积物丰富多彩，体量巨大，洞内无论是块石堆积、黏土堆积还是次生化学沉积物堆积，均分布面积较大，沉积物体量大；此外，洞壁上的各种溶蚀形态也发育良好，如各种规模与形态的流痕、边槽、窝穴，它们具有古水文指向意义并且可用于反演古水动力条件。

多次参与该洞考察的中外探险专家都称洞中景色为天下奇观，并以溶洞走向和洞物分析的科考方式考察此洞，认为这是一个比较完整的古时代岩溶发育的痕迹，洞中石笋颜色的层次变化可记录云贵高原各个时期生态环境的特征，很有科学考察价值。

洞内钟乳石类景观主要为体量较大的石笋、石柱、流石坝、石田、穴珠等重力水沉积形态及俏丽奇异的卷曲石等非重力水沉积形态物质。

洞中石柱、直插云霄的石笋、金碧辉煌的石幔琳琅满目，形态动人，栩栩如生。有龙啸九天、猛虎扑食、飞流直落、龙腾虎跃、巨龙盘绕、大瀑奔流、浪遏飞舟、鸳鸯戏水、一柱冲天、奇浪飞溅、银碟飞舞、老鹰远望、银水细流、富丽堂皇、层峦叠嶂、群星祝寿、金蟾成双、携手共进、金牛望月、厚积薄发、风烛残年等景观。

洞中乳石峥嵘，气势恢宏，奇石造型精妙，宏大之处，景含群山之状，气势磅礴，石笋像擎天巨柱直插天空，数米高的石笋不计其数，在多处聚集形成了奇特的洞中石林景观。

洞内最大的石幔高约 10 m，宽 5 m，颜色洁白，酷似飞流直下的瀑布，刹那间结成了冰柱，凝固在这美丽的地下长廊之中。

金猴回望，唯我独尊，迎客之道，壮士断腕，亲密无间。

每年都有无数中外洞穴探险爱好者和游客到江洲地下长廊探险、考察和旅游。

岩溶洞穴的形成与发展是一种复杂的化学溶蚀、机械侵蚀和崩塌过程。首先，水流沿着可溶岩的层面节理或裂隙进行下渗，并向地下水位基准面排泄，行程水平流向地表小溪。然后，地表河下切，地下水位基准面下降，渗入地下的水不断扩大裂隙通道，并形成了主要的水平通道。最后，地表河不断下切并形成峡谷，地下水位基准面继续下降，主要水平通道中的水下降形成新通道，洞穴形成。溶洞是地下水沿可溶性岩石的裂隙溶蚀扩张而形成的地下洞穴。

江洲地下长廊通道复杂，随着科学考察的新发现，洞道真正有多长，只会越来越接近实际数值，真正的长度可能永远不得而知。

4. 巨形天然佛像

疑惑

神奇的巨型天然佛像，形神兼备，气势恢宏。

自然界中存在着善良、智慧的化身——天然佛像，但这个神似的天然佛像巨大，大到什么程度呢？

探密

巨型天然佛像位于乐业县马庄乡九龙山母系氏族村落母裡屯约 2 km。

佛像呈坐势，头顶海拔 1319.5 m，垂直高度为 286 m，头宽 45 m，肩宽 106 m，眉弓至头顶 45 m，鼻长 24.5 m，鼻翼宽 12 m，鼻尖高 7.2 m，左眼长 12.8 m，右眼长 12.3 m，鼻唇间距 8.7 m，嘴宽 18 m，唇厚 9 m，下唇至下巴长 13 m。

5. 阴阳山

疑惑

一座洞口呈裂隙状形似女穴的"阴山"和一座山形棒状似勃起的阳根挺立的"阳山"相对耸立，生命之根、生命之穴遥遥相望，犹如一对男女外生殖器，形象而逼真。

千万年来仿佛向世人述说着生命之源。何时出现的？怎么形成的？成为山水生命文化之谜。

探密

阴阳山位于凤山县城南部江洲村，距离凤山县城 35 km，距离南宁市 340 km，距离河池市 180 km。南宁、河池至凤山公路均可通达。

阴阳山亦称鸳鸯山，由阳山和阴洞及其下的东泥大洼地组成，海拔约为 540 m。

阳山位于东泥洼地东南角凤山－江洲公路边山坡上，基座直径 100～150 m，座底海拔 625 m，往高处直径渐小，相对高度为 171.9 m。

阴洞位于东泥大洼地西侧高 150 m 的小山峰绝壁上，洞口高度约为山峰高度一半，与阳山隔着东泥大洼地相望。

阴阳山发育于石炭系黄龙组与马平组浅灰色中－厚层状含生物碎屑灰岩中，是由可溶性岩石——碳酸岩长期受雨水溶浊、侵蚀，加上生物作用形成的象形山石，属岩溶象形山石。

6. 布柳河天生桥

疑惑

大部分岩溶天生桥是由地下河洞道顶板崩塌形成，而尤为奇特的是，被当地人称为仙人桥的水上天生桥的形成与其他岩溶天生桥形成不一样，怎么个不一样？

探密

仙人桥位于布柳河岩溶峡谷的尽头。从乐业县经新化镇距离为 80 km，从凤山县经更沙乡距离为 110 km。

布柳河下游有一座由 3 座大山塌陷形成的天然石拱桥，桥拱对称，拱底平滑。桥呈西北—东南走向，桥身长 280 m，拱孔跨度 177.14 m，桥宽 19.3 m，总桥高 165 m，其中桥面厚度 78 m，包括水面下 20 m、拱高 87 m。

布柳河仙人桥简介

仙人桥西北端硕壮的桥墩下为巨石悬空的"水面大厅"——屋檐洞，桥梁巨厚，拱孔高达、宽阔，西南端桥下为崩塌岩块堆积，水流绕过堆积穿过屋檐洞由南向北流过。屋檐洞跨度（直径）为 160.4 m，远眺天桥，巍然屹立，摄人心魄。两岸桥墩（山峰）稳如泰山，厚厚的梁板与桥墩融为一体，高架空中，气势磅礴。自屋檐洞仰视，横空出世的巨梁将苍穹隔成两半，异常壮观，猿猴难攀的拱梁绝壁下为幽幽深潭，故天桥又是一处天然蹦极的绝佳场所。雨季悬瀑，银练飞泻，堆玉溅珠。天生桥奇异的造型和两岸青峰，桥下碧水、桥上蓝天白云等构成一幅灵动的水墨画。仙人桥鬼斧神工，绝景天成,像一条巨龙横跨在布柳河两岸,气势雄伟、磅礴,气贯长虹,撼人心魄,为布柳河景区压轴性景点。

布柳河仙人桥是河流截弯取直作用的产物。其形成可分为3个阶段:①河曲阶段。布柳河在现仙人桥西侧形成一个拐弯。②截弯取直穿孔阶段。河流寻找最短路径,形成穿孔通道,原河曲河道废弃。③天生桥成型阶段。穿洞洞顶部分垮塌形成天生桥,同时崩塌堆堵塞穿洞河道,水流侧向侵蚀、溶蚀,于左岸桥形成"屋檐洞"。

布柳河天生桥

7. 神奇黑圈

疑惑

洞内有多个自然形成的神奇黑圈,直径最大的达 5 m。

神奇黑圈是如何形成的?洞穴有无数,为什么只在这里有?

探密

地质遗址新族"神奇黑圈"位于凤山县袍里乡三门海镇坡心村弄蚕屯万寿谷景区马王洞北支洞内,巴马与凤山县交界处,距离凤山县城 24 km。坡心在壮语里的意思是大山的中心。

1989 年,国际洞穴联合会主席安迪·伊文思组织的中外探险队,对三门海周围的洞穴进行了探测,发现了马王洞,并认为是当时世界最高大的洞穴廊道系统。2011 年,著名洞穴探险家让·波塔西组织中外洞穴潜水探险队,对三门海 5 号和 6 号地下天窗进行了探测,发现三门海与马王洞相连的直接证据;2012 年,让·波塔西在一次洞穴调查中,通过冒气的小洞口探测发现了弄蚕洞,末端与马王洞仅一壁流石之隔,通过测量确定为同一洞穴系统。这一段洞穴位于三门海长寿源之上,且洞穴高大、景观壮丽,故取名为万寿谷。

虽经多国专家研究,有多种学说,尚未达成共识,至今仍无法破解"神奇黑圈"形成之谜。

二、水之谜

1. 布柳河

疑惑

布柳河传说是王母娘娘酒泉里流出来的河。游览了布柳河整条河犹如阅尽女人的一生,开始是青春期的少女春心萌动、内心躁动,随后是哺乳期的女性哺育婴儿时舒缓的心情,上有老、下有小的女性那样的耐受力,身为人妇、人母的中年女性那样的利落、强干，更年期女性波动的情绪，老年妇女的慈祥。

传说终究是传说，为什么布柳河能和女性联系在一起，尤其是为什么说游览了布柳河整条河犹如阅尽女人的一生？

探密

布柳河是一条美丽的河，在壮语的意思里，"布"是"泉"的意思，"柳"是"酒"的意思。

布柳河位于乐业县新化镇磨里村，距离乐业县城 51 km。从乐业县经新化镇距离为 51 km，从凤山县经更沙乡距离为 70 km。

布柳河为红水河一级支流，发源于凌云县境内海拔 2062.5 m 的岑王老山，朝东北方向流经凌云、乐业、天峨三县，向北流至龙滩库区汇入红水河，全长 132 km，流域面积 3310 km^2，年径流量 13.7 亿 m^3。

布柳河峡谷全长 16.9 km，在乐业－凤山联合国教科文组织世界地质公园内长 15 km，其中磨里－巴满段为岩溶峡谷，与天生桥组成优美的风景画卷。

布柳河两岸山峰标高 500～1260 m，景区漂游河段全长 9.35 km，河流河段总共由 12 个大滩、10 个湍流段、14 个河弯组成，河道弯曲度小。河滩主要由砂岩类物质组成，河床礁石较多。

布柳河进入岩溶区后形成一河湾，来自上游砂岩、页岩和泥岩等碎屑岩的河水挟带大量泥沙因水力平缓而沉积下来，日积月累而形成了长 3000 m、宽 275～420 m 的弄留阶地，为乐业县弄留村所在地。

此后，布柳河呈幽深的"V"形或"U"形峡谷依山顺流而下，谷底高程 425～398 m，峡谷深度 500～850 m，有 14 个拐弯，其中，磨里至东拉段河谷呈"U"形，长 5.3 km，谷宽 80～415 m，谷深 330～665 m；东拉至巴满上游段，峡谷呈"V"形，长 8.35 km，谷宽 20～50 m，谷深 500～785 m；巴满附近河段，峡谷转呈"U"形，长 1.65 km，谷宽 40～60 m，谷深 160～620 m。

峡谷特点是山高、谷深、峡长、山峰连绵不断，横断面呈"U—V—U"形变化，拥有秀丽浓密的雨林景观和气贯长虹、造型奇异的仙人桥，河水清澈，水天一色，水流缓急相间，分布有地下河天窗、洞穴，集观光旅游、科研科普、攀岩漂流等功能于一身。

中流砥柱（第一滩），水急鱼跳，犹如青春期的少女春心萌动、内心躁动。

水波不兴（第二滩），第二滩与第一滩比较，虽然滩石峥嵘，但水流不太急，水花也不太大。过滩之后，水平如镜，山峰倒影江心，别有一番景象。在江岸边有一石山像只玉兔，屁股朝天，头向江心，似玉兔卧江。玉兔山的对岸，有一绝壁，平整如镜又似玉兔照镜。犹如哺乳期的女性哺育婴儿时舒缓的心情。

滩长浪急（第三滩），滩石被水长年累月冲击，变得滚圆滚圆，像一个一个小南瓜。第三滩滩长、水急，与第二滩滩流平缓有较明显的变化。犹如上有老、下有小的女性那样的耐受力。

惊涛拍岸（第四滩），当河水量大时，水流急速并伴随有大浪，结果在河水作用下，河里的石头不断变圆，并在这里形成大鹅卵石，像一个个大南瓜。犹如身为人妇、人母的中年女性那样的利落、强干。

浪尖嬉戏（第五滩），水深浪急，浪花飞舞，一起一伏，起伏不定，在浪尖嬉戏，犹如更年期女性波动的情绪。

2. 鸳鸯泉

疑惑

我国陆地面积广大，地形地貌各种各样，泉并不少见，鸳鸯泉也有很多，但是却有一个与众不同、可以说是千古之谜的鸳鸯泉，说起来也是非常奇特的泉，有不少神奇的传说。

除了当年古代地理学家、旅行家、游记文学家徐霞客的到来，这个鸳鸯泉还别具一格。多年来凤山鸳鸯泉许多不为世人所知的奇异现象，吸引了众多远近客人慕名前来观看，其中 5 种奇异现象最令人寻味。①水源无处追寻。两泉全年水量充足，夏季洪水季节大涨漫出，枯水期泉潭水深亦有 $3 \sim 4 \, m$，是岩溶洼地中的常年泉。两眼泉除夏季洪水季节外，其他时期都是这样静静地流淌，不溢不涸，而其水源的来处不知为何处。②水色清浊迥异。一般的鸳鸯泉，相隔都比较近，因此流出的泉水基本上是一样的，不管是颜色还是水质、水中矿物质成分等都基本上差不多。而这两口左右平排的小泉，虽然其岸边中点直线距离 $40 \, m$，两眼相隔这么近又相通，但从它们里面流出来泉水，水色却有差异。靠山脚的北泉泉水非常清澈，清澈见底，颜色略深，纯洁如同青春少女，称"母塘"；靠洼地中间的南泉泉水却有些浑浊，望不见底，略显乳白色，深沉如同成熟男子，称"公塘"。一清一浊、一蓝一绿古已有之。秋冬枯水季节的时候，两潭泉水清浊更加严重，此种奇异现象一直延伸，无人解密。两口泉流出来的水泾渭分明，最终汇合在一起，形成一条小河。③泉水定期干涸。据1942年黄光国撰写的《县志》记载："城东公母塘，每三十余年，吞吐一次。吞吐时，两塘有响声，水漏下塘底，其声潺潺，母塘外之溪水，亦逆流返塘。水尽塘干，约三点多钟之久，水始复出，公塘依旧痕满，母塘依旧流出成溪。"大意是说，城东公母塘每隔约30年有吞吐现象，鸳鸯泉水仿佛遭遇神秘的力量，会在短时间内"吞吐"，先是倒流至干涸，几个小时后又回流如常，仿佛什么事也没发生。④短时间消失和回流。每逢吞吐，河床干涸，至于泉水流去了何方，世人不得而知。⑤双胞胎出生率高。根据有关资料，我国双胞胎出生率为5‰，而在人口基数不大的凤山县双胞胎数量已超过500对，出生比例超过全国平均水平。鸳鸯泉附近一带的村子里面出生的双胞胎特别多，其中，鸳鸯泉流经的凤阳社区双胞胎出生率高达22.88‰，在凤山县双胞胎、甚至是三胞胎也特别多。目前，凤山县各个幼儿园、小学、初中、高中，几乎每所学校都有数量不等的双胞胎。所以当地不少群众把生双胞胎的原因归结于鸳鸯泉，认为喝了鸳鸯泉的水，生双胞胎的概率就会大大增加。从高处望，鸳鸯泉的一对泉潭分别又像一个不规则的小圆头连着一条线，整体形状有些像小蝌蚪，更像教科书或科普读物上画的精子的模样。这倒是暗合了这对泉潭有关的生育传说。

凤山自古以来生命文化就比较盛行，除了鸳鸯泉，凤山还有阴阳山，其又称鸳鸯山，在阴阳山脉脚下一带的村落，双胞胎数量也非常多，究其原因，他们也不得而知，还需专家来进行考证。

有关鸳鸯泉的传说特别多。鸳鸯泉是敢壮山歌圩最古老的对歌台之一。传说古时候，这两池清泉水面常年游着一对鸳鸯，从不间断。传说很久很久以前的三月初七这一天，敢壮子孙给始祖公布洛陀与祖婆姆六甲拜寿过后，到鸳鸯泉边对歌。有一对青年男女在泉旁整整唱了七天七夜，还不愿意离去，他们尽情地唱着结义歌："愿做树上鸟，愿做水中鱼；鱼儿不离水，鸟儿成双不分离……"歌声惊动了老祖公老祖婆，看着唱得口干唇裂的一对，十分心疼地打了一瓢泉水,送到这一对男女面前,青年男女喝下泉水,立即变成一对鸳鸯,向泉中央扑去,再也没分开。从此,育龄夫妻喝了公母塘的水,就能生出龙凤双胞胎。再从此,祖公祖婆留下的族群家家有男有女,生生不息。

还有传说,古时候凤凰山上花木繁茂,百鸟仰慕,纷纷飞来筑窝安巢,其中有一对是凤凰鸟。山下是一片肥沃的土地,住有人家,男耕女织,生活幸福美好。为了老百姓幸福生活,一对凤凰鸟往凤凰山脚下飞去。突然轰隆一声巨响,山下即刻出现了两口清泉,泉水不停地喷涌出来,灌溉良田,抢救禾苗,形成水潭。人们明白这两口水潭即是那对凤凰的化身。为了纪念它们,称这两口潭为公母潭,并流传了一首歌谣:"凤凰山上凤凰鸟,化为山下鸳鸯湖,鸳鸯湖水赐甘露,子孙万代得幸福。"

拥有那么多奇异现象和千古之谜的鸳鸯泉如何破解?是否能用科学验证还是生命文化使然?

探密

鸳鸯泉位于凤山县城东部的凤凰山脚下岩溶小谷地中,距离凤山县城约 1.5 km,海拔 495 m。鸳鸯泉与鸳鸯洞遥相呼应,共同构成鸳鸯泉景区。

泉水往往出露于节理断裂交汇处,鸳鸯泉洼地地处一轴向为东西向的背斜倾伏端,西北侧、东侧岩层发育走向分别为 310°、10°的节理组,泉点正是位于两组节理交汇处。节理交汇自然产生断裂缝隙,地下水遇缝隙出露成美丽的鸳鸯泉。

靠洼地中间的南泉"公塘"呈偏圆角三角形,三角形高 30 m,底边 21 m,泉水蓝中略泛白、黄,水色显浑浊,似将凝结,有水草生长冒出水面但望不见底。

靠山脚的北泉"母塘"呈偏正圆的椭圆形,长轴直径 30 m,宽轴直径 24.1 m,泉水略带绿色如玉,水色深绿但清澈碧透,水中游鱼历历可数,池底水草清晰可见。

民间称这两口泉为公母塘,后人嫌此名土俗,更名雅称鸳鸯泉。鸳鸯泉曾被中华书局出版的《辞海》收录而名扬九州。

站在凤凰山上鸳鸯洞前海拔 720 m 的平台上,居高下斜而望,能很清楚地看见谷地三面环山,两口相差不远的泉潭很袖珍地挂在九曲河的源头,

第三章 破译乐业-凤山 | 139

鸳鸯泉

发出或蓝或绿的光，好像落在大地上的两块蓝绿宝石。

两潭泉水均从凤凰山脚下涌出，常年交汇流出，流出 20 m 后，在谷地中汇聚形成"渊源九曲"的九曲河。九曲河由此西流，穿过凤山县城，汇入乔音河，淌着清波西流直至最终注入巴马长寿盘阳河。它是长寿地带母亲河的源头之一，蕴含着神秘的生命密码。

鸳鸯泉三面环山，旖旎秀丽，风景秀美，环境幽雅，景致迷人，自古就为县城八景之冠。

凤山有山歌："树根相缠水相连，敢壮恋歌情绵绵；祖公母娘牵手去，留下万古鸳鸯泉。"鸳鸯湖以风光秀丽、环境清幽雅静且富于神话传说而闻名遐迩。晚清名士罗云锦曾游此湖并留诗一首："鸳鸯湖水映碧天，岸柳曳风花自香。识得此中真福地，更于何处觅仙乡。"

岩溶区富含地下水，岩溶缝隙多，泉眼易出露。凤山县岩溶区分布有 20 余处岩溶泉，鸳鸯泉是其中出水量较大、较稳定，最具观察价值的。

走近谷地，可见泉潭四周及附近田间出露有块状灰岩。洞穴潜水专家介绍，在两泉潭的底部和四周亦是块状灰岩，地学家称之为中二叠统栖霞组、厚层块状灰岩，泉眼出自灰岩裂缝，且两口泉潭灰岩之间存在连通裂缝，但通道很窄，潜水员无法进入。

地质水文专家分析认为，天然水点水色差异，是由于水的组成成分与光照条件不同所引起。经检测，鸳鸯泉两池泉水在宏量组分和微量元素，其化学含量是一致的，为同源水。在化学组成上，两泉水质是一致的。因此，两泉的颜色差异并非水的化学成分差异造成的。

但两泉潭的水温、pH、电导率却有一定差别，专家推断光照条件、泉潭深度、泉底水草的差异、蓝绿藻影响、出水速度等，是造就这一自然奇观不容忽视的一系列因素。

光照条件的差异可能是两泉存在色差的主要原因。由于母塘更靠近山边，太阳光线入射角存在较大差异，加上公塘、母塘水体深度不一，因此折射、反射条件不同，而且母塘的水草吸收部分光线，从而导致母塘水色相对较深。鉴于两泉水色呈蓝、绿色，也可能是水体中繁殖有蓝绿藻，光照角度、泉潭深度、泉底水草的差异，从而造就这一自然奇观。另外，母泉出水慢，而公泉出水快，把泉底的泥巴扬起，影响泉水的清澈，所以两口泉一清一浊。

喀斯特洼地和坡立谷中的水体，在地表显得来无源去无踪，但较大出水量的泉眼，经科研跟踪，往往能找到与之相连的地下水源。专家们在附近高处的湖池中，以及乔音河上游进行了连通试验，将盐化物放入水中，并连续定时跟踪取样，并没有发现鸳鸯泉水盐浓度增加。

至于泉水的消失和回流专家认为可能是溶洞塌陷引起的。凤山一带是典型的喀斯特地形，到处是石灰岩，不但山上有溶洞，就连湖底也有溶洞和暗流。村民看到的水突然消失的奇怪现象，可能是溶洞塌陷引起地下水下漏，这是岩溶地区常见现象。

问题是塌陷后，水漏走后，又是如何在短时间内回来的呢？位于低洼地势的山湖汇集了当地周边大量的雨水，冒出来的泉水有大部分属于地下水，他们推断山泉水恢复的原因是地下水位的迅速上涨和回流，因为泉底塌陷后，水虽然漏走，它的底部发生了巨大变化，但也极有可能连通了其他的地下溶洞或者暗流，使连通鸳鸯泉的地下水位迅速上涨和回流。

地下水有涨有落，每天都有海水般的潮汐现象，究竟是什么原因，并没有十分明确的结论。

据后来地质专家解释，形成这种现象的原因在于，鸳鸯泉的水来源于附近的山体内部，可能某个时间，山体内部发生小规模的坍塌而导致虹吸效应造成泉水回流。等到坍塌形成的空间被周围的水源填满以后，水自然又会再次流淌而出补给鸳鸯泉。

为此有研究论文给出了答案。目的：研究凤山县鸳鸯泉的水文地质成因，为鸳鸯泉这一地质奇观提出科学的解释。方法：根据实地调查和现场试验，结合地层岩性、地质构造及岩溶发育情况，查明鸳鸯泉的岩溶水文地质条件；根据地下水示踪试验，确定鸳鸯泉的源头和主要的岩溶含水介质类型，并通过稳定氢氧同位素和钙锶比 (Ca/Sr) 分析，研究管道介质岩溶大泉的补径排过程和水循环特征。结果：鸳鸯泉的源头为年里落水洞补给的外源水，公塘和母塘两个出口的主径流管道基本一致；鸳鸯泉具有以岩溶管道为主的含水介质特征，以及快速流的补给、径流和排泄过程。这种水文地质现象的成因与管道流集中排泄的方式有关。结论：鸳鸯泉同属于一个管道系统，管道流的两个出口在水循环速度上存在差异，相比公塘，母塘具有较短的径流途径和较快的更新速率。[①]

双胞胎是人类生殖繁衍中的一种特殊生理现象，在人群中的自然发生率约为 1‰。双胞胎可分为一卵双生和异卵双生，遗传基因和环境影响等因素

[①] 刘凡，姜光辉，吴卫熊，等.广西凤山县鸳鸯泉水文地质成因探讨[J].广西科学，2017，24(6): 623-628.

鸳鸯泉风景区简介

都有可能。经专家论证，暂未发现生双胞胎与喝鸳鸯泉水有直接关系。但神奇的是凤山县确实存在双胞胎集中的现象，有不少双胞胎，且同性双胞胎居多，一个拥有21万人口的凤山县竟有500多对双胞胎。迄今为止，没有专家能够解释当地双胞胎高出生率是否真的和鸳鸯泉水有关系。或许，这天然的矿泉水能够改变人的体质或者某种平衡吧，有待专家进一步研究。

3."蓝洞"

疑惑

这里乘船入洞，那蓝得不可思议的河水，会让你有种"山中有海、海上有门"的神秘感觉。

这里有一个世界级的隐秘景点——"蓝洞"。青翠的密林间，出现一汪深蓝色的圆形水域，就像是镶嵌其中的蓝宝石，熠熠生辉。从高空看，仿佛是大地的瞳孔，形成大地上嵌湖的奇特蓝洞现象，从莫名的深处望过来，深邃、神秘、诡异。经过阳光的照射后，湖水还会自动变色、发光，实属奇妙！

"蓝洞"到底是怎么形成的？

探密

三门海位于凤山县袍里乡三门海镇坡心村，距离凤山县城22 km、距离巴马瑶族自治县县城 40 km、距离南宁市 280 km、距离桂林市 380 km、距离百色市 160 km、距离河池市 180 km。

三门海由坡心河、水源洞、飞龙洞、南天门、雷劈岩、社更天桥等景点组成。这里发育有 7 个岩溶天窗（天坑），呈北斗七星状，并以坡心地下河出口洞段形成的数平方千米面积的明湖和暗湖串联在一起，目前有 3 个天窗由自然通道可乘船入内，使人有山中有海、海上有门的神秘感觉，再加上地下河水如宝石蓝般海水的颜色，三门海因此而得名。

三门海不是海，也没有蓝洞。

三门海，其实是一个纯天然的天坑，但却有比海更令人惊叹的蓝绿色。这里是典型的喀斯特地貌，酸盐溶蚀，导致水体中富含钙离子等矿物质，而这些矿物质对蓝绿色光具有很强的反射作用，使得这里的水呈现出"会发光"的蓝绿色。

蓝洞的水景，它不是"蓝洞"，却有比蓝洞更令人惊叹的风光，胜似"蓝洞"。蓝得深邃，绿得温润。

三、植物之谜

1. 不同气候带的植物同处一地

疑惑

乐业－凤山联合国教科文组织世界地质公园内植物有中亚热带常绿－落叶植物林、南亚热带常绿植物林及河谷亚热带季雨林并存的罕见现象。

为什么生活在中亚热带、南亚热带、河谷亚热带的植物能同处一地？

探密

乐业－凤山联合国教科文组织世界地质公园地处广西偏远的西北山区，长期以来受交通条件限制与外界交流较少，当地动植物资源得到当地政府和居民较为适当、妥善的保护，多数植被区还处于原始自然保护状态之下，峰丛洼地间还发育着众多原生、次生原始林，如布柳河谷森林，为低海拔干热河谷季节性准原始雨林，森林群落结构复杂纷繁，为多种动物栖息地；

金花茶

当中尤其是多数天坑植被区，由于天坑悬崖绝壁的天然屏障及与地下河相通的特殊水热条件，地质公园发育并保存了较为完好的天然林或原始天然生态系统。

生物多样性。植物包含 214 科 1118 属 3014 种。以热带分布型为主，占非世界属的 64.06%，其次为温带分布型，占 27.84%。植物区系中蕨类植物十分丰富，特别是有许多起源古老的蕨类植物如松叶蕨、阴地蕨、莲座蕨、鸟巢蕨、短肠蕨等。

裸子植物有 8 科 15 属 27 种，其中重要种包括细叶云南松、短叶黄杉、黄杉、南方铁杉、五针松、福建柏、红豆杉、罗汉松、油杉、香木莲等。

被子植物包括热带季雨林种类如木棉、各种榕树等；亚热带常绿林成分有木兰科、樟科、壳斗科、冬青科、山竹子科的常绿树种；温带植被成分有胡桃科、桦木科、鹅耳枥科、槭树科、落叶栎类等。

大石围天坑属红水河南端的干热河谷地带，坑底部森林茂密，面积 16.7 万 m^2，属亚热带常绿阔叶准原始林，群落层次分明：乔木层以成年期珍稀树种香木莲为主，树高可达 30 m，胸围 2 m 左右，间以中、小乔木。灌木层则以棕竹为主，一般高度在 5～6 m。由于坑底终年水气浸淫，草本几乎全部发育为阴生肉质草木形态。天坑周壁，分布着针阔常绿落叶混交林植物群落。原始森林 10.5 万 m^2，是世界上最大的地下原始森林，有世界"岩溶胜地"之美称。

大石围天坑底部有珍贵种狭叶巢蕨、冷蕨、马篮花、火焰花、棕竹、八角莲、木莲等，天坑南侧有珍贵种云贵鹅耳枥、苦丁茶、寒兰、掌叶树、短叶黄杉、福建柏、金丝草等。

2. 野生兰科植物

疑惑

野生兰科植物种质资源基因园怎么只在这里？

探密

野生兰科植物种质资源基因园位于乐业县花坪镇韩家沟村坳寨屯雅长兰科植物自然保护区的花坪保护站内，距离乐业县城 29 km。

花坪保护站占地面积 13.2 km²，保护区森林覆盖率高达 85%，上层植物分布以常绿阔叶混交林为主，野生兰科植物是该区域下层植物群落的优势物种。

兰科植物是世界性的濒危物种，所有野生兰科植物在《濒危野生动植物种国际贸易公约》中都受到保护，占所列保护物种的 90%。

兰花是兰科植物的俗称，是被子植物中最复杂和多样的类群。全世界约有 800 多属 2.5 万多种和种下类群，另有 10 万多个杂交种。英国皇家植物园的"世界兰花名录"列出了约 2.4 万个公认种名，每年还会增加约 800 个新种。除南北两极外，兰科植物广泛存在于全世界，尤以亚洲和南美洲的热带地区最多。我国有 179 属 1300 多种。

乐业天坑发现的珍稀植物——带叶兜兰，无论是数量还是密度上在全国都是排在第 1 位的。所以乐业也拥有我国唯一的自治区级兰花自然保护区。

由于特殊的气候和土质条件，雅长国家级野生兰科植物自然保护区已发现有 44 属 130 种兰科植物，部分物种的居群数量之大、密度之高、分布之广为全国乃至世界之首。目前保护区内分布着已知全球最大的野生居群莎叶兰和大香荚兰：莎叶兰野生居群面积约 6000 m²，约有 12 000 个植株。大香荚兰野生居群面积 5000 m²，约有 2000 个植株。

基因园的最大特点是野生兰科植物种类多，目前已发现 22 个属共 44 种的野生兰科植物，以地生兰和附生兰为主。保护区内还发现广西新纪录属 1 个，即芋兰属；全国新纪录种 1 种，即天贵卷瓣兰；广西新纪录种 15 种。

雅长兰科植物国家级自然保护区位于乐业-凤山联合国教科文组织世界地质公园内，总面积 220.62 km²。保护区成立于 2005 年 4 月，于 2009 年 9 月晋升为国家级保护区。保护区主要是中山和低山地貌，以花坪谷地为中线，南北部较高，中间较低，最高海拔 1971 m，最低海拔 400 m，年均气温 16.3 ℃，最高气温 38 ℃，极端最低气温 -3 ℃，气候温和，夏无酷暑、冬无严寒，给兰花的生长提供了很好的自然条件。

保护区现已知有兰科植物 57 属 149 种（2 变种），带叶兜兰、莎叶兰、大香荚兰的野生居群数量居世界首位。保护区是贵州地宝兰、天贵卷瓣兰、广西羊耳蒜、雅长玉凤花目前已知的唯一野外分布区。

保护区的兰花不论种数还是居群的数量都是极其罕见的，是全国野生兰科植物的重要分布区及基因库，具有很高的科研价值和较好的原生态观赏性。

兰科植物具有重要的生态价值，特别是与昆虫的协同进化达到了登峰造极的地步。兰科植物具有重要的观赏和药用价值：蝴蝶兰、大花蕙兰、文心兰、春兰、建兰等种类是花卉市场的重要种类；石斛、白及、天麻等是重要的中药材。

我国传统兰花为兰属中的地生兰，其叶片常青，花朵素雅，散发馥郁芳香，素有"空谷佳人""天下第一香"等美誉。它生于深山，隐于幽谷，象征着处困厄而不改其操的大德君子、临危难而不移其情的仁人志士，以其近乎完美的品格为历代文人雅士所欣赏，与梅、竹、菊并称为"四君子"。

公众在赏兰过程中，陶冶情操，亲近自然，增进生物多样性保护意识。

2008年6月，中国野生植物保护协会授予乐业县"中国兰花之乡"称号。铁皮石斛是中国九大仙草之一，有很高的药用价值和经济价值。野生铁皮石斛对自然生态条件要求极其苛刻，自然繁殖率不及4%，且发育十分缓慢。优越的地理气候条件，广阔的林地资源，适宜的降水和温度，对雅长铁皮石斛的生长极为有利。2014年，经过优选培育出来的雅长铁皮石斛荣获国家质量监督检验检疫总局批准为中华人民共和国地理标志保护产品。

兰科植物种质资源基因园是保护区的科研实验基地，保护区管理局建立了全自动气象观测站，研究气候与兰科植物的生长关系；建立了野生兰科植物抢救性保护点，开展野生兰科植物的动态监测。

雅长兰科繁育中心位于乐业县花坪镇，距离乐业县城33 km，是雅长兰科植物自然保护区管理局的一个集科研与生产于一体的机构，旨在开展兰科植物的救助和育种研究工作，采取人工方式恢复和扩大野生种群，保护与发展濒临危绝的珍稀兰科植物资源。从事物种保育、科学研究、自然教育。主要采用有性繁殖正式生产，充分利用保护区丰富的野生兰科植物种子进行人工繁育，尽量少利用或不利用野生植株，以达到既能促进人工繁育，又能合理保护野生种群的完整性和原始性。目前已经成功培育出900多万株兰花种苗，主要为药用类的铁皮石斛、观赏类的虎头兰等。

3. 野生喙核桃古树

疑惑

野生喙核桃古树虽然经历了许多风雨的洗礼，见证了多少沧桑岁月，但是仍然没有停止生长的迹象，依然枝繁叶茂。最大的两棵野生喙核桃古树被当地群众称为"夫妻树"，又因两树四季常青，被视为长寿的象征。

具体树龄无从考察，只知道村里的老年人在很小的时候就知道该树已长成了参天大树。奇特的地方在于一棵产果，一棵不产果，其因有待考察。

探密

4棵野生喙核桃古树位于乐业县同乐镇常仁村那桑屯。

最大的两棵野生喙核桃古树的高度都超过了30 m，其中一棵胸围为7.4 m，另一棵胸围达到了10.1 m，超过了当前资料记载已知全国最大的野生喙核桃古树胸围8.7 m。

喙核桃因其内果顶端有一个酷似鸟嘴的喙状渐尖头而得名，是新生代第三纪热带古老孑遗植物。喙核桃是国家二级重点保护植物，由于繁殖更新较为困难、生存环境破坏严重等因素，野生喙核桃数量日渐稀少，濒临灭绝。

乐业的野生喙核桃古树之所以能够生长至今，得益于当地群众对古树的保护意识，为保护这几棵喙核桃树，坚持保留了该区域的原始生态环境，以及有利的气候、土壤条件。

乐业县自然环境优越，这几棵野生喙核桃古树当前长势非常良好，在科研方面具有非常重要的价值，通过加大对古树的保护力度，强化名木古树保护宣传力度，大力开展名木古树普查工作挂牌保护，在围绕喙核桃古树带动乐业县经济、旅游及产业发展等方面具有良好的作用。

4. 长寿草

疑惑

当地群众俗称长寿草的植物是因为草的寿命长，还是生长得缓慢，还是草有长寿的功效？

探密

俗称长寿草的植物位于凤山县袍里乡三门海镇坡心村弄蚕屯万寿谷洞中凤山报春苣苔保护区内，距离凤山县城24 km。

当地群众俗称长寿草的植物学名叫报春苣苔，因是与恐龙同期的"植物大熊猫"，分布区域极窄且只生长在特定环境中而被列为第一批国家Ⅰ级濒危珍稀重点保护野生植物。

报春苣苔属于被子植物门木兰纲，多年生草本，有烟草气味。盛开着紫色花朵，均匀分布在岩溶入口中，生于海拔约 300 m 的地方。报春苣苔对生长环境要求极高，需要弱碱性的水、含有丰富矿物质的土壤和富含负氧离子的洁净空气，生存环境十分特殊和脆弱，改变环境则无法存活。

5. 芋叶怪圈

疑惑

布柳河两岸生长着许多野生海芋，巨大的叶子上有很多圈圈，如此规则的圈圈，即使用圆规画好再剪裁下来，都未必那么圆，这也太神奇了！

海芋叶上的怪圈是人还是动物弄的，是顽童无聊淘气所为还是动物吃的，这么做目的是什么？那么多海芋叶上都有圈圈，形形色色的小虫子白天待在那里一点儿也没见它们开吃，没有强劲的牙齿怎能切断海芋厚厚的叶片呢？这到底是什么精灵有如此的本领呢？芋叶怪圈到底是谁弄的呢？

假如是小虫子吃的，想吃叶子干嘛要那么费劲，难道还先画成"叶饼"玩够了再吃？为什么非要画标准的圈圈呢？难道小虫子也有强迫症？画不规则形状岂不更省事吗？

探密

海芋，天南星科海芋属多年生常绿大型草本植物。具匍匐根茎，有直立的地上茎，茎粗壮，皮茶褐色，茎内多黏液，随植株的年龄和人类活动干扰的程度不同，茎高有不到 10 cm 的，也有高达 3～5 m 的，粗 10～30 cm，基部长出不定芽条。叶色翠绿，叶片盾状聚生茎顶，叶片肥大、呈卵状戟形，长 30～90 cm，叶柄可长达 1 m，佛焰苞淡绿色至乳白色，下部绿色，全长可达 10～20 cm，肉穗花序稍短于佛焰苞，雌花在下部，仅有雌蕊，子房 1 室，具多个基生胚珠，雄花在上部，具 4 个聚药雄蕊。种子成熟时，呈红色。湿润、半阴和肥料充足，叶片才能长出原有的特征，大而舒展，植株壮观挺拔。

海芋原产于南美洲，是一种常见的大型观赏植物。常成片生长在热带和亚热带地区，海拔 200～1100 m 热带雨林林缘及河谷野芭蕉林下。喜温暖、潮湿和半阴环境，不耐寒，不宜强风吹，不宜强光直射照，生长十分旺盛、壮观，有热带风光的气氛。海芋根茎富含淀粉，可作工业上代用品，但不能食用。

海芋能起到植物造景和保护生态环境完美结合的作用。维持二氧化碳与氧气的平衡，改善小气候，减弱噪声，防止水土流失，提高地下水位，涵养水源，调节湿度，吸收粉尘、净化空气等，适于进行园林绿化。

海芋深受人们的喜爱。没有鲜艳的花朵和果实，但它株型美、叶形美、叶色美，属于直立形草本植物。株形挺拔，茎干粗壮古朴，并且它生长十分旺盛、壮观，有热带雨林风光。叶片肥大、光亮、丰满圆润，给人以舒展大气、生机盎然的感觉，是优良的观叶植物。叶色纯净得翠绿、自然、清新、可爱。

海芋抗性强。海芋本身具有很强的适应不良环境的能力，耐水湿，耐高温，适应灰尘大、通风不良的环境。

海芋易形成绿地景观，取得绿化生态效益。海芋生长旺盛，能快速提高城市的绿地率；造景生成的景观效果独特，无论是配合其他植物、园林小品抑或单独造景，都有良好的景观效果，可以群植展现它的群体美，也可孤植、丛植体现个体美。

海芋，味辛，性温，有毒，药用时须久煎并换水 2～3 次后方能服用。全株有剧毒，地下茎毒性尤其剧烈，其茎和叶内的汁液也有毒，含草酸钙、氢氰酸及生物碱。不可误食、皮外接触或碰到眼中，若误食可能有生命危险。根茎供药用，具有清热解毒、消肿散结、祛腐生肌之效。外用治疗疔疮痈疽肿毒、瘰疬、疥癣、蛇犬虫咬伤、烫火伤。兽医用以治牛伤风、猪丹毒。内服治瘴疟霍乱、急剧吐泻腹痛、肠伤寒、肺结核、风湿关节痛、疝气等。

当地人从小就有环保意识，不去做破坏野生植物的事。绝大多数动物都不吃海芋，海芋叶片里有抵御动物取食的毒素，有些海芋甚至释放氰化物，一旦叶片遭到取食，它就会沿着叶脉输送到"出事现场"。如果虫子慢慢吃叶片，那么毒素将源源不断地输到虫子刚吃到的地方，尝试过的都已经中毒"牺牲"了。

导致芋叶怪圈真正的"元凶"原来是一种黄色的小甲虫，属于鞘翅目叶甲科的叶甲，"鬼鬼祟祟"地三更半夜才出来在叶片背面"作案"，可集中精神画圈还不容易被天敌发现，然后使用强有力的下颚切割叶片，把芋叶的毒素从组织里释放出来，最后才吃掉叶片。

Biotropica 期刊上描述了鞘翅目叶甲科的锚阿波萤叶甲同样喜欢在芋叶上面画圈圈，它们画的圈圈直径有 3 cm 那么大。有趣的是，它不是 1 次就画好圈圈，而是要画 3 次才把圆圈画好。第 1 次仅是在叶片表皮上画下痕迹，仅是打个草稿，这样不会引起叶片防御；第 2 次要把叶片角质的表皮割裂，也是为了安全起见；最后把叶肉剪断，画成圈圈。

众所周知，等周长的任意平面图形中圆的面积最大，也就是说，虫子的几何学"学"得相当好，理论联系实际，活学活用，画圆吃到的叶片最多，效率最高！

然而，叶甲是如何精确画出圆形的，目前尚不得而知。

叶甲和海芋这一对死对头协同进化。海芋通过进化产生毒素来防御动物的捕食，而叶甲则道高一丈，通过灵活多变的取食行为来躲避海芋的防御。也许将来海芋又会有新的招数防御叶甲，此消彼长，协同进化。当然，这对冤家只不过是神奇大自然中的一瞥，更多精彩的故事一直在我们身边悄悄地上演着，需要我们用心观察和思考。

四、动物之谜

疑惑

洞穴生物珍奇动物地下河中通体透明的盲鱼、乐业天坑群标志动物飞猫（鼯鼠）等为什么在此出现？

探密

乐业－凤山联合国教科文组织世界地质公园内动物资源丰富、种类繁多，已知的野生动物有 5 纲、28 目、61 科、267 种，其中，国家一级保护动物有 4 种，即巨松鼠、黄腹角雉、蟒、鼋；国家二级保护动物有 37 种，如猕猴、穿山甲、虎斑蛙等；国家三级保护动物有 18 种。

园区内珍奇动物有地下河中发现的通体透明的盲鱼金线鲃、中国溪蟹（新种）、张氏幽灵蜘蛛（新种）、盲蛇等洞穴生物及猕猴、鼯鼠、穿山甲等。

大石围地下河中有中华溪蟹（新种）、张氏幽灵蜘蛛（新种）和盲鱼金线鲃等生物物种。

五、民俗之谜

疑惑

独有的神秘民俗,这里一直沿袭着男主内、女主外的女人当家做主风俗。现代社会居然还出现母系社会的影子,是表演的还是另有原因?

"补粮"续寿,这项祈寿民俗不知起源于何时,为什么迷信还坚信、流传至今?

盘阳河畔裸浴风俗始于何时?

"女婚男嫁"婚育习俗到底是回归传统还是真正的时尚呢?

在乐业-凤山农村,只要你走进有老年人的家,都会发现一道奇特的景观——家家户户摆放着棺材。这些堂堂正正摆放在厅堂两侧或大门边的棺材,曾让许多初来乍到的外地人百思不得其解,一些人甚至大惊失色。

探密

被誉为"广西最后的女儿国"位于乐业县马庄乡卡伦村母裡屯。

神秘的亚母系氏族至今保留了马庄母裡屯亚母系民俗文化和民族文化风情,是母系氏族的"活化石"。

乐业有11个民族聚居在一起,他们有自己独特的生活方式、风尚习俗和风土人情,也具有独特的审美价值。

除了马庄母裡屯神秘的亚母系氏族文化,境内还保留了魏晋时期把吉古老的造纸术和作坊、火卖民俗生态文化村、牛坪生态休闲村、布柳河沿岸蓝衣壮族风情、逻沙唱灯戏、高山汉族唱灯艺术、民歌民谣、民间艺术等丰富多彩的民族文化风情和独特的人文景观。

在这片广阔的壮乡,各族人民至今还延承各样的民间文化。乐业传承下来独有的民风、神秘的民俗,以及颇有乐业特色的美食,是乐业传统文化的一大特色。

"补粮"续寿,是乐业-凤山壮族的一种为老年人祈求健康长寿的民俗活动。"补粮"习俗,是壮族原始宗教在生活中的缩影。从表面形式上看,不免掺杂一些迷信色彩,但也体现出壮族尊老爱老的道德风尚。补给老年人的这个"粮",是晚辈对长辈物质生活和精神生活上的关心,更重要的是给老年人精神上的安慰,实质上起到了心理治疗的作用。心理健康有益于生理健康。

盘阳河畔裸浴风俗始于何时,已不可考。裸浴,一种古老的生活习俗,在中国南方可是历史久远了。《后汉书·南蛮传》有记载:"《礼记》称'南方曰蛮,雕题交趾'。其俗男女同川而浴,故曰交趾。"千年习俗能沿袭到今天,说明还有供其存在的空间和沃土,是躬耕民族的一种生活情调,是一种生活的本真;这种崇尚自然、享受自然的古老民俗,不仅让长寿河畔居民保持着良好的卫生习惯,还是长寿的一个重要的社会心理因素。

盘阳河从盘古时代走来,它的本色本质,未受世俗欲念污染;干净的原野,尚存粗糙的蛮荒,为人们提供了回归自然的乐趣。当外地人走进乐业-凤山这块净土灵境里,追逐远古的梦迹和神秘,仿佛盘阳河这小小方寸之地,还沉睡在原始的混沌里。的确,现代的生活元素,是极为丰富的;人们把简单的生活复杂化了,变得不再朴素。在这些人看来,盘阳河的确很原始。

洗澡不仅可以洗掉汗水、污垢,使皮肤清洁凉爽,消暑防病,冲澡时的水压及机械按摩作用,可使神经系统兴奋性降低,体表血管扩张,加快血液循环,改善肌肤和组织的营养,降低肌肉张力,消除疲劳,改善睡眠,增强抵抗力,而且能起到锻炼身体的目的。

裸浴这种崇尚自然、享受自然的生活习俗,不仅只是因卫生习惯的需要而存在,还构成了人与人、人与自然和谐的社会因素,一种有利于延年益寿的社会心理。裸浴作为一种民俗文化,也必将随时代的变迁、生存条件的改变而发生变异。

通过知晓古风遗韵裸浴生态康养游,经常洗澡,讲究卫生,预防疾病,提高健康水平。干干净净不得病。良好生活习惯有利于长寿。"比一比,谁美?!"裸要裸出健康美来。

新婚之夜不同宿,避免了过度劳累,符合健康需要;婚后不落夫家,自然形成了晚育;有节制的夫妻生活,很符合中医长寿养身的"欲不可绝""欲不可纵"理论。

乐业-凤山人具有独特的婚姻习俗,乐业-凤山多长寿老年人也与其"三晚"风俗有关:晚恋、晚婚、晚育。新婚之夜不同房,新娘婚后常住娘家,只有过年过节才团圆,婚后分居而住,分床而眠,"分居"不一定是夫妻关系不好,有些更健康!妻子怀孕后到了要生的时候,才到夫家落脚长住,但与丈夫分床而眠。看来,那种纵情声色的人生态度已经过时了,真正的时尚是回归传统,做一个从一而终的忠诚丈夫、贤德妻子。

通过了解婚育习俗生态康养游,真正懂得严格而有规律地节制性生活,是健康长寿的必要保证。

天天和自己的寿棺打交道,习以为常,忘记生和死的界限,视阴阳为一体;生则坐在棺材上说笑,死则躺在棺材里长眠。厅堂备棺,笑对人生,这种豁达的态度、乐观的心理,何其不是一剂长寿的秘方?

通过观厅堂备棺生态康养游,就要培养健康的心理素质。神躁则形亡,即身心躁动则肉体消亡。

通过在番瑶风情中生态康养游,学习寿星们虽生活清苦,却始终乐观向上的精神,对生活充满希望,无限热爱生活。心情愉悦,情志舒畅,放大快乐,缩小痛苦。知足者常乐,善笑者长寿。

六、长寿之谜

疑惑

朋友,你来过长寿之乡——乐业-凤山联合国教科文组织世界地质公园吗?你见过那些耳不聋、眼不花、背不驼、腰不弯、手脚利落、步履轻盈、谈饮过人的百岁寿星吗?你是否也想知道,这些生在19世纪、活跃在20世纪、又满怀希望地走进21世纪的山里神仙,是怎样走过百年人生坎坷历程的?

从秦始皇派徐福漂向东海,带上3000童男童女,去寻找长生不老药开始,差不多2000年了吧!中国的每一位皇帝,几乎都迷失在万岁这个虚幻的梦境里。生命总有如花开花落般的普遍周期,别说是万岁,哪怕只是100岁,也往往成为一份稀罕的奢望。

然而,在乐业-凤山,一块神奇得近乎神秘的地方,隐匿于崇山峻岭中,百岁寿星、长寿老年人分布在各个乡村。县域土地上,处处隐匿着陆地神仙的居所。人活百岁却像风吹树响一样,寻常而又自然。这种倔强的生命向人们宣示：乐业-凤山是怎样一块神奇的地方哟。

就像机器长期运转会磨损，人过了百岁，机体衰退，抵抗力下降，难免疾病缠身。纵览古今中外，众多百岁老年人生活不能自理，而乐业-凤山沿河两岸居住着众多的百岁寿星、长寿老年人，这里的百岁老人却是另一番景象。

在这里，耄耋之年尚不能称老，百岁寿星、长寿老年人绝大多数身体健康，神清气爽，精神矍铄，不仅生活上能完全自理，他们当中有的还像年轻人一样能下地劳作，参加各种力所能及的劳动，抱病而终的只是极少数。多数人临终前仍能做些轻微的家务；他们中许多人从未进过医院看病取药，偶有病痛，也多是常见小疾，极少有人患癌症、心脑血管病、肠胃病等老年常见病。家庭里一般4代同堂，也有5代同堂、6代同堂的，老慈幼孝，家庭和睦，尽享天伦之乐；多数百岁老年人，当天傍晚还和儿孙们共进晚餐，生命征态如常，半夜里溘然而逝，平静、安详地走完一生。如此高的生命质量为世间少有，是什么让乐业-凤山寿星获得如此高的生命质量？生命顶端幸福之谜诱人去探索。

在不是那么大的县域范围内，拥有那么多位百岁长寿者，且百岁老年人人数呈递增趋势；更为重要的是，这里的百岁老年人，不是在他人的照顾下延续百年人生。这一点充分说明了乐业-凤山长寿乡与其他长寿乡的不同之处。这里的百岁寿星生命质量，是世界一流的。

截至2015年6月，凤山县有100岁及以上的老年人74人，占比为33.89/10万，百岁人数具有稳定的连续性。

凤山县的长寿具有以下特征。

①长寿代表性：百岁长寿率1990年为27.4/10万，2000年为22.2/10万。2010年全国第六次人口普查数据显示，2010年年底凤山县户籍人口为21.28万人，凤山县90岁以上老年人有612人，其中百岁及以上老年人有51人，占总人口的比例为23.97/10万；2011年年底凤山县户籍人口为21.55万人，百岁及以上老年人有47人，占总人口的比例为21.81/10万；2012年12月底仍存活百岁以上老年人50人，占总人口的比例为23.20/10万，是评审标准7/10万的3.3倍，超过联合国规定的每10万人口中拥有7.5位百岁老人的"长寿之乡"标准。

②长寿整体性：2010年全国第六次人口普查数据显示，全县人口平均

预期寿命已达 82.81 岁，超过了全国的平均预期寿命（74.83 岁）7.98 岁。

③长寿持续性：2011 年年底有 80 岁以上老年人 3105 人，占总人数的 1.44%，超过全国 1.4% 的比例。

乐业－凤山联合国教科文组织世界地质公园属经济欠发达地区，医疗保健水平较低，却有那么高的百岁长寿率，生命质量如此之高，其原因众说纷纭，莫衷一是，又令人费解。

探密

乐业－凤山联合国教科文组织世界地质公园蕴藏着许许多多的秘密，有着众多令人费解的谜团，去解读、破译这些谜底，将使你的生态康养游变得更加难忘。这会是一段有趣的关于生命奥秘的旅程，你将会获得意想不到的收益……

中国老年学学会（现为"中国老年学和老年医学学会"）自 2007 年起开展首届"中国长寿之乡"评选认证，至 2013 年 7 月全国共有 41 个长寿之乡，其中"盛产"百岁老人的广西占 12 个，列全国各省（区、市）之首。2013 年 12 月 24 日，中国老年学学会在北京授予广西河池市凤山县"中国长寿之乡"牌匾，凤山县成为全国第 48 个长寿之乡。据中国老年学学会调查核实并通过认证，目前凤山县所有 9 个乡镇均有百岁以上老年人。联合国规定，"长寿之乡"标准是每 10 万人口中有 7.5 名百岁老人，凤山是标准的 4 倍多。2016 年凤山县被认定为"国际长寿养生基地"。

古往今来，生命一直是无以轮回的过程，因而长寿便成为人类永恒的话题。长寿是一种文化现象。追求生命的绵长，也就成为每个人的梦想，亦是人类生存智慧的"回归"。人们更注重生命的内涵和张力，愿意让有限的人生当中有无限的可能、无限的精彩。长寿的人是不是就是达到目的了呢？不一定！有些人长寿，但不健康，没达到长寿的目的；长寿可以不是人生的目标，但是健康地活着绝对是值得尝试的。这或许是百岁老人们给我们最好的启迪。

诚然，乐业－凤山的长寿现象，并非一朝一夕之事，而是长期的历史演化过程。

乐业－凤山人的长寿，自古有之，在这片处处充满神奇的土地上，蕴藏着怎样的生命奇迹呢？人脉源长，寿泽古今。早在 100 万年前的旧石器时代，右江河谷就成了古人类的活动中心。1973年，由中国科学院古脊椎动物与古人类研究所等单位组成的野外考察队，在巴马瑶族自治县所略乡所圩村弄莫洞发掘出土了更新世中期（距今73万—13万年）的"巴马巨猿"牙齿化石，这里是迄今为止全世界所发现的8处巨猿化石地之一，后来还在此发掘了新石器时代的坡六遗址、金山遗址等。近年来，先后发掘出大量的大型石斧、崖壁画、石雕画像等许多新旧石器时代的珍贵文物，以及战国时代的铜剑、西汉时代的铜棺等文物珍品。

乐业－凤山联合国教科文组织世界地质公园内的人类活动，最晚可上溯到3000年前新石器晚期。20世纪中叶，在泗城镇发现有石斧、石陶、石锛3种新石器文物。逻沙乡曾出土隋唐铜鼓，说明至少在唐代县境内已封建化了。这些都说明乐业－凤山在远古时代就是适宜人居的地方。

构成乐业－凤山长寿现象的因素很多，专家的观点众说纷纭，广阔的研究空间，纷繁的科研课题，各种学术观点的争鸣，对揭示乐业－凤山的长寿现象，普及健康长寿科学知识，造福人类都是大有裨益的。当然，要能真正地破译长寿密码，还有很长的路要走，还需要生命科学家们长期不懈的攻关。从现阶段来讲，任何一种有关长寿的理论、学术观点都还不具有绝对的说服力，只能是解题路上的一个驿站而已。我们的探索，期望给人们在探索延长生命的过程中，起到一些提示作用。

枕山面水，绿竹掩映，风光旖旎，环境清幽，俨然人间仙境，宛如世外桃源。寿星们藏身其间，过着日出而作、日落而息的躬耕生活。他们看惯了春风秋月、冬雪夏雨，听惯了蝉喧鸟鸣、犬吠鸡啼。云卷云舒带不走他们无邪的童心，花开花落铺就的是满天晚霞红。古往今来，数不清的长寿老年人，在这桃源仙境般的长寿圣地内，演绎着生命的奇迹。数代同堂，子孝孙贤。和谐的家庭，良好的长寿生态环境，为寿星们创造了一个美好的仙境家园。如今的乐业－凤山是人瑞若仙，浩若繁星，不愧为寿星的摇篮，人瑞的圣地。

乐业－凤山长寿带地域辽阔，包括巴马、东兰、都安、大化等周边县区域。同为典型的喀斯特地形、地貌，居民居住的环境、气候条件、民族分布、生活方式、风俗习惯等，跟乐业－凤山寿乡大体一致。盘阳河流域巴马瑶族自治县百岁长寿率1990年为29.5/10万，2000年为30.9/10万。据2000年第五次全国人口普查统计资料显示，长寿带涵盖的这些周边县的百岁长寿率均在 7/10 万以上，均达到世界卫生组织概定的世界长寿乡的条件。

长寿是世界各民族追寻的目标。当长寿的人口达到一定规模便出现了长寿村、长寿乡等。所谓"长寿区"，是指人口平均预期寿命较长或百岁以上老年人比例较高的地区。长寿区的范围有大有小，小的长寿区叫长寿村，中等范围的叫长寿乡，再大点的叫长寿县，更大点的叫长寿国，如日本。"长寿率"，依照国际惯例是指拥有的百岁老人比例为 7.5/10 万。一般而言，预期寿命的高低，主要反映了社会经济发展水平和生活营养状况的影响，而百岁老人比例的高低，主要反映了自然环境条件地域差异的影响。

区域长寿现象或长寿现象是指某一地区在某一时点或一段时间的长寿水平明显高于周边地区，并且就全国范围来看，其长寿水平名列前茅的一种人口年龄分布现象。达到区域长寿标准的地区经过专业评定机构评审认定后方可称为长寿之乡。长寿水平用每 10 万人 60 岁以上老年人口中百岁老年人口的数量衡量，也可用每 1 万名 80 岁以上高龄老年人口中百岁老年人的数量来表示。长寿地区人口尤其是百岁老人需经过严格的年龄确认，经过调查证明该地区百岁老人一生中绝大部分时间生活在这一地区，以及经过相应的多学科研究后，才能称其为长寿地区。

世界的长寿区有欧洲高加索地区、南美洲厄瓜多尔的比尔卡班巴村、巴基斯坦的罕萨、日本的冲绳县和意大利坎普迪米村。截至 1991 年，已有 5 个被国际自然医学会审定确认的世界级长寿之乡：第 1 个是欧亚交界之处的高加索地区；第 2 个是南美洲厄瓜多尔维利巴姆的比尔卡班巴村；第 3 个是巴基斯坦克什米尔地区的罕萨；第 4 个是中国新疆的阿克苏、喀什与和田；第 5 个是中国广西巴马瑶族自治县。截至 2017 年年底，全球 14 个世界长寿之乡，中国竟占了 11 个：巴马、和田、如皋市、澄迈县、蕉岭县、钟祥市、费县、乐业县、溧阳市、万宁市、浦北县。

近几十年来，全球百岁老人数量呈逐年增长趋势。联合国（UN）经济和社会事业部人口司 2015 年发布的全球人口各年龄组人口数，≥90 岁、≥100 岁者，分别有 163.11 万及 45.1 万人，其中，女性人数为 35.5 万，男性人数为 9.6 万，女性人数显著高于男性。1980 年全球人口未见≥100 岁者，2013 年全球百岁老人数量为 44.1 万，到 2030 年将增至 124.5 万，2050 年更增至 367.6 万，提示未来将更快速增长。

截至 2014 年 6 月 30 日，中国百岁老人数量为 5.8789 万，较 2013 年同期增加 4623 人，中国百岁老人也是女性居多，占总数的 3/4，其中 70% 居住在乡村。百岁老人数量较多的省（区、市）是海南、广西及安徽。其中最大者 128 岁。

中国长寿及百岁老人有区域长寿现象，主要分布在淮河以南地区：局部长寿水平最高的区域是广西的东兰县、巴马瑶族自治县、凤山县、大化瑶族自治县的红水河流域；海南岛西北部澄迈、临高的南渡江流域。两广、黄淮地区长寿水平比较高的县的数量较多，广西的长寿水平最高，其长寿水平高的县也最多，平均每 10 万名老年人口拥有百岁老人数量超过 100 位的县就有 7 个；县城数量最密集的是江苏南通市及相邻泰州市部分地区，有 10 多个县（区）。

人的健康长寿与地理环境密切相关。良好的物质生存环境是长寿的基础。我国长寿区多分布于南方。当地的气候、土壤、水、空气、植被等是影响人健康长寿的主要因素。人的健康长寿不仅受生活环境（包括气候、岩石、土壤、水、空气、植被等）的影响，也与文化、生活习惯、膳食营养（包括多种生命元素、维生素）等相关，但与该地区地理环境的关系更加直接，与土壤、植被、饮食、饮水、空气等环境因素的关系更加密切。在中国区域现象中，经济发达地区的长寿人口比例比西北一些省份高，华南沿海地区的长寿老年人比例两次普查都比较高。认为除环境因素外，人们生活条件、饮食习惯、遗传基因、心态均有重要作用。

综合分析发现，我国长寿区域的分布呈现六大显著特征。

一是长寿区多分布于南方。我国长寿区主要分布在广西、四川、海南、云南、广东和新疆等地。二是长寿区多沿江河流域分布。百岁老人比例较高的区域主要分布在珠江、长江、澜沧江流域。三是长寿区多为少数民族地区。广西、云南、新疆的长寿区多为少数民族聚居区，主要为瑶族、傣族、维吾尔族。四是长寿区多呈聚集性。我国长寿区主要分布于 5 个条带，即广西巴马—都安—凤山—东兰等县的长寿带，四川都江堰—彭山长寿带，云南潞西—勐海—景洪长寿带，广东三水—佛山长寿带，新疆阿克苏—阿克陶—吐鲁番长寿带。五是长寿区多为中、低山丘陵及冲积平原地区，多处于气候适宜的低健康风险区。六是长寿区多为地方病较少流行或没有流行的地区。中国大骨节病、克山病主要分布在从东北到西南的低硒带上，土壤、饮水、植物、粮食、蔬菜及人发中普遍低硒。硒是目前公认的对健康有益的微量元素。

中国广西北部沿着红水河流域和都阳山脉向西南绕行而形成的凤山—东兰—巴马—大化—都安等长寿带，均属于河池地区，被称为中国桂西北巴马长寿带。

桂西北长寿人口之多，历史上早有记载。有史料记载，清代曾有两代皇帝，关注到了桂西长寿带的长寿人文。1810年12月，清朝嘉庆皇帝赐诗褒奖桂西瑶族蓝祥老年人142岁高寿，恭称为陆地神仙而顶礼膜拜，这是最早关于桂西长寿的记录。随后的1898年，光绪皇帝命广西提督府，给今巴马那桃乡平林村寿民邓诚才赠送寿匾，题贺词"惟仁者寿"，成为长寿现象源远流长的见证。这些史料说明，桂西一带长寿现象在古代早已形成，证实长寿现象古已有名，但并不是大规模的统计资料。

20世纪80—90年代的全国人口普查，清晰地记录着1982年第三次人口普查河池地区百岁老人111人，是广西地区市级城市的第1名，占广西百岁老人总人数412人的1/4还多。1990年第四次人口普查，河池地区的百岁老人数量已达247人，占广西地区百岁老人总数的26.5%。从百岁率来看，河池地区相当高。巴马、凤山、大化、东兰、都安五县的百岁老人在全国普查时占整个河池地区百岁老人总数的77.48%。随着医疗水平的提高，桂西北长寿带的百岁老人比例也逐渐提升。

河池地区百岁老人比例为8.54/10万，超过了区域长寿的标准，显示出河池地区是广西长寿水平最高的区域，长寿人口主要分布在东兰、巴马和凤山三县。

凤山县是一块康养福地，乐业－凤山联合国教科文组织世界地质公园得天独厚的自然环境，本身就为康养提供了先天优越的生存条件。加上寿者自身对生命奇迹的非凡追求和社会环境对老年人的人文关怀，成就了凤山高比例长寿现象。

1. 气候环境

凤山县位于北回归线以北，西北靠云贵高原，东南部为桂中、桂南平原，属于亚热带季风气候区。这种云贵高原向亚热带过渡地带的气候非常宜人，

同寿山水 7

气候条件好,温和湿润,无霜期达362天。四季分明,夏长冬短,且夏无酷暑,冬无严寒,冬暖夏凉。这里年平均温度19.2 ℃。由于云贵高原的屏障作用,受冬季风的影响弱,最冷月气温为9.8~11.9 ℃。春夏两季温差8.7 ℃,夏秋两季温差4.4 ℃,秋冬两季温差9.4 ℃,春夏和秋冬温差变化几乎相等。这种宜人的气候温度和适度的温差变化很可能是这里长寿的一个奥秘。因为从生物学角度来看,太冷或太热的环境都不利于人类生存。人体的恒定体温在37 ℃左右,只有在这个温度下,人才能维持生命正常的新陈代谢。要维持人体的恒定体温,外界环境温度起着重要作用。环境温度适宜,能促进人体内的新陈代谢,保存人的恒定体温。过高或过低的温度都会影响人体热量摄入和消耗的平衡,影响人身体温的调节系统。20 ℃左右的气温和四季适度的温差变化,很可能是人类长寿的最佳气候。

凤山属于低山地区,雨量充沛,全年降雨量为1564.0 mm,蒸发量平衡,日照始终,光照充足,空气适度适宜,有利于人类生存。

2. 地理环境

凤山县地处云贵高原南部边缘地带,地势由西北向东南倾斜,山多地

同寿山水8

少，为典型的喀斯特地貌，自然旅游资源异常丰富，70%面积为大石山区，30%面积为土山区。这些因素构成了凤山地区良好的气候条件，青山绿水、空气新鲜、水源洁净、气候宜人的特殊环境，加上山区交通不便，环境幽静，人口密度较小，生产生活的污染较小，因而很利于人的长寿。

3. 土壤环境

土壤微量元素是水和食物微量元素的源泉。适宜比例的微量元素促进健康长寿。在凤山地区的石山区和土山区的水田、菜地、旱地分别采土壤标本163份，做锰、铬、锌、镉、镍、钴、钼、铜8种元素分析，测定结果表明各项元素含量均在土壤微量元素正常阈浓度范围。

微量元素与健康长寿：凤山长寿地区水土中的微量元素含量合适、比例适当，基本上适应机体需要。长寿老年人聚居的石山区的水和土壤中，含有较高的锰和锌且具有低锌/铜比和高锌/镉比。水土中微量元素通过食物链进入人体，据岑立烨等测定，在长寿老年人常食用的大米、玉米、黄豆、花生、南瓜和火麻仁6种食物中，以火麻仁中微量元素含量最多，其中锌、铁、铜、锰、铬含量居首位，硒、镍分别居第2和第3位；黄豆次之，钴、镍、硒、铝居第1位，锌、铁、铜、锰、铬居第2或第3位。花生中的含量也高，粮食中的锰含量都较高。提示水土中的微量元素是通过食物链进入人体的。WHO（世界卫生组织）认为锰是目前对人体有特殊生理功能的14种必需微量元素之一，是生命体内涉及神经科最广泛的生命元素，是维持大脑功能必不可少的微量元素，对心血管有保护作用，是人体多种酶的激活剂，对血糖、血脂、血压均有影响。长寿老年人每日每人平均摄入锰的含量约为2.7 mg，在安全适应范围（2.5～5 mg）。锌与人体内80多种酶活性有关，是维持机体正常代谢所必需的，与DNA的复制有关。凤山老年人膳食中的微量元素，配比适中，包括低锌/铜比和高锌/镉比。现在冠心病发病率与锌/铜比正相关，与锌/镉比负相关。当地石山区的地下水锌/铜比2.75，比土山区的5.8低52.6%，石山区旱地的锌/铜比为6.74，但锌/镉比高达37.5，心血管病发病率低与当地居民的寿命息息相关，这反映了微量元素对于抑制心血管病的突发起到了很好的作用。

总体来说，当地岩石、土壤、粮食和水体中微量元素锰、锌的含量明显

万寿谷8

高于其他地区，而锰是人体多种酶的激活剂，对心血管是有益元素，对血糖、血脂、血压有良好影响，摄入适量的锰，有益于抗衰老和延年益寿；锌元素同样对人体新陈代谢、提高免疫力和防癌抗病具有重要作用。乐业－凤山土壤呈现适量的锰、低铜、镉分布，与心血管发病率呈负相关；而与长

万寿谷9

寿老年人的密度呈正相关。乐业－凤山水土中锌含量较高，在长寿区的主要食物中，微量元素硒的含量也较高，而铜、镉含量低。因此，长寿之乡食物和饮水中丰富的锰、锌等微量元素或许是当地人长寿健康的秘密。

这些锰、锌元素在土壤、水分的物质循环和交换过程中，被农作物吸收和富集，而后又以食物的形成，以一定的适量组合，被人体吸收而产生作用。当然不是说锰的摄入越多越好，摄入过量时可以引起毒性作用。凤山人每日从食物中摄取的锰含量属于安全、适度剂量范围。

乐业土壤中富含"抗癌之王"——硒。乐业土壤、谷物中的硒含量高于全国平均水平 10 倍以上，百岁老人血液中的硒含量高出正常人 3～6 倍。在这片典型的长寿之土上盛产核桃、有机稻谷、黄玉米、茶油、有机茶叶、竹笋等，生活在这里的人们，世世代代吃着绿色食品，传承了健康的长寿基因。

乐业－凤山地区的土壤、山泉水源中富含抗衰老元素锌、硒等 10 多种对人体有益的微量元素，这些微量元素从土壤中进入各种食物，再进入人体，对人类的正常发育和健康长寿起着重要作用。

乐业－凤山人居住的房屋，多是木质结构或以土壤夯制而成，富含微量元素的土壤，能够长年累月地释放对人体有益的放射能，使吸收这些"自然能"的人们，在不知不觉中延年益寿。

4. 生活环境

凤山县地处盘阳河长寿带，水碧如洗，碧绿如蓝，水质甘洌，清澈见底。一路秀水潆洄，翠影婆娑，两岸奇峰耸翠，丘陵绵延。村落依山傍水，田畴似锦如缎。尽显盘阳河清幽秀丽之色，无限风光，美不胜收。神奇的河水孕育了盘阳河流域众多的长寿之乡。优良生活习俗、婚姻生活和民族风情传统是长寿社会文化精髓所在。日出而作、日落而息的生活习惯使人与自然和谐统一，保持了身体的健康。

天择地授，世外桃源。凤山山好水好，空气好，地磁更好。群山环抱，曲水萦绕，蓝天白云，青山如黛，碧水似玉，田园阡陌，竹篁婆娑，宁静安详的村落，明媚充足的阳光，清新纯净的空气。河两岸不仅山青水绿，风光明媚秀丽，而且河水清澈纯净，时而避入地下，潜流过滤受到净化，

同寿山水9

富含有利于人体健康长寿的矿物质和微量元素；时而露出地表，带出高密度负氧离子，滋润着地表空气……长寿的环境基础，凤山一应俱全。

心仪高古，民风蓄寿。凤山世代居住着壮、瑶、汉等民族，人们同饮一江水，同耕一座山，心仪高古，民风淳朴，尊老敬老的习俗世代相袭。这里的人们都是好客的谦谦君子，外乡人随意走进壮村瑶寨，都会受到热情款待。壮、瑶各族都有各自独特的民族习俗，都以歌舞的形式来表现对美好生活的追求，对生命的关爱。瑶族的祝著节，也叫达努节，意即不要忘记，纪念瑶族始祖密洛陀，壮族的"三月三"歌节、"牛魂节"都是每年必须举行的节庆。这些活动给人们带来精神寄托，陶冶了人们平和的心态，也带来了健康长寿。

五行调和，康养有道。研究发现，除了独特的自然条件，合理、清淡的饮食结构，贴近自然、享受自然、顺应自然的生活方式，也是凤山人多长寿的主要原因。这些寿星们一生清苦，却始终乐观向上，对生活充满希望；他们终生辛勤劳作，百岁后仍以家务劳作为乐趣。也是基于此，敬老的风气在凤山十分浓郁，老年人到了一定年岁，儿孙们就给老年人"补粮"、备棺，从精神上给老年人延年添寿。

5. 水文环境

凤山县内主要有盘阳河、巴英河和坡心河三大流域，分别位于县城中部、东部和南部，主河道全长 116.3 km，三河支系发育繁多，共有大小支流 129 条，总长 767.81 km，河网密度为 0.44 km/km^2，集雨面积 1737.97 km^2，年水资源总量 11.90 亿 m^3。凤山县包括坡月地下河系的坡心地下河和乔音地下河两支流，两支流成为誉称"长寿河"的盘阳河之双源，流域面积分别为 760.8 km^2 和 723.75 km^2，外水面积分别为 338.29 km^2 和 370.06 km^2。凤山峰丛岩溶区内地下水流域的外源水流入面积达到坡心地下河的 44.5%、乔音地下河的 51.1%。外源水的流入，为岩溶发育提供了额外的能源与动力，大大加强岩溶作用，促进岩溶形态的发育。

凤山长寿的密码，或许很大一部分要归结于"天上水"和"地下水"。凤山水有个典型的特点——只出不进。凤山是珠江水系、世界长寿之乡巴马长寿带盘阳河流域的源头之一，另外，九曲河、巴旁河、巴英河、乔音河、坡心河等 5 条河流全部发源于凤山境内，全县没有过境河流，这里的水都是从天上落下或者从地下涌出的泉水。这就造就了凤山纯天然、无污染的良好水质。凤山天然弱碱性小分子水蕴藏丰富。经广西矿业协会矿泉水及地热专业委员会勘查检验,凤山海拔800 m以上多处蕴藏着弱碱性优质矿泉水源,水源经数百年地下长距离深入、循环和运移,与岩石硅酸和矿物元素等进行了物理化学作用而使水质清澈,因溶滤了大量有益的矿物质与微量元素而味美甘甜。人们长期饮用这些含有偏硅酸和锶的低钠山泉水,对高血压、动脉硬化皆有医疗、保健作用。

6. 空气负氧离子

凤山素有"群山之祖、寿乡之源"之称。凤山人长寿,首先得益于良好的自然生态环境。该县森林覆盖率达81.1%,没有工业污染,良好的生态环境使当地的空气保持湿润,雨水充沛,形成良性循环,普遍大气质量良好。

由于地形、地貌、海拔高度适度和森林覆盖率较高,凤山境内空气中对人体健康有益的负氧离子含量为1250～7960个/cm^3(不包括洞穴中),洞穴中平均高达3万多个/cm^3,远远高于一般城市,在三门海、鸳鸯泉、仙人桥等景区,负氧离子高达6万多个/cm^3。

乐业县属于亚热带湿润气候,境内遍布原始森林,森林覆盖率达77.52%,遍布溶洞、溪流、山泉。在乐业县大部分区域,空气中负氧离子的含量高达2000～5000个/cm^3,著名的布柳河、大石围、五台山等旅游景区,最高可达到5万个/cm^3。在乐业,在这个"夏无酷暑,冬无严寒"的天然大氧吧里,广阔的森林里珍藏着种类繁多的中药材,各种各样的动物在其中繁衍生息,生活着一群具有较高幸福感的百岁老人,用漫长的人生岁月演绎着长寿土地的经典传奇。

空气中的负氧离子被誉为"空气维生素",可以消灭空气中的过敏源,有效地预防、治疗过敏性鼻炎、哮喘等疾病,能改善肺部换气功能,促进气管纤毛颤动,通过生化反应,消除呼吸道炎症,缓解支气管哮喘,起到止咳、祛痰等作用;促进组织、细胞生物氧化、还原过程,有明显的扩张血管的作用,可改善心肌功能,增强心肌营养,降低血压,对高血压、冠心病、心脏血管硬化等有一定的疗效;能调节中枢神经兴奋、抑制功能,

同寿山水10

缩短感觉时值与运动时值，改善神经功能，抵御胃肠功能紊乱、痉挛性便秘，治疗神经衰弱等；此外，负氧离子吸入人体后，随血流输入全身组织细胞，调节大脑皮层功能，镇静，消除疲劳；使氧自由基无毒化；维持人体体液

同寿山水 11

酸碱平衡，促进机体代谢生长和废物排泄，延缓发育细胞衰老；提高免疫力，给人体延迟衰老提供了良好的内在环境。

关于长寿之乡空气负氧离子的来源，有的专家认为，与当地海拔较高、石山多、森林等有关，但深入探讨和现场调查发现，长寿之乡的负氧离子来源与负氧离子产生的一般机制有很大不同。

一般来说，自然界中负氧离子产生有三大机制：①大气受紫外线、宇宙射线及雷雨等因素的影响发生电离而产生负氧离子；②在瀑布冲击和暴雨跌落等重力过程中，水分子裂解而产生负氧离子；③森林的树冠、枝叶的尖端放电，使空气电离而产生负氧离子。

但根据有关资料，长寿之乡地处南亚热带季风气候区，海拔大多在 300～600 m，年降雨量 1500 mm，平均相对湿度 79%，年平均气温为 20 ℃ 左右，森林覆盖率 56% 左右。为此，对当地空气中负氧离子的测量避开

夏季的暴雨天气，选择在春、秋季节；另外，根据现场调查，长寿之乡并没有明显的瀑布分布；再者，当地的森林覆盖率与桂林市七星公园相比，后者森林覆盖率达 80%～90%，但是其空气中负氧离子的浓度水平仅在 550～2540 个/cm³。因此，当地高浓度的负氧离子一定另有原因。

桂西岩溶地质公园的地质景观中一个最显著的特征是洞穴众多，洞体高大，而根据研究，洞穴中的负氧离子浓度普遍比洞外高，一般高出几倍至十几倍，个别高出上百倍，而且会影响到洞外的空气环境。鉴于此，对长寿之乡的几个大的洞穴进行了空气质量测量。

结果显示，长寿之乡洞穴空气中的负氧离子浓度非常高，平均值达到 19 629 个/cm³，远远大于桂林七星岩 2192 个/cm³、桂林大岩 8753 个/cm³ 和柳州响水岩 4350 个/cm³ 的负氧离子浓度平均水平。而且，相关的研究还发现，长寿之乡洞穴非常高大。例如，马王洞平均高度 120 m，后洞平均高度 150 m，洞穴的比容积即洞穴容积与洞穴长度的比值达到 666.8，远高于桂林七星岩的比容积 124.3。也就是说，洞穴的空间大小与洞穴空气负氧离子浓度有一定的相关关系。

因此，推测长寿之乡高浓度的负氧离子可能与当地众多高大的洞穴有密切关系，当然也离不开坡月地下河的影响，进一步的研究有待科学家系统、长期的测量。

7. 适宜的地磁强度

地球的一般地区地磁约在 0.25 Gs，而乐业的地磁高达 0.56 Gs，比一般地区高出一倍多。人们生活在适宜的地磁场环境中，血清清洁且循环顺畅，心脑血管发病率低，身体免疫力强，能协调脑电磁波，提高人的睡眠质量。

8. 良好的饮食习惯

长期以来由于凤山受自然环境的限制，人们的饮食结构比较简单，石山区人们一般都以玉米粥为主，辅以红薯、南瓜、芋头等作为主食；丘陵区人们大多吃大米加其他杂粮，副食以野菜为主，肉类一般在逢年过节才吃上一顿。改革开放以后，人们生活水平虽有所提高，但对于大多数人来说仍有以素食和杂粮为主的饮食习惯，有的地方甚至保持一日两餐的饮食习惯。这样的饮食结构和习惯，有助于防止高血压、高血脂、高血酸、冠心病等一系列老年病的产生，这显然是形成凤山区域长寿现象的直接影响因素之一。凤山县人们以玉米为主粮，搭配饭豆、绿豆和火麻。而火麻是著名的长寿保健食品，对防止高血压、冠心病极为有效，这一切都为老年人长寿提供了良好的条件。

世界地质公园内出产大量的有机产品，微量元素、维生素、亚麻酸、不饱和脂肪酸等有利于人类健康的成分很高，当地百姓在良好适宜的环境下，长期饮用山泉水和食用当地的有机农产品，对于人体五脏和心脑血管等益处众多，这也是世界地质公园百岁老人较多的一大因素。

乐业－凤山人长寿无疑与其饮食有关。不论是食物中毒、蛔虫病等食源性感染疾病，还是高血压、冠心病、糖尿病等非感染性疾病，病因都与吃有关，都是从嘴进去的。乐业－凤山饮食讲究原汁原味和绿色、多样，利用食物本身具有的色、香、味促进食欲，少吃油腻食物。烹制食物以蒸、煮、炖为主，极少爆、炒、煎、炸。饮食有"五低两高"的特点，即低热量、低脂肪、低动物蛋白、低盐、低糖，高维生素、高纤维素。所用原料包括调味、调色原料多是本地野生或民间种养，富含长寿因子，因而色、香、味别具一格。

把超过身体需要的，包括吃得绝对多、吃得相对多、吃得不平衡的高脂肪、高胆固醇、高动物蛋白质、高热量、高盐分、高糖分降降。吃得绝对多，是指吃得多；吃得相对多，是指虽然吃得并不多，但每个人对食物的需求不一样，对于自己是多了；吃得不平衡，是指虽然吃得不多，同时对于自己也不多，但各营养素之间比例失衡。嘴要严管管，饭菜要淡淡，吃盐要点点（< 5 g/天），食油要控控，脂类要低低，粗细多换换。从小时候做起。

乐业－凤山长寿老年人经常食用的蔬菜品种十分丰富：家种蔬菜、野生蔬菜、豆类、笋类、瓜类等五大类几十个品种。

乐业－凤山农村居民极少用醋，多偏重于酸品，如酸果、酸笋、酸菜等。原料均是当地所产可以食用的菜果，酸果类用酸梅、柠檬、牛甘果、小刺梨等，用山泉水加精盐泡制而成；酸笋类用凤尾竹笋、楠竹笋，切成片后，用山泉水浸泡而成；酸菜类用芥菜叶、芥蓝菜心及豆角腌制而成。这些酸制品平时可当菜吃，也可作佐料，起到调味的作用，还是保健食物。

饮食是维系人类生命质量的第一要素，在不同地域、不同环境、不同物质条件的人类活动空间,都会派生出不同的饮食文化特征。这些特征制约和影响着生命质量的高低和寿命长短的差别。

9. 社会环境

人是自然界中具有四维意识的动物,在良好的物质条件下,精神因素对

凤山县 3

健康长寿至关重要。良好的精神状态,对人体健康可以起到促进作用,从而延年益寿。

纯朴的民风、和谐的人际关系是培育凤山区域长寿现象的土壤。由于受自然条件的限制,凤山的工业化进程极慢,自然资源受人类破坏较少,人

们受外界思潮的影响较小，社会生活长期处于一种自然生存状态，因此，凤山人适应日出而作、日落而息的自然劳作生活方式，生命不息，劳动不止，民风淳朴、乐观、知足，人际关系和谐，家庭生活中以勤奋劳动、尊老爱幼、团结互助为荣，人们生活在自己营造的良好心境与和谐社会环境中，这是培育凤山区域长寿现象的肥沃土壤。凤山县以三门海天窗群一带的长寿村为其整体长寿形象的典型代表之一。

除了自然环境外，社会人文关怀也是健康长寿的重要保障。在凤山长寿老年人中，除极少数属"五保户"由政府民政部门供养外，绝大多数老年人与儿孙生活在一起，四代或五代同堂，儿孙绕膝，其乐融融，使老年人在经济上得到支持、物质上得到保障、生活上得到照料、精神上得到慰藉。尊老敬老优良传统在凤山各民族中世代传承，后辈们把为老年人举办"补粮祝寿""延续天年"的祝寿宴作为自己当儿孙的光荣责任，寿文化内容越来越丰富。政府加大投入，让老年人老有所靠，80岁以上老年人每月享有不等的高龄补贴。

乐业－凤山长寿养生特色：养五脏。①养心：静谧、洁净、和谐的环境养心；②养肝：无添加、无残留、绿色食材养肝；③养脾：黄色土特产品玉米、红薯、南瓜、板栗、核桃等养脾；④养肺：空气洁净、高负氧离子养肺；⑤养肾：小分子团、天然弱碱性、活化水排出体内代谢产物养肾。

良好的生态资源，独特的地质特征，成就了一个拥有"洁净的水源、宜人的气候、温暖的阳光、富饶的土地和特殊的地磁"五位一体的长寿之乡。

乐业－凤山这片孕育众多寿星的土地，到底蕴藏怎样神奇的因素？国内外生命科学家，经过几十年的探索与研究，得出如下结论：长寿没有固定模式，因人而异、个性化，但也有相同之处，如生态环境优越、饮食接近自然、体力劳动终生、睡眠充足良好、性格开朗乐观、社会环境和谐、遗传有点优势，以及有决心使自己更长寿、更健康的意志等。用中国传统医学认为的"天人合一"的观点来解释，乐业－凤山寿星之所以生命有序、恒久不衰，得益于天、地、人合一，是人与自然和谐相依的结果。

第四章

感受乐业－凤山

一、衣 —— 体验适宜康养的服饰

乐业－凤山农村中的壮族，求寿心理表现形式多种多样，但皆旨在祈求益寿延年、长命百岁。其中，烙印在衣着上的求寿标志，就很有其个性特点，人生的不同阶段，求寿标志"寿"字的位置等会有所不同，有从头到脚转移的规律。

小孩降生满月后，家人就要给小孩缝制一顶凉帽，正面用红颜色的丝线，绣上一个传统造型的"寿"字，旁边配以花草鱼虫的图案，祈求小孩健康成长、福寿泽长。这种凉帽不封顶，寓意小孩茁壮成长，只制成一个桶形的圆圈，主要护住小孩的前额、太阳穴、后脑等部位，以免伤风感冒。小孩两岁后，就不再戴这种帽了。

人到成年后，"寿"字便从童帽转到上衣。旧时多穿对襟上衣，纽扣以布结之，常用5排或7排扣子，俗称阴阳扣，即每个扣子按"寿"字一分为二，一半在左襟，一半在右襟，左开扣眼为阴，右结扣头为阳，左右对称，扣好扣子就组成一个完整的横置的"寿"字。女装的扣子跟男装一样，只是开襟为斜胸式，与男性直胸对襟有所区别罢了。这种"寿"结构的阴阳扣，具有装饰效果，既美观大方，又寓喻吉祥，满足人们心理需求而广为用之。

人过60岁以后，就可以接受晚辈的"补粮"续寿了。这时，"寿"字便从上衣的扣位下移到鞋面，称为寿鞋。女儿、孙女在给父母、祖父母"补粮"时，做的寿鞋鞋面用红色的布料，用黑线锈上"寿"字，红底黑字，寓喻红颜永驻、黑发不老、寿比南山。

服饰是人类特有的文化现象，其样式、图案、花纹涵盖了礼仪伦常、求吉心理、审美观念，以及自我意识等诸多层面的内容。乐业－凤山是少数民族聚居地，民族服饰绚丽多彩。在体现鲜明的地域特色和民族特色的同时，还附加有独特的求寿的元素符号，给乐业－凤山长寿现象背景下的服饰文化锦上添花，极大地丰富了乐业－凤山生态康养文化的内涵。

人从出生到老年，各个时期在衣着上的求寿烙印，一方面是作为一种精神文化，另一方面也是人们宗教、伦理、审美等观念的综合反映。从表面看似乎是人们迷信，其实却充分体现了人们对美好生活的向往。乐业－凤

寿星石刻

山的长寿老年人,一生就是在这种浓重的生态康养文化氛围中,在祈求长寿习俗的熏染下,戴寿帽,着寿衣,穿寿鞋,走过沧桑,走过百年的。

通过图符祈寿生态康养游,体验适宜康养的服饰,有希望自己更长寿、更健康的意志。自我心理调适,自我心理平衡,自我创造良好心境。

二、食——体验适宜康养的食物

对于常见的小毛病,不能杀鸡用宰牛刀。从某种意义上来说,饮食比药物在康养和治疗方面更重要。古代典籍《备急千金要方》上有一句话:"夫为医者,当须先洞晓病源,知其所犯,以食治之,食疗不愈,然后命药。"饮食是防治疾病的一种重要手段。食物与药物都有治疗疾病的作用,但食物每天都要吃,与人们的关系较药物更为密切。三分吃药,七分调理。调理能起到营养和防治作用,且无不良反应。小病先找厨师。

治疗常见的小毛病,按照食养、食疗、药膳、吃药的递进治疗强度方法来用,换句话来说,能用药膳治好的不用吃药,能用食疗治好的不用药膳,能用食养解决的不用食疗。

有人会说:"食养和食疗不都是靠吃吗?一样呀!"

食养和食疗不一样。举个例子说吧,我饿了,吃顿饭就不饿了,饭中的营养维持了我身体的需要,这是食养;假如我因缺乏维生素导致身体出现不舒服,适当多吃些富含维生素的蔬菜和水果,很快就会减轻症状,这是食疗。

药膳是在中医药学、烹饪学和营养学理论指导下,以中医的整体观念和辨证施治的理论为依据,以保护胃气、扶正祛邪、调理阴阳为治疗原则,辨证、辨体质、辨四季、因时因地施膳,食主药辅,科学合理配方,将药食同源的食物与食材相配伍,注重药食性味功能的统一,制成具有一定色、香、味、形、效的可口、秀色可餐的美味食物,通过食物、药物的偏性来矫正脏腑的偏性,达到养生保健、辅助防治疾病、延年益寿目的。药膳是取药物之性,用食物之味,食借药力,药助食威,相辅相成,寓养于膳。食主药辅,辨证施膳,依性配伍,保护胃气,综合养生,注重宜忌,讲究烹调。

药膳中的药不是随便什么药都可以加的,作为药方中的药是不能加入膳中的,一定是原卫生部公布的既是食品又是药品的物品名单中的东西,是食药同源的东西。既不是吃的东西里加入药就是药膳，也不是吃的东西里加入维生素和微量元素就是药膳！药膳不等于保健食品，不能不变方久服、常服。药膳方虽然有特效，但个体差异较大、情况不一，不好以偏概全，药膳只是配合其他疗法起到辅助作用，不能替代医疗，所以需要遵从医嘱，在医生指导下使用。

食品的安全不代表营养，营养不代表健康。食品的健康和健康的食品不是一个概念，但同样重要。食品分为3个层面，最低层是食品安全，其上为食品营养，最高层为食品健康。食品的健康需要食品安全，健康的食品需要食品科普教育。食品营养是建立在食品安全之上，没有食品安全，食品营养和食品健康都等于零。有营养的食物不一定健康，没有问题的食物也不一定对人健康。

吃的3个层面：为嘴吃，满足嘴的偏好，例如，我爱吃香脆的，仅仅是口感好；为脑吃，满足爱好，例如，我想吃酸的，可能是个人爱好，也可能是身体发出需求的信号；为体吃，满足强身健体的需要，例如，我要吃杂的，不一定都是自己喜欢吃的。

我们周围总有这样的看法、现象，一说养生好像就是中老年、体弱多病的人要特别增加营养，其实年轻、健康人要强壮也要特别增加营养。营养与人体生长发育及与机体保持健康、防治疾病密切相关，缺乏营养可导致人体一系列的疾病，现在可真是众所周知了。但是很多人只知其一，不知其二。

生活条件虽好了，身体条件却差了。食物都具有两面性，吃少了营养素缺乏，吃多了有害。过多会坏事，过少不济事。随着经济的发展，人们生活的改善，有条件了。然而有些人却过分注重营养，一味加强营养。殊不知，营养摄入过多或营养素不平衡，会招致肿瘤。

与人肿瘤发生有关的营养因素有蛋白质、碳水化合物、脂肪、维生素、热量、趋脂物质包括胆碱、蛋氨酸、叶酸及维生素B_{12}和微量元素等；受营养影响的肿瘤有食管癌、胃癌、肝癌、大肠癌、乳腺癌及肺癌等。日常膳食中营养素影响肿瘤的发生，而膳食中的污染物，又加重某些营养素缺乏及不平衡，更增强其毒性作用。癌虽如虎狼，警惕也可防。

如何既增加营养，吃出好身体，又不增加罹患肿瘤的风险呢？

自我饮食管理。管住嘴，防止"病从口入"。烹饪的方法很多，如煎、炒、烹、炸、爆、烤、熘、扒、蒸、烧、煮、炖、炝、拌、烩、焖、腌、氽、煸、腊、煨、熬、酱、熏、酿、塌、糟、涮、风、卤、贴、淋等。以少用腌、熏、腊、酱、炸、煎、炒，多用蒸、煮、炖，适当用焖、熬、烩、拌、炝、熘、烧的方法为烹饪原则。

以"五谷为养，五果为助，五畜为宜，五菜为充"为饮食原则，以"粮为主，肉菜为副，水果为辅"为膳食结构增加营养。小鱼大豆，健康长寿。鱼生火，肉生痰，五谷杂粮壮身体，青菜萝卜豆腐保平安。营养不全在肉里，大鱼大肉无法比，粗茶淡饭最有益。

避免营养绝对过剩，也就是避免营养素摄入过多，七八分饱即可。

避免营养相对过剩，也就是避免虽然营养素摄入得不多，但每个人对营养素的需求不一样，同样的营养素对于别人是适当的，对于自己可能就多了，营养素摄入需个体化。

避免营养不平衡，也就是避免虽然营养素摄入得不多，同时对于自己也不多，但各营养素之间比例失衡。

乐业－凤山的主要特色食疗康养方和主要特色药膳方虽然既具有食品安全，又具有食品营养，但怎么吃才对自己健康呢，需要食者的智慧。

乐业－凤山沟壑纵横，溪流密布，无山不涌泉，水资源比较丰富。

由于远古喜马拉雅造山运动，形成一条又长又深的断裂带，乐业－凤山正处于一条大型地质断裂带上；由于火山爆发，岩浆上涌，使断裂带充填了钙、镁、锌等有益于人体健康的天然矿物质和强地磁。乐业－凤山山泉水出水位置比较高，长年不断自然涌出，必然有补充水。它的补充水从地势很高的原生态无污染的地方，进入地下，入地前吸收阳光，入地后在断裂带中，在地下深层深、长、黑的环境中，远距离、长时间缓缓运移，在矿物岩层中渗透过滤，被天然净化、矿化、磁化，历时数千年，在乐业－凤山原生态无污染的山区涌出，形成天然磁化弱碱性矿泉水，清澈透明，无致病菌，无沉淀物，无漂浮物，口感甘甜、清爽，可以畅快生饮，千百年历史证明安全性高，常饮健康长寿。

乐业－凤山优质的天然活性水，除了达到国家饮用水卫生标准外，还富含人体必需的生命动力元素的诸多矿物质成分，有益的矿物质补充人体微量元素，能活化人体功能，具有持久的活性，溶解力、渗透力强，快速进出人体细胞，及时给细胞输进新鲜营养，使肌肤润泽，提高人体的免疫力，帮助人体快速排出、排尽体内代谢产物及毒素，从细胞带出废物，清除人体自由基，防止细胞衰老，增强活力，从而祛病健体、健康长寿。

乐业－凤山优质的天然活性水，让无数到乐业－凤山康养的外来客，感受到了乐业－凤山水的神奇，并称之为神仙水。从全国各地来疗养的人说，感冒、干咳、便秘、腹泻等病症，在足量饮用乐业－凤山山泉水两天后，即见显著疗效，机体恢复活力；血脂高、血压高、血糖高、尿酸高、痛风、结石，乃至肿瘤、结核、疑难杂症等，长期饮用乐业－凤山山泉水，均有一定效果。

水是生命之源，是人体构造的主要成分，是维持人体正常生理活动不可缺少的营养物质之一。没有水，就不可能有生命；水的质量，决定生命质量的高低和寿命之长短。乐业－凤山长寿现象与水不无关系。乐业－凤山人祖祖辈辈，都在享用上苍恩赐给他们的健康水从而得以长寿；是水的独特品质，造就了这么一个闻名于世的长寿乡。

乐业－凤山能让这些外来客人重获健康，因素自然是多方面的，但水质是主要的因素。人们如果要问乐业－凤山为何有如此众多的长寿老年人，问道于水即可知一二了。曾两次获得诺贝尔奖的莱纳斯·鲍林博士指出："人类所有疾病均可源自矿物质的缺乏。"世界水文化研究会会长李复兴说："现在全中国好的水资源越来越少，但是我国发现在广西至今还保留着无污染、无退化、充满生命活力、含有人体所需纯天然多种多样矿物元素的原生态健康水。"中国地质科学院国家地质实验测试中心测出乐业－凤山－巴马水中包含有30种能做定量分析的矿物元素。这就能说明乐业－凤山天然活性水是高质量的生活饮用水。饮之能使人健康且长寿，自是情理之中了。

像乐业－凤山一样拥有好的阳光、空气、地磁场的地方不少，但拥有乐业－凤山如此好的水质的地方，却是世间少有。乐业－凤山长寿老年人多，百岁长寿率高，主要是得益于乐业－凤山独特地质结构条件下孕育的盘阳河水系。来到乐业－凤山的外乡人，饮着甘甜的泉水，置身于绿水青山之间，都油然感叹造化之慷慨、天地之神奇。

通过食用凤山主要特色食疗康养方、凤山主要特色药膳方、乐业主要特色食疗康养方、饮用乐业－凤山山泉水，来体验生态康养游。

食品是商店出售的经过一定加工制作的食物，为了保鲜、美观、口感等因素，免不了要添加各种与健康无关的添加剂，如防腐剂、着色剂、赋形剂等。即使按照国家法律允许添加，是不是超出了安全量却是普通大众无法左右的，因此，别为了美食、美味、口欲、偷懒、便利等众多原因，用购买现成的食品取代日常的家庭做饭。

食品取代食物，安全风险提速，生病机会多乎。

通过食物取代食品生态康养游，体验适宜康养的食物。

三、住——体验适宜康养的居所

生态康养游离不开住。牛羊择水草而居，鸟儿择良木而栖，动物都能如此择优，人类更应该择优而居了。

康养住所窗外景观4

依山傍水、蓝天白云、青山碧水的优美自然环境，空气新鲜、负氧离子浓度高、呼吸沁人心脾，海拔高度1500～2000 m，阳光充足、年均阳光日照时间长，气候温和、凉爽宜人、冬无严寒、夏无酷暑、年平均气温18 ℃左右、相对湿度为30%～60%、气温、气压均较低，环境净静、无噪声干扰、噪声限值为36分贝以下，生态环境好、无工业和"三废"污染、上风上水，水源头弱碱性泉水和土壤中含对人体有益的矿物质和丰富的微量元素，处于较高位置的平整地方，人口密度低、长寿人口比例大，民风淳朴，坐北朝南的住房。以上条件均符合的地方才更适合人的居住。

康养住所窗外景观5

例如，海拔1500～2000 m的山区，有茂密的森林，草木散发出的具有芳香性和挥发性的物质有一定杀菌作用；清泉汇成壮观的瀑布，飞溅的水滴周围阴离子富集，空气格外清新，呼吸这样的空气，可稳定情绪，改善肺的换气功能；壮阔的自然景观、宁静透明的天际或变幻无穷的云海，都令人心旷神怡；因远离闹市，人口密度低，环境幽静，居住较分散，传染病也极少流行。凉爽的气候，山涧泉水不断，饮用水也极为清洁。这种种因素均能促进人体的新陈代谢，调节机体功能，是有利于康养的地理环境。

（一）选择有利于康养处居住

上医院买健康，不如找个好地方。在天文学、地理学、地质学、生态学、环境学、气象学、水文学、生物学、信息学、建筑学、美学等有机结合和科学指导下，审慎周密地考察、了解自然环境，利用和改造自然，创造良好的居住环境，赢得最佳的天时、地利与人和，达到天人合一的至善境界，科学选址，优选定居。

上知天文，下知地理，中知人事。选好地方住要将天、地、人纳入一个大系统中综合考虑。自然界四时的变化，是万物生长、衰老、死亡的根本，违背了它，就要产生灾害，顺从了它，疾病就不会产生，这是康养的原则。好地方与地理、气候、环境有密切的关系，单从气候条件来说，适宜的气候和丰富的植被就为人类造就了舒适的生活环境，有益健康，利于长寿。

观察天空，注重太阳、月亮、宇宙星体对人类的影响，注重采光对人的作用。中国大部分陆地一年四季的阳光都由南方射入，朝南的房屋便于采光。

阴阳平衡，住房要坐北朝南，不仅是为了采光，还为了避北风。中国的地势决定了其气候为季风型。冬天有西伯利亚的寒流，夏天有太平洋的凉风，一年四季风向变幻不定。要避免寒、凉的西北风。

分辨质量。五行相生相克，注重空气、水、土地的质量对人的作用。山体是大地的骨架，水域是万物生机的源泉，空气被人呼吸，水被人饮用，土地种出的庄稼被人吃。没有空气、水、土地，人就活不了。因为空气、水、土地，是人类赖以生存的最基本的物质，如果空气质量不好、水质量不好、土地质量不好，则会造成生物不好，引起人生病。要考察水的来龙去脉。

观察地形。天、地、人合一，注重空气形成的空间、水形成的江河湖泊、土形成的山岗岭脉，地形地貌对人的作用。

地形地势要符合山环水抱、依山傍水的格局。先从大的区域、大的环境优选住地，再从小的区域环境中优选住地。从大环境观察小环境，便可知道小环境受到的外界制约和影响，如水源、气候、物产、地质等。任何一块住地表现出来的好坏，都是由大环境所决定的，就像测量血压要是高的话，就可知身体的一般状况，因为这是由心血管的功能状态所决定的。只有地形、地势完美，住地才完美。

在一定程度上，地质决定体质。住哪里都应当先考察山川大环境，大处着眼，小处着手，必然没有后顾之忧，而后充分保健享福。

好的区域、环境交互感应可产生好的氛围，享受这个区域的天地日月星辰的氛围，使人心情舒畅、身体健康，令生活在其中的人们以良好的心态对待生活；恶劣的环境，轻者身心不安、情绪低落，重者置人于死地。

测量地磁。注重地球磁场的影响和地磁方位对人的作用。强烈的磁场可以治病，也可以致病，甚至引起头晕、嗜睡或神经衰弱。

地磁条件对康养产生影响，对人的健康带来益处。

第一，镇静与改善睡眠。磁场强度的高低，对中枢神经影响会有所不同，作用于大脑皮层的两个功能也不一样。磁场强度低，兴奋性高；磁场强度高，兴奋性降低，呈现抑制状态，表现为睡眠现象。由此可见，一定的磁场强度，能改善睡眠，延长睡眠时间，增加睡眠深度。

凤山县城住所窗外景观

第二，消炎。对风湿性关节炎、支气管炎、肩周炎等一般性炎症，对急性、非急性浅表性炎症，对局部感染性皮炎，都有消炎作用。

第三，消肿。对由于水分淤积在软组织内形成的水性肿胀，对血性肿胀，都有消肿作用。

第四，防止动脉硬化和血栓。磁场促进营养物质与氧的供应，主要是通过改善人体血液循环，尤其是微循环来实现的。在磁场的作用下，降低血液黏度，降低血脂，延缓和减少动脉硬化的发生，防止血栓的形成。

第五，止泻。由于磁场有消炎作用，所以对肠炎引起的腹泻，有一定的疗效。促进肠内水分的吸收与运行，降低毛细血管的通透性，减少水分从血管渗出，肠内容物在肠内停留时间延长，有利于肠内容物中水分的吸收，而产生止泻效果。

第六，延缓衰老。随着年龄的增长，内脏器官的功能逐渐减退，皮肤出现干燥，弹性减弱，出现皱纹。人的衰老是自然发展的规律，延缓衰老、延年益寿是人们的理想追求。蛋白质是构成人体的基本物质，生命的老化，也就是蛋白质的老化，而磁场能有效地防止蛋白质老化，进而延缓衰老的速度。此外，人过早衰老的原因，还与体内氧自由基积存过多有关，破坏细胞及其功能，加速人的衰老。磁场能提高酶的活性，也就提高消除自由基的能力，使细胞及其功能免遭破坏，延续细胞的生命活力，达到延缓衰老的作用。

第七，改善水质。使水活化，改善人体新陈代谢，调节人体的离子平衡即阴阳平衡，促进对人体的健康。

第八，促使空气中正负离子的分离。使负氧离子源源不断产生，从而始终保持能达到治疗效果的高浓度含量。

选择位置。注重住房的位置选择和方向选择。到处不住到处住，处处无家处处家。

取风水之精华，去风水之糟粕。风水集天文学、地理学、气象学、建筑学、园林学、美学等于一体，掌握"觅龙、察砂、观水、点穴、立向"地理五诀。觅龙，即宏观尺度上寻找龙脉，对山川、方位、气候等把握。去寻找那些深远、奔腾、延绵而传递生气的山脉，把握其走向、形态。察砂、观水，即中观尺度上对选址周围的山、水、气、树木等进行辨别。砂，是指周围的群山，与龙脉的主山相伴。观水，实际是考察地上和地下水的形态和水质，找水口、相水形、看水色、尝水味。水质清明味甘为好，水形呈随龙（贵有分支）、拱揖（贵在前）、绕城（贵有情）、腰带（贵有环弯）为好。水系沿村庄三面环绕为最佳状态。点穴，即微观尺度上对生物、地基、地质方面的详细考察，以及在园林的造园手法也有考虑。选择符合"左青龙、右白虎、前朱雀、后玄武",青龙要蜿蜒,白虎要驯顺,朱雀要翔舞,玄武要垂头,枕山、环水、向阳、背山面水、顺山势、背风向、靠水源的位置。选择向阳坡,以便获得良好的日照,考虑地质因素避免潮湿臭烂之地。朝向崇尚坐北朝南,由于中国地处赤道以北,朝南的房屋能够获得更多的光照,为人体的健康发展带来了诸多益处,同时,建筑的气口宜开在东方南方东南方,以便和煦的风吹进房间,调节室内气温。背山面水,屋后有靠山,宅前有福水,也是有科学依据的,即中国地处北半球,背山能使得寒冷的冬季风(西北风)被山体阻挡,面水能让夏季风(东南季风和西南季风)通过屋前的水体带来凉爽湿润的空气,以此达到调节场地气温之目的,形成良好的微气候。建筑的选址应在龙、砂、水等多种条件的影响下,位于内敛向心的围合的盆地之中,山环水抱必有气,环绕的空间使风停留,使穴有气,而要求水流动,使气在运动,如为"聚宝盆"之形尤佳。通过人为因素对宅基环境进行制约,包括地质、山川、水源、气候等,通过将水环境融入大环境中进行实地考察,分析周边环境对人文建筑的影响,最终挑选出天人合一的建筑场地。从气象角度来说,理想的空间组成模式:山—林—屋—水—林。

(二)选择适宜人生存的环境中去生活

康养"三应":顺应(大自然)、适应(生存环境)、感应(宇宙信息)。人适应能力有限,当有害的环境长期作用于人体,或者超过一定限度,就会引起疾病,甚至造成死亡。

环境是一个极其复杂、辩证的自然综合体,一切生物都要适应环境而生存。人类不但要适应环境,而且还要利用、支配和改造环境。伟人改变环境,能人利用环境,凡人适应环境,庸人抱怨环境。遗传只确定了起跑线,健康之路靠自己去赶。脱离不利于健康的环境,可通过充分利用自然条件避寒暑、走山路、游览,使身体系统的功能得到锻炼。

人是在特定的自然环境下生活的,生存状态的好坏、生命质量的高低、寿命的长短,均与居住环境优劣有很大的关系。

乐业—凤山可供生态康养游的县城内外的居住处现有:农家旅馆、客栈,康养小镇民族特色居所,长寿村疗养基地,度假山庄,康养公寓,别墅,以及集餐饮、娱乐、休闲、保健、住宿、购物、会务、商务、公务、票务

康养住所 2

等多种服务为一体的综合性挂牌国家四星级酒店,餐厅首推乐业-凤山长寿特色菜肴,还可以品尝到其他地区特色菜肴。总之,在乐业-凤山生态康养游居住时,不同档次居所,拎包均可长期居住,非常方便,可以满足不同居住需求、不同人群、不同消费水平的需要。

另外,我们还应注意不要不停地变化生活环境。在一个新环境不要生活时间太短,以免身体总处于应激调整状态,而不利于身体的康复。

通过如画家园,诗意栖居,住在乐业-凤山去生态康养游,体验适宜康养的居所。

四、行——体验适宜康养的出行

(一)生态康养游,一定受益匪浅

> 都市喧嚣,你是否想在世外净土处清修?
> 红尘纷繁,你是否希在青山绿谷处探幽?
> 懵懂人生,你是否欲在历史见证处自悟?
> 雾化心灵,你是否求在仁德圣洁处净化?
> 身心疲惫,你是否望在憩息养生处休闲?
> 健康理念,你是否思在清新空气处沐浴?
> 健康长寿,你是否盼在天人合一处积累?
> 猎奇探密,你是否想在天坑溶洞处体验?
> 旅游文化,你是否要在名胜古迹处饱飨?
> 友情对话,你是否愿在古乐低徊处链接?

"善待自己,沐浴健康"专题乐业-凤山生态康养游满足您以上所有的愿望,除此之外,该活动还是不良情绪的释放剂,是疾病治疗的增效剂,是疾病康复的促进剂。且不拘泥于活动形式。

人们要建立起科学、全新的健康理念,提高自己的身心素质,为挖掘潜能、准确定位、快速成才提供载体,提供物质基础;要建立起科学的思维方式。健康的躯体有赖于科学的思维方式。人的意识和智慧能能动地作用于自

凤山路途中车窗外景观1

身的生理素质。正确的意识、科学的思维方式均能促进人躯体健康；而健康的躯体，又是形成科学的思维方式、产生人的意识和智慧的基础。两者互为依存关系。

凤山路途中车窗外景观2

思维方式决定人的生活方式，而生活方式的健康与否决定疾病是否发生。思维方式的差异，导致了行动的差异，而行动的差异，导致了结果的差异；人格特征决定思维方式，思维方式决定生活方式，生活方式决定健康与否。

乐业路途中车窗外景观 1

古希腊医学家希波克拉底曾说过："了解什么样的人得了病，比了解一个人得了什么病更为重要。"英国空想社会主义者约翰·格雷指出："身体的健康在很大程度上取决于精神的健康。"因此，心理健康又间接影响着生理健康,二者紧密联系在一起。

大家来用健康的理念指导自己的行动吧,加入"善待自己,沐浴健康"专题乐业－凤山生态康养游,相信您定能心有所悟,自有所得!

"善待自己,沐浴健康"专题乐业－凤山生态康养游并不是指哪个旅行社组织的专题旅行团,也不是为具体哪个旅行团而做的宣传,而是所有生态康养游理念的统称。

乐业路途中车窗外景观2

假期正在叩响时间的大门,在工作、学习、生活相对空暇时,身体状况、经济条件允许的情况下,您不妨去乐业－凤山生态康养游。或挈妇或携夫或将雏,或伴着情侣,或与亲朋好友一起,参团旅游或自驾游,共同度过一段充满情趣的美好时光。

观赏自然风光、游览名胜古迹，自然使人心旷神怡，但不要忘记另一个目的，就是从生态康养游中得到一些启示。宋代王安石在《游褒禅山记》中有过感慨："古人之观于天地、山川、草木、虫鱼、鸟兽，往往有得，以其求思之深而无不在也。夫夷以近，则游者众；险以远，则至者少。而世之奇伟、瑰怪，非常之观，常在于险远，而人之所罕至焉，故非有志者不能至也。"通过生态康养游，可以丰富生活内容，增长知识，能从中悟出一些生活哲理，增长生存智慧，更加体会到它们的深刻含义，从而更好地工作、学习和生活，总结"三生"即生命、生存、生活的智慧及经验，提高自己的"三生"质量，对每个人来说都大有裨益。

生态康养游，触景生情，会产生对大自然的热爱，领略到祖国的江山如此多娇，爱国之心也会油然而生。

温馨提示： 老年人、未治愈的急慢性疾病患者、有精神病病史或癫痫病史的患者出行，均需要有人陪同、照料，不宜单独出行，以防不测。

①出行前的准备：出行之前，评估身况；养精蓄锐，应对劳伤；保持佳境，抵御邪上；带齐物品，以免罹恙；穷家富路，沐浴健康；提前进站，消除紧张；净空二便，排毒轻装。

②旅途中的准备：熟悉环境，避免外伤；假期旅行，保健要方；老人旅行，保健要方；患者旅行，保健要方；人在旅途，享寿衣尚；享寿食尚，享寿住上。

③返回前的准备：平抑激情，免情志伤；佳肴美味，避免吃伤；土特产品，卫生要讲；休养生机，快乐回往；"检修零件"，体强身壮；自我防护，平安返乡。

赋诗一首聊表对乐业－凤山生态康养游的感触。

世界地质公园，
上佳山水田园，
生态养生绝版，
康养游者忘返。
人间仙境何处有，
增福添寿凤山游。
养生秘方何处寻，
凤山原始生态存。

凤山的美，时时刻刻，
凤山的好，实实在在，
凤山的食，吃吃喝喝，
凤山的宿，舒舒服服，
凤山的玩，乐乐呵呵。

凤山路途中车窗外景观3

（二）去"人一辈子不得不去的地方"

这里有两个世界级头衔：以喀斯特地貌景观为主题特色的世界地质公园和世界长寿之乡。因为地质自然资源稀缺、唯一而成为"世界地质公园"，因为顶级而成为"世界"，头衔不必多，但要世界级的。像这里一样拥有好的阳光、空气、水质、土壤、地磁环境的地方不少，但同时拥有世界地质公园、世界长寿之乡、国际长寿养生基地等世界级头衔的地方，全世界只有一个！

这里就是国际长寿养生基地——乐业－凤山联合国教科文组织世界地质公园园区核心景区联合生态旅游区。

1. 抵达世界地质公园的交通方式

乐业-凤山联合国教科文组织世界地质公园怎么去呢？目前有以下 4 种方式抵达。

（1）航空交通

广西的机场数量目前达到 7 个，形成以南宁、桂林、柳州为中轴，河池、百色为左翼，梧州、北海为右翼的一轴两翼机场协调发展布局。省会南宁吴圩国际机场交通便捷，往返直飞航班众多，2016 年起南宁机场共飞行航线 160 条，其中国内航线 126 条，国际航线 29 条，地区航线 5 条。通航城市达 102 个，其中国内城市 73 个，国际城市 24 个，地区城市 5 个。

国内航线通航城市：北京、哈尔滨、沈阳、大连、天津、石家庄、济南、青岛、郑州、太原、上海（虹桥、浦东）、南京、杭州、南昌、赣州、武汉、合肥、福州、厦门、温州、晋江（泉州）、长沙、乌鲁木齐、西安、银川、包头、成都、绵阳、重庆、昆明、贵阳、广州、深圳、珠海、揭阳、海口、三亚、兰州、长春、呼和浩特、西宁、常州、淮安、桂林、梧州、扬州、泰州等。

可以乘坐机场大巴或公交车或出租车往返机场和南宁市中心，高铁正在建设中。

广西航空网络覆盖全国各大城市，可进行中转。以乐业-凤山联合国教科文组织世界地质公园为中心 200 km 范围内分布有百色巴马机场，又称百色田阳机场，河池金城江机场。

广西百色巴马机场已开通至上海、天津、深圳、广州、桂林、重庆、长沙、海口等 8 个城市航线，航线布局基本实现直辖市、长三角、珠三角经济区的全覆盖。

百色机场大巴：广西百色机场→田阳汽车总站。或出租车往返机场和田阳县客运站。

河池金城江机场是一个 4C 级的国内民用支线机场，已开行重庆—河池—海口，西安—桂林—河池等航线。

（2）铁路交通

可以北京西—南宁东高铁、南宁—百色高铁、动车，云南、贵州、湖南、广东等入广西的多条铁路及田阳、百色、河池等邻近火车站为节点，进入乐业－凤山联合国教科文组织世界地质公园。

（3）公路交通

乐业－凤山联合国教科文组织世界地质公园面积 930 km^2，包括八大景区和两个博物馆，境内交通以公路为主，公路贯穿全区南北东西，现与邻近的各大中城市如南宁、百色、河池、田阳等地均已开通客运班车。

南宁市区西部的西乡塘客运中心、北部的安吉客运中心、东部的埌东客运中心、南部的江南客运中心，每天均有客运大巴班车走南百高速 300 km 左右直达乐业－凤山联合国教科文组织世界地质公园。

为保持景区内的生态环境，乐业－凤山联合国教科文组织世界地质公园景区交通主要以轻型交通工具为主或是徒步旅行。

（4）自驾车

乐业－凤山联合国教科文组织世界地质公园的交通以省道或县乡道公路为主，跨越贯穿两个县的部分地区。一般的交通路线是先到田阳或巴马，然后到达凤山，再到乐业。或者先到百色，然后到达乐业，再到凤山。

自驾游线路如下。

北京方向：北京 G107 → 连州 G323 → 柳州 → 南宁 G80 → 田阳 → 巴马 S208 → 凤山 → 乐业。全程约 2743 km（南宁至凤山，全程 351.2 km，途经南宁绕城高速、广昆高速、敢壮大道、瑞临线、208 省道，用时约 6 小时）。

上海方向：上海 G320 → 邵阳 → 桂林 G322 → 柳州 → 南宁 G80 → 同上。全程约 2293 km。

广州方向：广州 G324 → 南宁 G80 → 同上。全程约 957 km。

北海方向：北海 G325 → 南宁 G80 → 同上。全程约 623 km。

昆明方向：昆明 G324 → G80 → 田林 → 乐业 → 凤山。全程约 581 km。

贵阳方向：贵阳 G324 → 兴义 G324 → 田林 → 同上。全程约 644 km（贵阳至凤山，全程 473.4 km，途径龙洞堡大道、夏蓉高速、兰海高速、包南线、瑞临线、318 省道、891 县道，用时约 8 小时）。

南宁至乐业或凤山汽车总站只需要 6 小时左右的车程，进入乐业或凤山的长途客车，乐业或凤山县城通往各景区景点的公共汽车、出租车等，非常方便。乐业或凤山县城自县内通往各景区景点，最远不过 50 km 即 1 小时车程，不会有长时间旅途颠簸对身体的影响，交通工具有乐业或凤山汽车总站定时始发的公共汽车、定时班车、不定时中巴或微型汽车，还可以租中高低不同档次的小车或面包车或自行车等车辆出行，简单、方便。

乐业－凤山联合国教科文组织世界地质公园景点分散，为使您省心、省力、省时，您可以得到以邻近机场、火车站、汽车站等为节点，进入乐业－凤山联合国教科文组织世界地质公园到达住地或景点的接送或包车服务。

以上行程仅供参考，以当时资讯为准。让我们一起共享乐业－凤山联合国教科文组织世界地质公园的人间"净土"吧！

2. 世界地质公园住宿

参加生态康养游的人，可通过充分利用自然条件避寒暑、走山路、游览，使身体系统的功能得到锻炼。

在乐业－凤山去生态康养游，体验适宜康养的出行，可以选择如下3种以居住处为中心的生态康养游形式。

①住旅游景区（点）内的旅馆。白天可轻松、自由地到景区（点）内出行，拥抱大自然，在乐业－凤山这个大氧吧里呼吸清新的负氧离子，享受乐业－凤山长寿特色的美味菜肴，感受当地质朴的民风民俗，体验恬静快乐的生活，寻求康养之道。晚上自由参与各类文化、娱乐活动。

②住县城宾馆、旅社，档次任选。白天出行同上，晚上回县城，自由参与各类文化、娱乐活动。

③住旅游景区内的农家。白天出行同上，膳食上可以就地购买农副产品自行加工，也可请"东家"代劳。可选择住三门海景区盘阳河两岸村屯、鸳鸯泉景区九曲河两岸村屯、布柳河附近村屯、万寿谷景区喀斯特村庄、穿洞天坑景区火卖生态文化村、大石围天坑群景区周边的牛坪山庄、梅家山庄、百逢农家乐等地。

3. 康养游行程安排

世界长寿之乡，康养游者天堂。之所以叫生态康养游，就是在出游体验中处处以生态康养为目的，表现在活动主题围绕生态康养及行程安排考虑到健康宣教、心理调适、衣食住行、生活起居、合理膳食、休闲娱乐、动静结合、劳逸结合、生活方式、合理安排等诸多方面,放慢生活节奏,提高办事效率!

吃生态康养宴,
住生态康养店,
聆生态康养瀑,
游生态康养山,
购康养农特产,
悟生态康养禅。

适用于亚疾病或慢性非感染性疾病或一般中老年人群。运动量不大,但都是有氧运动;时间不急赶,但安排行程紧凑,出游深度体验充分。

本行程安排客观、理性、中立,只推崇生态环保的大自然,不为任何事情做代言。

游世界地质公园,
看沧海变成桑田,
吃原生绿色食物,
喝清新甘洌泉水,
吸沁人心脾空气,
穿舒适传统布衣,
住环保生态地方,
享生活长寿健康。

国际长寿养生基地并不是指某个楼盘项目或商业设施,是坐落于乐业－凤山世界地质公园园区核心景区联合生态旅游区的长寿养生基地的统称,尊崇自然、生态、环保、和谐的理念,是集住宿、餐饮、会议、娱乐、康养休闲、电商平台等多功能于一体的长寿养生主题高端精品度假基地。满足旅客衣、食、住、行、安、居、乐、业、享寿、食尚、神养、行养、形养、病养等需求(表4-1)。

表 4-1 国际长寿养生基地九日游行程安排

时 间		活动主题，行程安排
第 1 天	白天	报到。生态康养游者天堂、高品质生活者家园、国际长寿养生基地——乐业-凤山联合国教科文组织世界地质公园园区核心景区联合生态旅游区
	17:00—18:00	体验适宜康养的食物。晚餐，凤山主要特色食疗，吃在自然界中处于食物链最下端加工少的自然、完整、新鲜、简单的食物，与其他同类品种比较，同种物质，另类品质。食材是在特有生态环境下环保、安全的土壤中生长出来的天然绿色食材，具有丰富的营养价值和突出的医药保健功能，是制作美食的主要原料
	18:00—21:00	体验适宜康养的公共安全。遵循"奉献、友爱、互助、进步"的志愿者精神，相互结识、交流。以志愿为媒，广交朋友，广泛交流，建立友谊，增进友情，奉献友爱，促进健康，回馈社会。友情在你我之间，亲情把大家温暖，人情我来帮你办，联结着你、我和大家
	21:00	体验适宜康养的人居环境、体验适宜康养的投资置业。休息，宿凤山园区，供选：农家客栈、疗养基地、度假山庄、宾馆酒店、康养公寓、别墅，以及集餐饮、娱乐、休闲、保健、住宿、购物、会务、商务、公务、票务等多种服务为一体的综合性挂牌国家星级酒店。来到园区，住的是用环保建材建设的大客房，有七星级饭店的舒适而无其奢华，有小旅馆的经济实惠而无其不便。营造出清、净、洁、悟的氛围。离开园区，通过电商平台可以延续享用原产地国家权威机构认证标志品牌的安全、绿色、有机食品
第 2 天	6:30—7:00	起床，净空，洗漱
	7:00—8:00	体验适宜康养的食物。早餐为食材原生态、营养丰富、搭配合理的美食
	8:00—9:00	体验健康加油驿站。坐公交车前往三门海景区

续表

时　间	活动主题，行程安排
第2天	
9：00—11：30	豁然洞悉长寿密境。游览三门海，"人在画中游""超级盆景"，体现出独有的生态美、自然美、科学美和艺术美，美不胜收
11：30—13：00	体验适宜康养的食物。午餐为壮族农家特色养生宴、簸箕菜等。美食吃货的诱惑世界。休息
13：00—13：30	游玩娱乐极乐世界。坐景区免费观光电瓶车前往万寿谷景区
13：30—17：00	拜"长寿神"。游览万寿谷，负氧离子浓度极高，含6万～10万个/cm^3，睹神奇灵验、众生朝拜的洞中"长寿神"，赏对生长环境要求极高的"长寿草"，观世界上已知跨径最大的天生桥、最高最长的洞内峡谷长廊等
17：00—18：00	体验适宜康养的食物。晚餐为凤山主要特色食疗
18：00—21：00	讨论、交流、讲座、咨询等
21：00	同第1天
第3天	
6：30—7：00	起床，净空，洗漱
7：00—8：00	体验适宜康养的食物。早餐为食材原生态、营养丰富、搭配合理的美食
8：00—9：00	体验梦幻生活栖息地。坐公交车前往万寿谷景区
9：00—11：30	饮源头弱碱性泉水。徒步走盘山路前往社更穿洞，前往绿色掩映的弄蚕屯，走山间台阶至中国工农红军第七军兵工厂遗址、马王洞前往三门海
11：30—13：00	体验适宜康养的食物。午餐为壮族农家特色养生宴。美食吃货的诱惑世界。休息
13：00—13：30	长寿秘密，探究有益。疾病赶走，长寿享有。坐景区免费观光电瓶车前往同寿山水景区
13：30—17：00	体验呼吸沁人心脾。游览同寿山水，负氧离子浓度极高，含6万～10万个/cm^3

续表

时　间		活动主题，行程安排
第3天	17:00—18:00	体验适宜康养的食物。晚餐为凤山主要特色食疗
	18:00—21:00	讨论、交流、讲座、咨询等
	21:00	同第1天
第4天	6:30—7:00	起床，净空，洗漱
	7:00—8:00	体验适宜康养的食物。早餐为食材原生态、营养丰富、搭配合理的美食
	8:00—9:00	体验沧海变成桑田。坐公交车前往万寿谷景区
	9:00—11:30	置身天然超大氧吧。徒步走盘山路前往社更穿洞，前往绿色掩映的弄蚕屯，走山间栈道鸟瞰水上天坑前往三门海
	11:30—13:00	体验适宜康养的食物。午餐为壮族农家特色养生宴。美食吃货的诱惑世界。休息
	13:00—14:00	不良情绪的释放剂，疾病治疗的增效剂，疾病康复的促进剂。坐公交车前往凤山县城
	14:00—17:00	体验适宜康养的环境。县城观光，自由、自主采购丰富的绿色生态长寿食品或中草药，如火麻、山核桃、板栗、油茶、水稻、玉米、薯类、南瓜、黄豆、野生香菇、竹笋、柑橘、枇杷、山茶花蜂蜜、八角、油鱼、土鸡、黑山羊、香猪、黑山猪、众多品种的野菜、矿泉水、野生繁殖的岩黄连、小叶榕、板蓝根、益母草、铁皮石斛、枇杷、灵芝等，其中有的为名特优农产品保护品种
	17:00—18:00	体验适宜康养的食物。晚餐为凤山主要特色食疗
	18:00—21:00	讨论、交流、讲座、咨询等
	21:00	同第1天
第5天	6:30—7:00	起床，净空，洗漱
	7:00—8:00	体验适宜康养的食物。早餐为食材原生态、营养丰富、搭配合理的美食
	8:00—11:30	俨然人间仙境，宛如世外桃源。坐车前往江洲长廊景区，游览大自然隐喻生命之初的阴阳山、大自然鬼斧神工的天生桥

续表

时　间		活动主题，行程安排
第5天	11：30—13：00	体验适宜康养的食物。午餐为壮族农家特色养生宴。美食吃货的诱惑世界。休息
	13：00—17：00	体验低水平、高质量生活。坐车前往鸳鸯泉景区，游览鸳鸯泉、鸳鸯洞、云峰洞，观奇异现象的鸳鸯泉，赏鸳鸯洞内中国第一、世界第二的高达36.4 m的石笋。云峰洞内触古城墙遗址，观古监狱遗址，鸟瞰县城全景
	17：00—18：00	体验适宜康养的药食同源食物。晚餐为凤山主要特色药膳，不同体质的人因时、因地、因人、因病之不同而辨证用膳，可以吃到基本烹调风格以美味为基础、以古雅清逸的外形为外延、以养生为内涵的凤山养生特色药膳系列必尝菜品
	18：00—21：00	讨论、交流、讲座、咨询等
	21：00	同第1天
第6天	6：30—7：00	起床，净空，洗漱
	7：00—8：00	体验适宜康养的食物。早餐为食材原生态、营养丰富、搭配合理的美食
	8：00—11：30	体验保障健康长寿的要素。步行前往穿龙岩，参观世界地质公园博物馆
	11：30—13：00	体验适宜康养的食物。午餐为凤山农家特色养生宴。美食吃货的诱惑世界。休息
	13：00—17：00	体验适宜康养的文化休闲。机动
	17：00—18：00	体验适宜康养的食物。晚餐为凤山农家特色养生宴
	18：00—21：00	讨论、交流、讲座、咨询等
	21：00	同第1天
第7天	6：30—7：00	起床，净空，洗漱
	7：00—8：00	体验适宜康养的食物。早餐为食材原生态、营养丰富、搭配合理的美食

续表

时间		活动主题，行程安排
第7天	8:00—11:30	人活百岁不难也不易。坐车前往乐业县
	11:30—13:00	体验适宜康养的食物。午餐为磨里农家特色养生宴，如清水河鸭等，食材制作简便，用最简单的方式烹煮自然的食物，享受到食物原本的滋味，原汁原味，"食"事求是，营养丰富，体现出生命、生存、生活的智慧。美食吃货的诱惑世界。休息
	13:00—17:00	体验高品质生活。坐车前往布柳河景区，游览仙人桥水上天生桥
	17:00—18:00	体验适宜康养的食物。晚餐为乐业农家特色养生宴
	18:00—21:00	讨论、交流、讲座、咨询等
	21:00	同第1天
第8天	6:30—7:00	起床，净空，洗漱
	7:00—8:00	体验适宜康养的食物。早餐为食材原生态、营养丰富、搭配合理的美食
	8:00—11:30	体验人与自然和谐相依。坐车前往大石围天坑景区，游览坑底原始森林面积世界第一的"心形"大石围天坑，以及与大石围天坑相连接的溶洞蚂蜂洞
	11:30—13:00	体验适宜康养的食物。午餐为乐业农家特色养生宴。美食吃货的诱惑世界。休息
	13:00—17:00	传奇见闻值得探索。坐车前往罗妹莲花洞景区，游览罗妹莲花洞
	17:00—18:00	体验适宜康养的食物。晚餐为乐业农家特色养生宴
	18:00—21:00	讨论、交流、讲座、咨询等
	21:00	同第1天
第9天	6:30—7:00	起床，净空，洗漱
	7:00—8:00	体验适宜康养的食物。早餐为食材原生态、营养丰富、搭配合理的美食
	8:00—10:00	步行至县城中部，参观世界地质公园博物馆
	10:00—	山水放飞愉悦心情。返程，结束愉快行程！值得无数次故地重游人间仙境

温馨提示：

①健康和安全永远都是第一位的。不要安全就等于不要健康。有备未必无患，无备必定大患！安全没有保障，健康从何而来？！《颜氏家训》曰："养生者先须虑祸。"平安是福，康养是禄，福禄要双全！

②"走路不看景、看景不走路""一慢、二看、三通过"在日常生活中同样适用。先看后行，看上下左右中。上看是否有低垂的物品，防止碰头；下看台阶、缝隙、不平地、瓜果皮、障碍物，防止跌倒、夹伤、崴脚、滑倒、绊倒；左右看是否有移动的物品向自己过来；中看自己所带物品能否顺畅通过的宽度，防止剐碰物品拽倒自己。看清安全标志，注意身边不安全因素，与危险物品保持一定安全距离；留有足够活动空间，防止拥挤时无缓冲余地；开水不要接满，按满杯的2/3量即可，防止溢洒引发烫伤；高个子人要防一般人不用担心的碰头；孕妇与周围人和物品保持一定安全距离，留有缓冲余地，防止硬伤；老年人行动要缓慢、稳步，留有反应余地；避开人多的地方，防止被人群挤倒、撞倒造成骨折。

③老年人、未治愈的急慢性疾病的患者、有精神病病史或癫痫病史的患者出行，均需要有人陪同、照料，不宜单独出行，以防不测。

④外出必带物品：身份证、手机、钥匙、卫生纸、钱（谐音：伸手要纸钱）。

所带物品的原则：可带可不带的不带，物品尽量要体积小、袖珍迷你，重量轻，多功能、一物多用。

通过到乐业-凤山去生态康养游，体验适宜康养的出行。

五、生——体验适宜康养的环境

乐业-凤山人的生活水平普遍偏低，但是生活质量却很高。乐业-凤山已不再是贫穷的象征。它带给世人更多的是精神上的向往和留恋。

海拔高度适中，远红外线丰富，年均气温适中。人体内的新陈代谢、生理节奏和生理功能都处于最佳的状态，人感到很舒适。乐业-凤山居民长期在这样优越的气温条件下生活，得到最佳环境温度的支持，加上其他有利因素的影响，所以长寿老年人多，而成为世界长寿之乡，也就不足为奇了。

适宜康养的环境

　　气候凉爽宜人。既不存在我国长江中下游那样酷热难耐的夏季，也没有东北三省那样冰天雪地、寒风凛冽的冬季；既不像我国西部干旱沙漠气候那样干热如火，也没有我国东南部沿海地区梅雨季节的湿闷难受。乐业－凤山一年到头都是黄金季节。

　　空气质量好，负氧离子长期维持在相当高的浓度，是一个天然的大"氧吧"。负氧离子可以吸附、中和被污染的空气中带正电的悬浮微粒——工厂废气、烟雾等有害物质，使其落地成埃，洁净空气。空气负氧离子有利于人体健康毋庸置疑。它之所以对一些疾病有辅助治疗和康复作用，是负氧离子对人体各系统的直接生理影响的结果。乐业－凤山位于东南热带暖湿气流与北部干冷气湿相交汇的锋面上，雷雨天气较多，且多夜雨。雷电频率增加，有助于通过放电的作用，提高大气中的负氧离子浓度；另外，由于乐业－凤山山区海拔较高，植被好，拥有众多高大的洞穴，大气中极少存在有害化学尘埃污染，在山谷、林地、瀑布附近，负氧离子的浓度很高。负氧离子浓度高，

得天独厚的小气候区

是乐业－凤山长寿乡大气环境的重要特征之一。夜雨频率增加,使夜晚气温迅速下降,给人们提供一个有利于夜间休息和体力恢复的良好气候环境。

乐业－凤山地处热带和亚热带的地理分界线,也是高原气候与海洋气候的交汇区,属南亚热带至中亚热带季风气候区。独特的地理、地质条件,造就了乐业－凤山得天独厚的小气候区。

高品质的天然活性水,富含抗衰老元素的土壤。乐业－凤山的土壤、山泉水源中富含锌、硒等10多种对人体有益的微量元素,这些微量元素从土壤中进入各种食物,再进入人体,它们对人类的正常发育和健康长寿起着重要作用。

社更退化天坑4

地磁强度适宜。乐业－凤山是一个具有天然大磁场的地区,目前原生态地磁未被干扰,地磁作用极佳。地磁条件对人健康长寿现象的影响、对人的健康带来的益处参见本章"住——体验适宜康养的居所"有关内容。

食物原生态。食材自然生长,生长周期长,充分吸收自然界中的养分,不施加化肥、农药等,无污染,非转基因。

宇宙无边无际,天地间存在着各种各样、错综复杂的能量场,世间万事万物都在无声无息地享受这些能量场的恩赐。中华民族的先人把这种能量称为"气",并阐明这种无形之气"在天成象,在地成形"。

我们的先人还发现:人体与宇宙同构,天地

社更退化天坑5

是个大宇宙,人身是个小宇宙。天地分为阴阳,人体亦分阴阳,体内为阴,体表为阳;天地有五行,人体亦有五官、五脏;天分成十天干,表示一年地球绕太阳转一圈,人亦对应有十指;地分为十二地支,一年月亮绕地球十二圈,人亦对应有十二经脉。人体之气与宇宙之气可以交流,气在宇宙天地间回荡,气在人体经络中贯通运行。因此,中国古代的康养哲学讲求天人合一,阴阳调和。人的任何生命活动都要与天地自然相和谐,才能达到强身健体、延年益寿。而在地球上,有些地方,山环水抱,藏风聚气,自然调和天体宇宙气场、地理环境气场和人体生命气场,一形成就是康养的风水宝地。

原生态的环境综合作用的结果表现为人的寿命延长;长寿现象集中出现,反过来说明该地方环境好,适宜人类居住生活。

社更

笔者笔名江山的来由就是因初次到乐业－凤山有感而发起的,用姓名作的藏头对联——上联:江河湖海有水则灵。下联:山峰峻岭有山则仙。横批:江山如此多娇。

通过到乐业－凤山去生态康养游,体验适宜康养的环境。

六、老——体验适宜康养的养老

把时间"浪费"在生命上

把时间浪费在生命上,
没悟道,即误道,不迷茫,
生如白天,死如睡眠状,
快乐活,安乐死,不惆怅。

把时间浪费在生命上,
每时视最后一分钟档,

快乐生活健康生存棒，
上帝太忙，把我遗忘。

把时间浪费在生命上，
检点生活中点滴肮脏，
纠偏健康中微小羼恙，
修正人生中节段思想。

把时间浪费在生命上，
了解选择专注真所想，
充分学习提高能力方，
控制徒增烦恼精神项。

把时间浪费在生命上，
不为情所困心情舒畅，
不为爱所累身心松绑，
不为性所惑精神免伤。

把时间浪费在生命上，
最精神自由和幸福享，
理念同否均定交流况，
精神极简使生命延长。

把时间浪费在生命上，
不迷恋，不堆积，不莽撞，
买必要且最好入购囊，
可买可不买不必收藏。

把时间浪费在生命上，
节能环保绿色来减量，
不让找物花时间悠荡，

物质极简使生命延长。

把时间浪费在生命上，
充分使用不重复购享，
多功能便携耐用无妨，
只买能变成矢的存放。

把时间浪费在生命上，
为了多吃好吃吃好量，
舒适不奢侈，疾病预防，
消费不浪费，珍惜食粮。

把时间浪费在生命上，
纯天然原味食物入肠，
提高生活品质不说谎，
高智商，好生活，身心爽。

把时间浪费在生命上，
不盲从，不跟风，有立场，
明确对己最重要不忘，
欲望极简使生命延长。

把时间浪费在生命上，
不攀附，不将就，不黏状，
表达思想要直截了当，
感情极简使生命延长。

把时间浪费在生命上，
简单直接清楚写和讲，
多选用名词动词这俩，
表达极简使生命延长。

把时间浪费在生命上，
专业职业敬业专注闯，
放慢生活节奏心下放，
提高办事效率可松绑。

把时间浪费在生命上，
复杂问题简单化日常，
忙就会茫更会致"盲"，
赶着活的人必赶着亡。

把时间浪费在生命上，
不拖延，不抱怨，要自强，
专注追求，成就梦想，
工作极简使生命延长。

把时间浪费在生命上，
不结宿怨仇免得遭殃，
不招人嫌，工作靠希望，
不操闲心，生活靠健康。

把时间浪费在生命上，
我是一棵小草无名状，
今天你要是踩我头上，
明天我定会更加强壮。

把时间浪费在生命上，
买健康不如找好地方，
到处不住到处住佳房，
处处无家处处家康养。

把时间浪费在生命上，
放弃无用的社交瞎讲，
隐居生活细细来"品尝"，
生活极简使生命延长。

把时间浪费在生命上，
衰老袭来，笑对死亡，
生命不交别人来控掌，
运动营养可使身体棒。

把时间浪费在生命上，
不盲目追求利益趋忙，
健康快乐长寿去远航，
时间无价使生命延长。

把时间浪费在生命上，
屏蔽信息垃圾干扰防，
少而精，不受潮流影响，
信息极简使生命延长。

把时间浪费在生命上，
生命回归至最舒适状，
简至极致大智大美状，
极简生活使生命延长。

乐业－凤山联合国教科文组织世界地质公园集康养、观光、旅游、探险为一体。属亚热带季风气候，雨量充沛，干湿季节分明，年均降雨量1550.7～1356.4 mm，雨季为5—10月，年均气温16.4～19.2 ℃，7月最热，平均气温23.4～26.2 ℃；1月最冷，平均气温7.5～10.4 ℃；年均相对湿度79%～83%。园内地形起伏度大，高大的山体使入侵的冷空气受到削弱，气温年较差小，形成夏日清凉、秋高气爽的气候特点，十分适宜发展康养

社更穿洞3

游业,每年适宜康养游的季节为3—11月。

　　气候资源与众不同。乐业县属亚热带常绿阔叶林区,县城海拔970 m,是广西海拔最高的县城,四季如春,年平均气温16.3 ℃,冬暖夏凉,县城空气质量常年保持在二级以上,素有"天然空调"之美誉,是公认的旅游度假避暑胜地。

　　东晋葛洪《抱朴子内篇·黄白》载:"我命在我不在天。"

社更穿洞4

生命之存在、年寿之长短，不完全取决于天命，还取决于自身，即首先要使人体正气充沛。康养过程中努力发挥主观能动作用，完全可以达到健康长寿之目的。

例如，争取拿出一段时间，况且老年人已经有了时间条件，全身心地去参加生态康养游，通过享受清新的空气、清淡的饮食、清心的静养，置身于大自然中去康养。老年人有了充裕的时间，可以长时间在乐业－凤山进行生态康养游，更能显现出乐业－凤山康养的作用。

老年人由于自然规律的原因，一般已经无创造财富的能力，而只是在消费积存的养老资金。城市生活成本相对较高，远离都市喧嚣，到环境好的自然中去生活，还能省下一些钱，既能省钱又可康养，这不是一举两得吗？

通过到乐业－凤山去生态康养游，体验适宜康养的养老方式。

社更穿洞5

七、病 —— 体验适宜康养的康复

60岁以上的人,生理功能逐步衰退,身体免疫功能也处于逐步减退状态,头痛脑热是常有的事,慢性疾病常常伴随着老年人。康养具有非常好的调理效果。特别是非急性期疾病,能不用药的就不用药,是药三分毒,可能

刚到乐业—凤山的亚疾病者

社更穿洞 6

会对机体其他方面造成危害。此时,康养就显得尤为重要。当然,该用药就一定要用药,遵从医嘱。

有的人长期患有多种疾病,患病几十年苦不堪言。多次到乐业－凤山去生态康养游。原先身患疾病的,病情好转,神清气爽,获益匪浅。每次到乐业－凤山,都有不同的感受,都有不一样的收获,唯一不变的就是身体越来越健康。

类似这样疾病好转、健康恢复的真实事例不胜枚举。以上介绍的实例,不好以偏概全,但有一点值得正视,这些外地人,到乐业－凤山去生态康养游后,身体健康状况好转,并非借助药物治疗,而只是自然地静养调节,到底是何种因素在起作用?有待多学科的科学家们联合做深层次的探索与研究,绝对有说服力的谜底,依然未被揭示。

在乐业－凤山住上一段时间,身体的健康状况就发生了变化,这已不是捕风捉影的传说了。随着乐业－凤山长寿之乡知名度的日益提高,神奇的长寿现象，越来越引起世人的关注。全国各地到乐业－凤山去生态康养游的人络绎不绝，有的来自大都市的亚疾病中老年人，有的身患数十年的顽疾，其中不乏一些身患绝症、久治不愈的患者，走进这个养育寿星的殿堂——乐业－凤山长寿乡。

诚然，全世界只有一个同时拥有世界地质公园、世界长寿之乡等世界级头衔的地方，具有得天独厚的自然环境优势，不可复制，在长寿因素中占据重要地位。

那里的长寿老年人虽然文化程度不高，但都具有朴素的哲学观点指导日常生活。我们向百岁老人取长寿经，不能只靠克隆他们的做法，再者说长寿是多因素共同所致的结果，而是向他们学习辩证的哲学思想。

大众熟知的东西脏了要洗，大脑"脏"了，思维不健康呢？自然也需要"洗"，通过"洗脑"，建立全新的保障健康的理念与方式方法，真正达到预防为主。

患者需要注意的地方很多，更关心如何去做；保健的方法有千千万万个，也往往是商家推销商品的噱头，不花钱的保健方法是最容易被人们忽略的，但易学、实惠、行之有效，脱离了商业味道的保健，客观、理性、中立，只推崇生态环保的大自然，不为任何事情做代言，才是真正的保健。

经常有朋友向笔者咨询同一个问题，您研究养生近40年了，该如何保健养生，怎么康养比较好，笔者真不知该如何回答。提问的水平太高，这个问题让千千万的养生专家用万万千部书的内容也回答不完整。

笔者用自己的亲身体会告诉您十六字康养箴言："顺其自然，为所欲为，大道至简，因人而异。"

让每个人都掌握养生或保健学、营养学、卫生学和医学知识、成为营养师和医生不现实。没悟道，即误道。需要宇宙观的智慧。

"顺其自然"，不是被动地适应的意思，"自然"是"道法自然"中"自然"的意思，即指顺应自然规律，采取积极主动的态度，掌握自然界变化的规律，以防御外邪的侵袭。对外界各种事物的刺激顺其自然而适应；对外界事物的反应要顺之而去，千万不要为各种琐事伤透了脑筋、费尽了心机、挖空了心思。

"为所欲为"，不是为非作歹的意思，也不是由着性子行事的意思。第一个"为"是动词，"做或干"的意思，"欲"是"想要的或延伸为喜欢的"

的意思,最后一个"为"是名词,"做的事情"。"为所欲为"指做自己喜欢做的事。知行合一,不违心,不纠结。认识自己,悦纳自己;面对现实,适应环境;结交知己,与人为善;努力工作,学会休闲。同时具备生理健康、社会健康、心理健康,与世界卫生组织健康定义吻合。

"大道至简",有限的生命学无限的知识,不现实!要有大智慧,一通百通。若执念养生,本身就不养生。

"因人而异",方法有千千万万个,没有固定的模板和统一的标准答案,找到适合自己的方法就是最好的方法。

到不了乐业-凤山去生态康养游的人也不必郁闷、懊恼,适用于亚疾病人群或一般人群日常保健、适合各地人共性的康养通用要点如下。

(1) 1月

享寿:重点养肾,少咸添苦。宜滋补,苦、温。忌黏硬、生冷。

食尚:谷薯豆杂粮:燕麦、糯米、高粱米、黑米、红薯、薏米、黄米、小米、粳米、玉米、大麦、小麦、苦荞麦、莜麦、红豆、黄豆、黑豆、绿豆、豌豆、芸豆、淮山药、芋头、芡实。

鱼畜禽蛋奶:海鱼、甲鱼、鸡肉、鸡蛋、鸽肉、鸭肉、鹅肉、羊肉(禁与南瓜同食)、狗肉(禁与绿豆、杏仁、菱角同食)、海参、牛肉、牛奶、虾皮。

蔬菜副食类:大白菜、胡萝卜、白萝卜、青萝卜、水萝卜、南瓜、油菜、芹菜、生菜、土豆、蘑菇(包括香菇、草菇及平菇等)、藕、绿豆芽、黄豆芽、豆制品、紫菜、海带、黑木耳、百合、姜、蒜(禁与蜂蜜同食)、葱、香菜。

水果坚果类:柑、橙、橘、猕猴桃、苹果、甘蔗、山楂、枣、黑芝麻、核桃、杏仁、栗子、南瓜子、松子、莲子、枸杞、龙眼肉、茯苓、银耳、桂圆。

饮品其他类:蜂蜜、红茶。

神养:冬应肾而养藏。宜调摄不良情绪。

行养:宜早睡晚起,暖头、背、足,多晒太阳。

形养:打太极拳、大步健行。

病养:容易患寒病,防寒邪,病见脑血管疾病、心血管疾病、呼吸系统疾病、感冒、流行性感冒、肺炎、肺心病、脑脊髓膜炎、麻疹、风疹、白喉、腮腺炎、消化性溃疡等。夏病冬治。

备药:感冒清热冲剂、感冒软胶囊、板蓝根冲剂、止咳橘红丸、复方丹参片、人参健脾丸、六味地黄丸、气滞胃痛冲剂、通宣理肺丸、京万红软膏、伤湿止痛膏、跌打活血散。

（2）2月

享寿：重点养肝，少酸添甘。宜升补，辛、甘、温。忌酸涩、油腻、生冷、黏硬、刺激性、发物。

食尚：谷薯豆杂粮：陈粳米、玉米、大麦米、小米、薏米、黑米、黄米、高粱米、糯米、黄豆、红豆、黑豆、绿豆、豌豆、芸豆、淮山药、芡实、锅巴、燕麦、小麦、苦荞麦、莜麦。

鱼畜禽蛋奶：鲫鱼、鲢鱼、海鱼、甲鱼、乌骨鸡、鸡肉、鸡蛋、鹌鹑、鹌鹑蛋、猪肉、动物肝（禁与黄豆、豆腐、鱼同食）、牛奶、虾皮。

蔬菜副食类：水萝卜、香菜、蘑菇（包括香菇、草菇及平菇等）、韭菜、菠菜、荠菜、芹菜、油菜、春笋、香椿芽、黄豆芽、绿豆芽、豆制品、海带、紫菜、黑木耳、百合、黄花菜、豆豉、蒜（不宜生食，禁与蜂蜜同食）、葱（不宜生食）。

水果坚果类：猕猴桃、苹果、柑橘、枣、花生（宜煮不宜炒）、枸杞子、荔枝、芝麻、桑葚、核桃。

饮品其他类：蜂蜜、茉莉花茶。

神养：春应肝而养生，宜制怒疏泄。

行养：宜夜卧早起，穿宽松保暖的衣服忌大汗，衣着宜渐减、减衣不减裤、"下厚上薄"、"V"形装和"H"形运动装，室内宜栽吊兰。

形养：跳舞、打太极拳、大步健行。

病养：容易患温病，防风邪，病见支气管炎、肺炎、流行性感冒、肺结核、白喉、百日咳、麻疹、猩红热、伤寒、流行性脑脊髓膜炎、流行性腮腺炎、病毒性肝炎、心脑血管疾病等。

备药：羚翘解毒丸、板蓝根冲剂、双黄连口服液、感冒清热冲剂、感冒软胶囊、川贝枇杷露、复方丹参片、乳酶生、酵母片、跌打活血散。

（3）3月

享寿：重点养肝，少酸添甘。宜升补，辛、甘、温。忌酸涩、油腻、生冷、黏硬、刺激性、发物。

食尚：谷薯豆杂粮：陈粳米、玉米、小米、薏米、黑米、黄米、高粱米、糯米、黄豆、红豆、黑豆、绿豆、豌豆、芸豆、淮山药、芡实、锅巴、燕麦、大麦、小麦、苦荞麦、莜麦。

鱼畜禽蛋奶：鲫鱼、鲤鱼、海鱼、甲鱼、乌骨鸡、鸡肉、鸡蛋、鹌鹑、鹌鹑蛋、羊肉（禁与南瓜同食）、猪肉、动物肝（禁与黄豆、豆腐、鱼同食）、牛奶、虾皮。

蔬菜副食类：水萝卜、香菜、蘑菇（包括香菇、草菇及平菇等）、韭菜、菠菜、荠菜、芥菜、芹菜、油菜、小白菜、生菜、春笋、香椿芽、黄豆芽、绿豆芽、豆制品、海带、紫菜、黑木耳、百合、黄花菜、豆豉、蒜（禁与蜂蜜同食）、小葱。

水果坚果类：猕猴桃、苹果、柑橘、枣、花生、枸杞、荔枝、芝麻、桑葚、核桃。

饮品其他类：蜂蜜、茉莉花茶。

神养：春应肝而养生，宜制怒疏泄。

行养：宜夜卧早起，穿宽松保暖的衣服，忌大汗，衣着宜渐减、"下厚上薄"、"V"形装和"H"形运动装，室内宜栽吊兰。

形养：踏青、打太极拳、大步健行。

病养：容易患温病，防风邪，病见支气管炎、肺炎、流行性感冒、肺结核、白喉、百日咳、麻疹、猩红热、伤寒、流行性脑脊髓膜炎、流行性腮腺炎、病毒性肝炎、心血管疾病、过敏性疾病等，慢性病患者最容易复发。

备药：羚翘解毒丸、板蓝根冲剂、双黄连口服液、感冒清热冲剂、感冒软胶囊、川贝枇杷露、蜜炼川贝枇杷膏、复方丹参片、乳酶生、酵母片、气滞胃痛冲剂、跌打活血散。

（4）4月

享寿：重点养肝，少酸添甘。宜升补，辛、甘、温。忌酸涩、油腻、生冷、黏硬、刺激性、发物。

食尚：谷薯豆杂粮：陈粳米、玉米、小米、薏米、黑米、黄米、高粱米、糯米、黄豆、红豆、黑豆、绿豆、豌豆、芸豆、淮山药、芡实、锅巴、燕麦、大麦、小麦、苦荞麦、莜麦。

鱼畜禽蛋奶：鲫鱼、海鱼、甲鱼、乌骨鸡、鸡肉、鸡蛋、鹌鹑、鹌鹑蛋、羊肉（禁与南瓜同食）、猪肉、动物肝（禁与黄豆、豆腐、鱼同食）、牛肉、牛奶、虾皮。

蔬菜副食类：水萝卜、香菜、蘑菇（包括香菇、草菇及平菇等）、韭菜、菠菜、荠菜、竹笋、芹菜、油菜、小白菜、生菜、春笋、芥蓝、香椿芽、黄豆芽、绿豆芽、豆制品、海带、紫菜、黑木耳、百合、黄花菜、豆豉、蒜（禁与蜂蜜同食）、小葱。

水果坚果类：猕猴桃、草莓、樱桃、苹果、柑橘、枣、花生、枸杞、荔枝、芝麻、桑椹、核桃。

饮品其他类：蜂蜜、茉莉花茶。

神养：春应肝而养生，宜制怒疏泄。

行养：宜夜卧早起，穿宽松保暖的衣服，忌大汗，衣着宜渐减、"下厚上薄"、"V"形装和"H"形运动装，室内宜栽吊兰。

形养：春游、打太极拳、大步健行。

病养：容易患温病，防风邪，病见支气管炎、肺炎、流行性感冒、肺结核、白喉、百日咳、麻疹、猩红热、伤寒、流行性脑脊髓膜炎、流行性腮腺炎、病毒性肝炎、心血管疾病、红眼病等，精神病容易复发，谷雨节气以后是神经痛的发病期。

备药：羚翘解毒丸、板蓝根冲剂、双黄连口服液、感冒清热冲剂、川贝枇杷露、蜜炼川贝枇杷膏、复方丹参片、乳酶生、酵母片、气滞胃痛冲剂、跌打活血散。

（5）5月

享寿：重点养心，添苦减甜。宜清补，苦、温。忌油腻、厚味、过食生冷，少辛辣。

食尚：谷薯豆杂粮：苦荞麦、小米、粳米、玉米、大麦、小麦、燕麦、莜麦、高粱米、黑米、薏米、红豆、黄豆、黑豆、绿豆、豌豆、芸豆、芡实。

鱼畜禽蛋奶：甲鱼、青鱼、兔肉、鸡蛋、酸奶、虾皮。

蔬菜副食类：苦瓜、丝瓜、南瓜、西葫芦、佛手瓜、金丝瓜、瓠瓜、芹菜、菜花、扁豆、西红柿、黄瓜、茄子、青椒、小白菜、水萝卜、盖菜、莴笋、圆白菜、竹笋、豆制品、海带、紫菜、海藻、蘑菇（包括香菇、草菇及平菇等）、黑木耳、百合、姜、蒜（禁与蜂蜜同食）、葱。

水果坚果类：草莓、花生、山楂、杏、哈密瓜、桃、龙眼肉、杨梅、乌梅、核桃。

饮品其他类：绿茶、菊花茶。

神养：夏应心而养长，宜息火乐观。

行养：宜夜卧早起。

形养：放风筝、打太极拳、大步健行。

病养：容易患暑病，防暑邪，易发心血管疾病，小满节气是皮肤病的高发期。

备药：复方丹参片、蜜炼川贝枇杷膏、风油精、跌打活血散。

（6）6月

享寿：重点养心，添苦减甜。宜清补，苦、温。忌油腻、厚味、过食生冷，少辛辣。夏至后，重点养脾，添苦少甜。宜清补，苦、温。忌黏硬、油腻、厚味、过食生冷，少辛辣。

食尚：谷薯豆杂粮：苦荞麦、小麦、小米、粳米、玉米、大麦、燕麦、莜麦、高粱米、黑米、薏米、红豆、黄豆、黑豆、绿豆、豌豆、芸豆、芡实。

鱼畜禽蛋奶：甲鱼、青鱼、兔肉、鸭蛋、酸奶、虾皮。

蔬菜副食类：苦瓜、丝瓜、南瓜、西葫芦、佛手瓜、金丝瓜、瓠瓜、芹菜、菜花、洋葱、扁豆、架豆、西红柿、黄瓜、茄子、青椒、马齿苋、小白菜、水萝卜、圆白菜、土豆、豇豆、蚕豆、豆制品、海带、紫菜、海藻、蘑菇（包括香菇、草菇及平菇等）、黑木耳、百合、姜、蒜（禁与蜂蜜同食）、葱。

水果坚果类：草莓、花生、山楂、西瓜、杏、哈密瓜、桃、龙眼肉、杨梅、乌梅、核桃。

饮品其他类：绿茶、菊花茶。

神养：夏应心而养长，宜息火乐观。夏至后，宜静心养神健脾。

行养：宜夜卧早起，背心护胸背。

形养：海滨和山区旅游、打太极拳、大步健行。

病养：容易患暑病，防暑邪，病见心血管疾病、急性胃肠炎、口腔疾病等。夏至后，容易患湿病，防湿邪，病见急性胃肠炎、细菌性痢疾、流行性乙型脑炎等。夏季谨防食物中毒，夏至后还要谨防中暑。

备药：复方丹参片、诺氟沙星、牛黄解毒丸、银翘解毒丸、蜜炼川贝枇杷膏、气滞胃痛冲剂、风油精。夏至后，诺氟沙星、藿香正气软胶囊、银翘解毒丸、蜜炼川贝枇杷膏、气滞胃痛冲剂、金匮肾气丸、人参健脾丸、枳术丸、清凉油、风油精、跌打活血散。

（7）7月

享寿：重点养脾，添苦少甜。宜淡补，苦、温。忌黏硬、油腻、厚味、过食生冷，少辛辣。

食尚：谷薯豆杂粮：糯米、小麦、小米、薏米、大麦、粳米、玉米、苦荞麦、燕麦、莜麦、高粱米、黑米、淮山药、红豆、黄豆、黑豆、绿豆、豌豆、芸豆、芡实。

鱼畜禽蛋奶：甲鱼、青鱼、兔肉、鸭肉、鸡蛋、酸奶、虾皮。

蔬菜副食类：白扁豆、架豆、苦瓜、丝瓜、冬瓜、南瓜、西葫芦、佛手瓜、金丝瓜、瓠瓜、芹菜、甘蓝、西红柿、黄瓜、茄子、青椒、小白菜、水萝卜、圆白菜、土豆、豇豆、豆制品、海带、紫菜、海藻、蘑菇（包括香菇、草菇及平菇等）、黑木耳、百合、姜、蒜（禁与蜂蜜同食）、葱。

水果坚果类：草莓、花生、山楂、枣、西瓜、杏、哈密瓜、桃、荔枝、杨梅、乌梅、莲子、榛子仁、核桃。

饮品其他类：绿茶、菊花茶。

神养：长夏应脾而养化，宜静心养神健脾。

行养：宜夜卧早起，背心护胸背。

形养：游泳、海滨和森林旅游、打太极拳、大步健行。

病养：容易患湿病，防湿邪，易出现食物中毒、急性胃肠炎、细菌性痢疾、中暑、流行性乙型脑炎等。冬病夏治。

备药：诺氟沙星、藿香正气软胶囊、银翘解毒丸、蜜炼川贝枇杷膏、气滞胃痛冲剂、金匮肾气丸、人参健脾丸、枳术丸、清凉油、风油精、跌打活血散。

（8）8月

享寿：重点养肺，少辛添酸。宜平补，以润清燥。忌辛辣、刺激性、生冷，少食寒凉。

食尚：谷薯豆杂粮：新粳米、薏米、糯米、黄米、玉米、大麦、小麦、小米、燕麦、莜麦、黑米、高粱米、红豆、芸豆、黄豆、黑豆、绿豆、豌豆、芸豆、芡实、淮山药。

鱼畜禽蛋奶：鱿鱼、鲫鱼、泥鳅、乌骨鸡、鳖肉、鸭肉、鸭蛋、牛肉、酸奶、虾皮。

蔬菜副食类：丝瓜、冬瓜、南瓜、架豆、豇豆、白萝卜、圆白菜、茄子、小油菜、小白菜、水萝卜、西红柿、黄瓜、青椒、蘑菇（包括香菇、草菇及平菇等）、藕、豆制品、海带、紫菜、银耳、黑木耳、百合。

水果坚果类：香蕉、苹果、葡萄、橙子、柚子、橘子、芦柑、广柑、金橘、阳桃、杧果、石榴、柠檬、菠萝、荸荠、菱角、杏仁、梨、甘蔗、枣、枸杞、莲子、银耳、核桃、芝麻、花生、山楂、白果、橄榄。

饮品其他类：蜂蜜、豆浆、饴糖、乌龙青茶。

神养：秋应肺而养收，宜宁志乐观。

行养：宜早睡早起，缓穿缓脱，穿轻薄保暖又不感觉热的衣服，勤吐纳。

形养：打太极拳、大步健行。

病养：容易患燥病，防燥邪，病见霍乱、伤寒、支气管哮喘、心血管疾病、关节炎、肠道传染病、疟疾、流行性乙型脑炎等，旧病如胃病、慢性支气管炎、支气管哮喘等病容易复发。

备药：口服补液盐、银翘解毒丸、蜜炼川贝枇杷膏、气滞胃痛冲剂、复方丹参片、六味地黄丸、风油精。

（9）9月

享寿：重点养肺，少辛添酸。宜平补，以润清燥。忌辛辣、刺激性、生冷，少食寒凉。

食尚：谷薯豆杂粮：玉米、新粳米、薏米、糯米、小米、黄米、大麦、小麦、燕麦、莜麦、黑米、高粱米、红豆、黄豆、黑豆、绿豆、豌豆、芸豆、芡实、淮山药、芋头。

鱼畜禽蛋奶：虾、鱿鱼、鲫鱼、泥鳅、乌骨鸡、鳖肉、鸭肉、鸭蛋、牛肉、酸奶、虾皮。

蔬菜副食类：扁豆、架豆、丝瓜、南瓜、豇豆、豌豆、白萝卜、青萝卜、大白菜、圆白菜、茄子、油菜、小白菜、水萝卜、西红柿、黄瓜、青椒、蘑菇（包括香菇、草菇及平菇等）、藕、豆制品、海带、紫菜、银耳、黑木耳、百合、蒜（禁与蜂蜜同食）。

水果坚果类：香蕉、苹果、葡萄、橙子、柚子、橘子、芦柑、广柑、金橘、阳桃、杧果、无花果、石榴、柠檬、菠萝、荸荠、菱角、杏仁、梨、甘蔗、枣、枸杞、莲子、银耳、核桃、芝麻、花生、山楂、白果、橄榄、桂花。

饮品其他类：蜂蜜、豆浆、饴糖、乌龙青茶。

神养：秋应肺而养收，宜宁志乐观。

行养：宜早睡早起，缓穿缓脱，穿轻薄保暖又不感觉热的衣服，勤吐纳。

形养：秋游、打太极拳、大步健行。

病养：容易患燥病，防燥邪，病见霍乱、伤寒、鼻腔疾病、支气管哮喘、心血管疾病、关节炎、肠道传染病、疟疾、流行性乙型脑炎等，旧病如胃病、慢性支气管炎、支气管哮喘等病容易复发。

备药：口服补液盐、诺氟沙星、银翘解毒丸、感冒软胶囊、气滞胃痛冲剂、复方丹参片、六味地黄丸、跌打活血散。

（10）10月

享寿：重点养肺，少辛添酸。宜平补，以润清燥。忌辛辣、刺激性、生冷，少食寒凉。

食尚：谷薯豆杂粮：玉米、新粳米、薏米、小米、糯米、黄米、大麦、高粱米、小麦、黑米、燕麦、莜麦、红薯、红豆、黄豆、黑豆、绿豆、豌豆、芸豆、芡实、淮山药、芋头、莲子。

鱼畜禽蛋奶：虾、鲫鱼、鱿鱼、鲥鱼、泥鳅、乌骨鸡、鳖肉、鸭肉、鸭蛋、牛肉、酸奶、虾皮。

蔬菜副食类：白萝卜、胡萝卜、青萝卜、大白菜、莴笋、土豆、丝瓜、南瓜、豌豆、圆白菜、油菜、茄子、芹菜、水萝卜、蘑菇（包括香菇、草菇及平菇等）、藕、豆制品、海带、紫菜、银耳、黑木耳、百合、蒜（禁与蜂蜜同食）。

水果坚果类：香蕉、苹果、葡萄、橙子、柚子、橘子、芦柑、广柑、金橘、阳桃、杜果、无花果、石榴、柠檬、菠萝、荸荠、菱角、杏仁、梨、甘蔗、枣、枸杞、核桃、芝麻、花生、山楂、白果、橄榄、葵花子。

饮品其他类：蜂蜜、豆浆、饴糖、乌龙青茶。

神养：秋应肺而养收，宜宁志乐观。

行养：宜早睡早起，缓穿缓脱，穿轻薄保暖又不感觉热的衣服，勤吐纳。

形养：爬山、打太极拳、大步健行。

病养：容易患燥病，防燥邪，病见霍乱、伤寒、支气管哮喘、心血管疾病、关节炎、肠道传染病、疟疾、流行性乙型脑炎、消化性溃疡、感冒等，旧病如胃病、慢性支气管炎、支气管哮喘等病容易复发。

备药：口服补液盐、诺氟沙星、银翘解毒丸、感冒软胶囊、气滞胃痛冲剂、养阴清肺膏、复方丹参片、六味地黄丸、跌打活血散。

（11）11月

享寿：重点养肾，少咸添苦。宜滋补，苦、温。忌黏硬、生冷。

食尚：谷薯豆杂粮：燕麦、糯米、高粱米、黑米、红薯、薏米、黄米、小米、粳米、玉米、大麦、小麦、苦荞麦、莜麦、红豆、芸豆、黑豆、黄豆、绿豆、豌豆、淮山药、芡实、芋头、莲子、黑芝麻。

鱼畜禽蛋奶：海鱼、甲鱼、鸡肉、鸡蛋、鸽肉、鸭肉、鹅肉、羊肉（禁与南瓜同食）、狗肉（禁与绿豆、杏仁、菱角同食）、牛肉、牛奶、虾皮。

蔬菜副食类：大白菜、胡萝卜、白萝卜、青萝卜、黄瓜、南瓜、油菜、芹菜、土豆、蘑菇（包括香菇、草菇及平菇等）、藕、绿豆芽、黄豆芽、豆制品、紫菜、海带、黑木耳、百合、姜、蒜（禁与蜂蜜同食）、葱、香菜。

水果坚果类：柑、橙、橘、桔、甘蔗、山楂、枣、核桃、杏仁、栗子、南瓜子、松子、枸杞、龙眼肉、茯苓。

饮品其他类：蜂蜜、红茶。

神养：冬应肾而养藏。宜调摄不良情绪。

行养：宜早睡晚起，暖头、背、足，多晒太阳。

形养：球类运动、打太极拳、大步健行。

病养：容易患寒病，防寒邪，病见脑血管疾病、心血管疾病、呼吸系统疾病、感冒、脑脊髓膜炎、麻疹、白喉、腮腺炎等。

备药：感冒清热冲剂、感冒软胶囊、板蓝根冲剂、止咳橘红丸、复方丹参片、人参健脾丸、六味地黄丸、京万红软膏、伤湿止痛膏、跌打活血散。

（12）12月

享寿：重点养肾，少咸添苦。宜滋补，苦、温。忌黏硬、生冷。

食尚：谷薯豆杂粮：燕麦、糯米、高粱米、黑米、红薯、薏米、黄米、小米、粳米、玉米、大麦、小麦、苦荞麦、莜麦、红豆、芸豆、黑豆、黄豆、绿豆、豌豆、淮山药、芋头、芡实、莲子、黑芝麻。

鱼畜禽蛋奶：海鱼、甲鱼、鸡肉、鸡蛋、鸽肉、鸭肉、鹅肉、羊肉（禁与南瓜同食）、狗肉（禁与绿豆、杏仁、菱角同食）、海参、牛肉、牛奶、虾皮。

蔬菜副食类：大白菜、胡萝卜、白萝卜、青萝卜、水萝卜、南瓜、油菜、芹菜、生菜、盖菜、西红柿、黄瓜、茄子、青椒、土豆、蘑菇（包括香菇、草菇及平菇等）、藕、绿豆芽、黄豆芽、豆制品、紫菜、海带、黑木耳、百合、姜、蒜（禁与蜂蜜同食）、葱、香菜。

水果坚果类：柑、橙、橘、桔、猕猴桃、苹果、甘蔗、山楂、枣、核桃、杏仁、栗子、南瓜子、松子、枸杞、龙眼肉、茯苓、银耳、桂圆。

饮品其他类：蜂蜜、红茶。

神养：冬应肾而养藏。宜调摄不良情绪。

行养：宜早睡晚起，暖头、背、足，多晒太阳。

形养：打太极拳、大步健行。

病养：容易患寒病，防寒邪，病见脑血管疾病、心血管疾病、呼吸系统疾病、感冒、肺炎、脑脊髓膜炎、麻疹、白喉、腮腺炎等。

备药：感冒清热冲剂、感冒软胶囊、板蓝根冲剂、止咳橘红丸、复方丹参片、人参健脾丸、六味地黄丸、京万红软膏、伤湿止痛膏、跌打活血散。

通过到乐业－凤山去生态康养游，体验适宜疾病治疗的康养。

八、铭——体验适宜康养的人生

乐业－凤山联合国教科文组织世界地质公园是革命老区，是根据地的重要组成部分，在长期的革命斗争中，先辈们创造出无数光照千秋的伟大业绩，留下许许多多永不磨灭的印记。每一个印记、每一座丰碑，都鲜明地记载着乐业－凤山人民为革命不怕牺牲、前赴后继、英勇斗争的英雄事迹，把我们带到当年那硝烟弥漫和激烈战斗的艰苦岁月……

今天，我们沿着历史的足迹，走红军路，瞻仰先烈，拜谒先烈，就是追寻红军的足迹，重温革命历史，回溯根据地军民当年艰苦卓绝的斗争历程，深切地感受到党艰苦卓绝的奋斗史、波澜壮阔的革命史、可歌可泣的光荣史，缅怀先烈们的伟烈丰功，深切地感受毛泽东等老一辈无产阶级革命家对中国革命事业的巨大贡献。

虽然我们已看不到当年的滚滚硝烟，听不到当年的隆隆炮声，闻不到当年的血雨腥风，尝不到当年的酸甜苦辣，但是，透过字里行间，透过图片里斑驳的旧址遗物，透过旧址上那些斑斑点点的痕迹，我们可以想象他们当年为了广大人民群众翻身解放而战斗，为他们谋利益、让他们过上幸福的生活，想象他们所处的险恶生存环境，以及极度匮乏的物质生活，想象他们饱满的革命斗志和浴血奋战的悲壮场景，感悟到他们为国献身的伟大情怀和崇高品质。"英雄义举惊天地，烈士壮怀垂古今"从心底油然而生。学习红军的精神，红军精神永远激励后代人。

社更穿洞 7

通过走红军路生态康养游,作一次心灵的洗礼。生、老、病、死是人生的必然经历,对任何人都一样,关键是要正确对待生命、生存、生活。不为生活而养生,也不为养生而生活。只有为社会做出贡献,作为自然界中的匆匆过客,才能使人生在地球上,留下"到此一游"的痕迹。中国现代新闻记者、政治家、出版家邹韬奋曾说过:一个人光溜溜地到这个世界来,最后光溜溜地离开这个世界而去,彻底想起来,名利都是身外物,只有尽一人的心力,使社会上的人多得他工作的裨益,是人生最愉快的事情。

社更穿洞8

到乐业-凤山去生态康养游,你能体会到以往人们把简单的生活复杂化了,变得不再朴素。生活不外乎些柴米油盐、衣食住行。简单生活,一生快乐。"裸"活很乐活。乐业-凤山人的生活水平普遍偏低,但是生命质量却是很高的。

主动去康养成为可行。现在,人们生活水平普遍提高,交通发达,健康者和疾病患者完全有条件在一个短暂的时期,脱离不利于健康的气候环境,

社更穿洞9

到一个适宜人生存的环境中去生活,结合传统的养生理念,全身心地融入大自然的怀抱中;暂时离开使自己伤心的地方,采取迂回的办法,把情感和精力转移到其他活动上去,通过自我安慰、自我转化消除不良情绪的影响。

不良情绪犹如阴影笼罩着人们,对健康十分不利。生态康养游可让自己从紧张情绪里解脱出来,使焦虑悲观等不良情绪释放出来,积压在内心的不良心态得以改善,让肌体彻底放松,消除紧张的心情,通过自我宣泄从而释放自己的潜能,有利于健康,是不良情绪和潜能的释放剂。

生态康养游通过观赏自然风光,游览名胜古迹,使自己神清气爽,较好地清除了封闭的心理状态,使自己走向社会,融合于群体之中,有意无意间进行了自我心理调适,通过森林给自己提供新鲜空气,河水荡涤着自己的心灵,松涛虫鸣给自己带来无穷乐趣,鸟语花香给自己带来新的生机,可使自我心理调适"事半功倍",若与其他自我心理调适方法配合,效果肯定会"1+1＞2",对患者的身心健康大有好处,是自我心理调适的增效剂。

生态康养游,春天去郊野踏青,夏季去湖泊观荷,秋日登山赏红叶,冬令去雪野漫步,四时八令均有赏心悦目之事,重要的是有了这种休情闲趣。运动量不大,适合于绝大多数人,且不拘季节随时可行。春踏芳草地,夏步小河边,秋赏荷花淀,冬行松林间,各得其趣,既是一种运动也是一种憩息康养。通过变换环境,广阔的空间、绿色的树木、清新的空气自然使人心旷神怡,改变了以往的生活方式,培养了自制力,通过自我控制解除了压抑的心理,产生了许多联想与灵感,是自我心理调适的促进剂。

人一辈子在健康方面,经受不住栽大跟头,要吸取经验教训,借鉴康养方法,否则会出现白发送黑发的悲惨现象。

通过到乐业-凤山去生态康养游,体验适宜康养的人生。

九、安 —— 体验适宜康养的公共安全

凤山组织开展"文明单位""无毒村""五好家庭"活动和创建"安全文明村农户"活动,活动面100%,安全文明村达标率100%。加强社会治安综合治理,以村为单位划分为10个小区,群防群控。

在凤山,人们质朴纯粹、安居乐业,全县连续9年无重大治安案件,连续12年荣获"广西平安县",可以真正做到夜不闭户。

乐业-凤山社会治安"打、防、控"一体化建设,政治大局和治安大局保持持续稳定,分别获得"社会治安综合治理工作目标良好达标县""无毒县""平安乡镇""平安县"等。

乐业-凤山是一个多民族聚居的县,凤山境内居住着壮、瑶、汉、苗等9个民族,乐业境内居住着壮、瑶、汉等11个民族,党的民族政策,消除了历史上遗留下来的民族隔阂和民族矛盾,各族人民团结互助、和睦相处。百里寿乡一家亲,共同发展、共享繁荣。政府时刻关注民族问题,对难免出现的一些摩擦能做到及时解决,把民族矛盾解决在萌芽状态之中,实现民族平等,各族人民达到空前的团结。随着各族人民在社会活动中的交往日益密切,民族关系更加融洽。民族间通婚,各自的良好习俗互相同化,摒弃陈风陋习,各民族同胞正携手共同走上文明富裕的道路。

> **凤山县三门海基本站简介**
>
> 凤山县三门海基本站为广西"十二五"防震减灾重点项目广西地震烈度速报与预警系统项目新建的地震台,按无人值守方式设计与建设,2017年4月竣工投入观测。台址位于凤山县三门海镇坡心村弄残屯,台站经度107.0212°,纬度24.4090°,海拔高度590.0米,台基场地条件为基岩。台站配备加速度地震仪,观测数据采用移动无线网络实时传输方式。该台站主要用于测定地震对台站附近场地的峰值加速度,并为全区地震烈度速报与预警服务。

地震自动监测站

安全是长寿的前提,安全没有保障,长寿从何而来?!意外伤害,人就不能长寿;没有安全,再具备长寿的条件,长寿也是空中楼阁、无源之水、无本之木;没有健康安全,一切都只是零。

事实表明,自然灾害、突发灾难事件此起彼伏,出没无常;有增无减,负担日重;纷至沓来,层出不穷。每年大量的人死于自然灾害、突发灾难事件。而逃生是一个极为复杂的工程,它需要科学的技术和方法。普及健康安全科学知识,有益于提高全民健康安全意识;有益于消除人们盲目的恐慌,指导人们日常生活;有益于社会稳定与发展。编著科学合理、简便实用,并且能让人们快速掌握自然灾害、突发灾难逃生秘诀概貌的内容就很有必要,对国家、社会、个人都有益。

每个人都在祈求平安,但天有不测风云。灾害随时发生,危险随时出现,就在我们身边。当大灾难来临之际,无法控制时,逃生是唯一选择。只要冷静、机智地运用逃生秘诀,就有极大可能拯救自己,困境中获得第二次生命。平时多准备,险时少流泪。有些方法可能一生都用不到,有些秘诀可能一生只用一次;有的一生仅用一次的知识,可能会挽救一个或更多的生命。虽然某些灾难人类目前无法避免和控制,但掌握逃生秘诀,可将伤害降到最低。

危难关头如何去应对自然灾害、突发灾难事件,笔者根据多年来从事预防医学、临床医学、灾害医学、保健养生学、科学技术普及、健康咨询等方面工作的经验和体会,汇集了国内外最近研究成果,参考了大量有关文献,采用了事实证明有益的观点,创著出"三字经",内容涉及自然灾害、突发灾难等21个方面,并附有应急电话以备不时之需。希望有更多的人能在短时间内掌握书中内容,一语铭刻在心,终身受益,利用知识直面灾害、战胜灾难。由于古今中外资料来源甚广,篇幅所限,未能一一列出,在此一并感谢!

1. 自然灾害逃生秘诀

(1) 地震

定预案,常演练;熟移转,逃路线。

平时备,逃生链;在明处,放手边。

内容物,要备全:瓶装水,缩饼干;脱水菜,方便饭;淡干果,干麦片;听罐头,易开餐;防过期,定期换;收音机,全波段;调频、幅,袖珍显;数字式,加手电;电源靠,手充电;荧光棒,物鲜艳;救生绳,刀要含;厚手套,是棉线;附加强,橡胶垫;防灾帽,罩口脸;薄雨衣,应急毯;灭火器,伤药含;高频哨,中管钳;贵重物,加现钱;写血型,号电联;运动鞋,衣保暖。

经常要,排隐患;畅通道,利逃远;伤亡免,损失减。

地震到,镇静敛;电、火源,马上关;温、压管,关运转;阀门关,避爆燃;气、水、电,尽快关;毒气源,要监管。

据实况,异分辨;就近躲,要果断;阳台、窗,梁都远;勿站在,房中间;

不乱跑，勿慌乱；人多处，怕混乱；避人流，摔、挤免；拥挤乱，有危险；高楼跳，逃生难；夺门逃，最不选；除非是，快如箭；近外墙，少阻拦；

万一在，电梯间；各楼层，钮全按；一旦停，速离远；

电梯中，若被关；专电话，与外联；乘电梯，逃生难；在楼梯，速离远；力最弱，会形变；远地道，防塌陷。

点明火，勿随便；防空气，易爆燃；

应急灯，备用电；非紧急，勿来电。

"安全角"，身体蜷；小开间，把命攥；降重心，摔倒免；

护头颈，要害段；快护头，顶厚垫；

湿毛巾，口鼻掩；免窒息，防尘、烟；

灰尘大，忙闭眼；冷静选，抓物坚。

遇滚石，旁开散；远河、湖，避水边；防落水，因岸坍；开阔地，速移转。

车行时，抓紧点；防物品，砸伤免；正向位，护头面；反向位，身体蜷；护后脑，别忘干。

开车时，把速减；离桥身，要躲远；选空地，停靠边；离开车，躺车边；避难时，车窗关；车钥匙，插锁眼；锁车门，不要干；坏路桥，勿越穿。

未解除，震危险；返室内，勿随便。

以下处，皆危险；勿停留，要离远：

高大物，电线杆；广告牌，挂物悬；高烟囱，玻璃面；变压器，吊车边；窄街道，堆料边；女儿墙，危房边；水塔下，大树边；路灯下，电缆线；高耸物，高门脸；化工厂，堆瓦砖；高山脚，陡峭山；溶洞上，裂带断；立交桥，陡崖边；大水渠，河、湖边；地下水，位较浅；海沙滩，海面、岸。防次生，灾害显。

持续震，范围限；几步内，安全边；安全后，再离远。

若掩埋，坚信念；先自救，扩空间；

给生存，稳空间；勿大动，扬尘免；

若受伤，要止、按；稳情绪，不哭喊；勿急躁，等救援；存体力，生命延；若未救，长时间；节饮食，待外援；逃避险，要乐观；保精力，不耗完；无益动，死都冤；有人近，硬物弹；抓机会，与外联；防余震，增新险。

营救前，细盘算；

营救时，保安全；防工具，伤人员；防破坏，支撑间；新垮塌，再遇险；

要畅通，闭空间；露出头，施救先；呼吸道，畅通全；水降尘，窒息免；

若埋压，长时间；被救出，刺激免；深色布，蒙上眼；

拉拖拽，伤害严；快抢救，送医点。

地震后，有序散；快远离，保安全；

信谣言，就混乱；用头脑，理性断；

收音机，信息源；听广播，知全面；

伤情检，查隐患；找泄漏，禁火燃；

开电筒，进屋前；若泄漏，火花免；不要动，电开关；莫触摸，落电线；

电线损，断电源；塞下水，倒流免；

不安全，寻救援；心压力，要解缓；助自己，很简便；休息好，保睡眠；

要放松，勤锻炼；保营养，与患战；

有需要，向友谈；内心感，勿隐瞒；忘痛苦，勿强勉；与家人，同分担。

避难时，徒步赶；要穿鞋，防碎片；棉制穿，无化纤；

携带物，最少限；开车避，有危险。

（2）海啸

定预案，常演练；熟移转，逃路线。

经常要，排隐患；畅通道，利逃远；伤亡免，损失减。

地震时，快离岸；到高处，速避难；

海啸到，水席卷；多时后，可及远。

大海水，异常敛；海平面，降明显；海生物，留浅滩；勿观看，勿去捡；

海突然，涨落反；水泡冒，巨浪见；高或低，很明显；

最快速，离开岸；向内陆，高处转。

海上船，海啸卷；勿回港，勿靠岸；驶深海，相对安。

（3）滑坡（山体崩塌、雪崩、地面塌陷）

定预案，常演练；熟移转，逃路线。

经常要，排隐患；畅通道，利逃远；伤亡免，损失减。

不外出，不外干；要注意，地形变；地开裂，沉降面。

以下处，皆危险；勿停留，要离远：

陡峭地，斜坡段；山坡度，大过半；坡成凹，突危岩；孤山嘴，裂缝山。

滑坡体，下滑显；垂直于，滑坡边；

往侧外，快逃远；滑坡体，堆积圈；向两侧，高处赶；勿跑向，对面山；

尽快到，安全段；逃不及，躺沟坎。

朝雪崩，选侧面；向旁边，跑安全；抛弃掉，笨重件；

快逃生，口鼻掩；抓稳固，矗立岩；若冲下，爬雪面；逆流上，逃流缘。

（4）雷电

定预案，常演练；熟移转，逃路线。

经常要，排隐患；畅通道，利逃远；伤亡免，损失减。

以下处，皆危险；勿停留，要离远：

高大物，站旁边；孤凸出，制高点；空旷地，电线杆；高耸物，高塔边；天线塔，架空线；广告牌，挂物悬；暖气管，下水管；铁丝网，金属管；铁轨旁，铁栅栏；墙体面，湿墙壁；游泳池，湖泊面；敞开式，车或船；金属物，设备含；

无防雷，电器件；勿使用，要记全。

若赶上，雷电闪；关门窗，拔电源；

球形雷，防入窜；勿洗澡，手机关；干衣穿，远水面；

一定要，拔天线；水龙头，勿开关；

金属物，摘掉全；勿跑动，快离远；步小些，速度慢；

有距离，人之间；手和臂，离地面；

密集树，找安全；勿成为，最高点；马上蹲，降高点；拢双脚，膝臂蜷；头下俯，低凹选；勿平躺，在地面；

金属物，勿扛肩；金属壳，钻车船；

身带电，倒地面；

受伤者，防感染。

（5）暴雨

定预案，常演练；熟移转，逃路线。

经常要，排隐患；畅通道，利逃远；伤亡免，损失减。

清积水，断电源。

贴物走，防坑陷。

不外出，防洪添。

（6）洪水

定预案，常演练；熟移转，逃路线。

经常要，排隐患；畅通道，利逃远；伤亡免，损失减。

受蛊惑，易混乱。知洪水，先、后淹；洪水到，就近转；
避洪台，高地、山；泥坯房，不牢坚；若发现，电线断；速避远，防触电。
不得已，抓浮件；快设法，与外联；报位、情，寻救援；
别指望，游泳还；别指望，渡河还。
洪水后，仍危险；水急流，把膝漫；徒步越，逃生难。

（7）泥石流

定预案，常演练；熟移转，逃路线。
经常要，排隐患；畅通道，利逃远；伤亡免，损失减。
勿停、走，沟谷间；尤其是，下雨天；
越沟谷，先细观；安全后，再越穿；
大雨后，勿野玩；河沟中，勿劳干；
去野外，气象谙。
以下处，皆危险；勿停留，要离远：
河沟道，弯凹岸；地狭小，低凸岸；低平洼，沟谷片。
火车鸣，闷雷般；动静声，连不断；从深谷，沟内传；
下游水，突流断；有险情，冷静判；河突断，有危险；
水突大，枝草含；泥石流，即到前；向两侧，坡上转。
影响逃，物不敛；向沟谷，两侧蹿；向高坡，拼命颠；
向开阔，高地赶；路线寻，找最短；垂直于，流向蹿；
越高、快，机会添；
陡坡下，躲灾难；树枝上，逃生难。
勿站在，流岸边；为保命，勿观看；
河谷边，石后面；勿躲此，极危险。

（8）台风

定预案，常演练；熟移转，逃路线。
经常要，排隐患；畅通道，利逃远；伤亡免，损失减。
平时备，逃生链；在明处，放手边。
内容物，要备全：瓶装水，缩饼干；脱水菜，方便饭；淡干果，干麦片；听罐头，易开餐；防过期，定期换；收音机，全波段；调频、幅，袖珍显；数字式，加手电；电源靠，手充电；荧光棒，物鲜艳；救生绳，刀要含；厚手套，是棉线；附加强，橡胶垫；防灾帽，罩口脸；薄雨衣，应急毯；灭火器，伤药含；高频哨，中管钳；贵重物，加现钱；写血型，号电联；运动鞋，衣保暖。

查准备，要完善；居住区，要安全；
经常要，排隐患；低洼地，防被淹；
畅通道，利逃远；伤亡免，损失减。
台风前，重防范；门和窗，坚固检；都要关，捆牢栓；
危旧房，临时建；取挂悬，固定坚；
及时清，排水管；检设施，是否安；
海涂处，养殖员；险水库，危地段；涉人员，及时转；
河、湖、海、桥、堤、岸；勿上走，把命断；
台风区，勿游玩；勿游泳，到海滩；勿出海，勿驾船；
强风区，勿车赶；出海船，回港湾；就近避，躲患难。
台风到，镇静敛；
电、火源，马上关；温、压管，关运转；阀门关，避爆燃；气、水、电，尽快关；毒气源，要监管。
以下处，皆危险；勿停留，要离远：
高大物，电线杆；广告牌，挂物悬；高烟囱，玻璃面；变压器，吊车边；窄街道，堆料边；女儿墙，危房边；水塔下，大树边；路灯下，电缆线；高耸物，高门脸；化工厂，堆瓦砖；大水渠，河、湖边；海沙滩，海面、岸。
勿外出，行走慢；停集会，会议免；停集中，上课免；停高空，水上免。
防次生，灾害显；泥石流，防洪添；山滑坡，地形变。
防坏人，趁机干；护治安，备值班；
勿随意，气、水、电。

（9）龙卷风

定预案，常演练；熟移转，逃路线。
经常要，排隐患；畅通道，利逃远；伤亡免，损失减。
龙卷云，要会看；呼哨声，来自远；
乘汽车，遇龙卷；立停车，下车散；出汽车，要离远；防汽车，被风卷；风方向，相反安；
低洼地，体保全；快趴下，贴地面；
抱头蹲，小开间；地下室，藏里边。

以下处，皆危险；勿停留，要离远：

高大物，电线杆；广告牌，挂物悬；高烟囱，玻璃面；变压器，吊车边；窄街道，堆料边；女儿墙，危房边；水塔下，大树边；路灯下，电缆线；高耸物，高门脸；外墙壁，门窗边；化工厂，堆瓦砖；大水渠，河、湖边；海沙滩，海面、岸。

（10）沙尘暴

定预案，常演练；熟移转，逃路线。

经常要，排隐患；畅通道，利逃远；伤亡免，损失减。

门窗关，出门免；

蒙住头，戴罩面；不乱跑，空旷田；趴高坡，背风面。

以下处，皆危险；勿停留，要离远：

高大物，大树边；广告牌，挂物悬；高耸物，危房边。

（11）大雾

定预案，常演练；熟移转，逃路线。

经常要，排隐患；畅通道，利逃远；伤亡免，损失减。

门窗关，出门免；

戴口罩，不外练；户外事，不要干；

若外出，戴罩面；

车停靠，不向前。

（12）冰雪

定预案，常演练；熟移转，逃路线。

经常要，排隐患；畅通道，利逃远；伤亡免，损失减。

没急事，出门免。

（13）火山喷发

定预案，常演练；熟移转，逃路线。

经常要，排隐患；畅通道，利逃远；伤亡免，损失减。

喷发前，隆声传；冒蒸气，刺激伴；硫黄味，呛人喘；

戴头盔，防射弹；护目镜，防伤眼；

口和鼻，湿布掩；防毒罩，通气管。

喷发到，远熔岩；气状物，躲着点；

入水中，暂不喘；脱衣服，洗净算；

干净水，冲洗眼；

火山灰，滑路面；勿要走，峡谷线。

2．突发灾难逃生秘诀

（1）火灾

定预案，常演练；熟移转，逃路线；先记牢，不忙乱；公共地，记疏散。

平时备，逃生链；在明处，放手边。

内容物，要备全：防烟具，加手电；电源靠，手充电；荧光棒，物鲜艳；救生绳，刀要含；厚手套，是棉线；附加强，橡胶垫；防灾帽，罩口脸；薄雨衣，应急毯；灭火器，伤药含；高频哨，中管钳；贵重物，加现钱；写血型，号电联。

经常要，排隐患；畅通道，利逃远；便逃生，便救援；后路断，命危险；勿堆物，勿护拦；速通过，保安全；伤亡免，损失减。

火灾到，镇静敛；电、火源，马上关；温、压管，关运转；阀门关，避爆燃；气、水、电，尽快关；毒气源，要监管。

火势态，正确判；不盲目，勿往返；

勿拥挤，勿惊窜；随机变，快脱险；防侥幸，先安全；

逃、报、呼，结合干；

早报警，初火传；易扑灭，没事件；

消防车，未到前；快行动，扑救办；

灭火器，消防栓；常化险，转危安；

先救火，后运搬；片刻延，易成患。

家庭火，断电源；开门窗，不贸然；免对流，促蔓延。

据实况，异分辨；不盲从，勿慌乱；

火势小，楼下散；高楼逃，通道颠；

通道断，逆烟选；据风向，逆风散；

上风处，避焰、烟；到阳台，暂避险；

乘电梯，极危险；此道理，很简单；

梯电源，容易断；给救援，增加难；涌入梯，成火烟；

毒气呛，熏浓烟；

背后门，随手关；火浓烟，减蔓延；

湿衣被，把身缠；湿毛巾，口鼻掩；呼吸小，还要浅；

免叫喊，防毒烟；

匍匐逃，贴地面；床桌下，勿内钻；阁楼内，勿乱钻；壁橱内，勿乱钻；朝亮处，空地散；

逃生时，人流般；一只手，护胸前；承外力，用背、肩；另只手，毛巾缠；水沾湿，口鼻掩；防毒气，吸入惨；

安全道，来疏散；选简便，避危险；

身着火，勿打、煽；连打滚，灭火团；不乱跑，保安全。

火势大，若道断；逃生路，被切断；创避难，守待援；

逃不了，门窗关；湿床单，堵缝边；门已烫，水致寒；

卫生间，有水源；可燃物，水勤涮；水泼湿，隔火端；

使火、烟，缩空间；防火、烟，防蔓延；免砸伤，找方便；

害羞心，不用管；财和物，不贪恋；青山在，有柴攒；携带物，尽量减；寻贵重，费时间；

快速躺，滚墙边；沿墙壁，摸索前；

硬物敲，在白天；窗台边，晃鲜艳；

在晚上，亮手电；引注意，不停闪；暴露己，易发现；

选靠近，道路边；有窗户，口安全；近出口，择房间；便疏散，争取援；

逃生绳，用水灌；固定物，结实拴；

渔人结，快速编；不松脱，用安全；

脚绞状，夹绳辫；手交替，往下沿；护手心，滑降缓；顺绳滑，脱离险；

跳高楼，很冒险；跳矮楼，技巧专；除非是，准备全；消防员，救生垫；

选地面，落脚点；先抛下，厚床垫；厚棉被，沙发垫；抱松软，打大伞；冲击力，以减缓；徒手跳，抓窗沿；使身体，自然展；落差距，以缩短；手抱头，落地前；双膝曲，力缓弹；身体蜷，卷成团。

空旷地，转移选；把车停，立逃远；已离险，莫重返。

森林火，风向辨；风力看，火势判；

寻生地，避尘烟；平地卧，选无燃；

来不及，可避烟；湿毛巾，口鼻掩；

低洼地，不可选；坑或洞，积尘烟；

躲野兽，防被餐；

选逆风，逃路线；

若火围，在半山；速下山，忌上山。

航行火，急靠岸；自搁浅，稳定船；

往甲板，快疏散；救衣穿，放绳缆；据客观，定条件。

（2）交通事故（空难、沉船、车祸）

定预案，常演练；熟移转，逃路线。

经常要，排隐患；畅通道，利逃远；伤亡免，损失减。

乘飞机，近口安；靠过道，逃方便；

与家人，勿离远；安全带，学解栓；若空难，戴罩面；去利物，头低敛；腿分开，身体蜷；两手抓，双足端；防冲击，减风险；

记离口，有多远；逃到口，即便暗。

车遇险，护头面；速蹲下，身体蜷；

座椅背，当护板；若倾覆，随车翻；身固坚，座位间；

被挤压，拉拽险。

（3）毒气泄露

定预案，常演练；熟移转，逃路线。

经常要，排隐患；畅通道，利逃远；伤亡免，损失减。

毒气泄，口鼻掩；戴面具，防毒专；

勿恐慌，勿忙乱；泄漏物，比重判；

判毒源，风向辨；沿上风，逃路线；

远毒源，防飘散；

低洼处，滞留险。

（4）核辐射

定预案，常演练；熟移转，逃路线。

经常要，排隐患；畅通道，利逃远；伤亡免，损失减。

可疑物，勿拾捡；勿移动，勿开观；标记物，无人管；可能是，放射源；

放射线，看不见；设警示，速离远；

勿盲目，近危险；立即打，报警电；

要监管，勿围观；

听广播，了解全；不轻信，传谣言；勿恐慌，勿混乱。

近时内，辐射散；勿迎、顺，风向判；
避辐射，躲侧面；躲进屋，暴露限；
门窗关，通风关；地下室，隐蔽散；
屏蔽物，挡射线；混凝土，铁或铅；
戴口罩，口鼻掩；
当地人，急移转；有条件，速撤远；少接触，缩时间；减伤害，用稳碘；
控通路，进出关；污染衣，尽快换；小心脱，衣外面；
彻底洗，净身全；洗头发，洗手、脸；多饮水，促排便。
近日内，积地面；累积量，要避免；有计划，外搬迁；
本地物，产、储限；食和水，买卖限；畜牧业，用储餐；
勿裸露，体表面；
若体表，有污染；水淋浴，衣特管；彻底洗，衣更换；
污染物，防扩散；去污物，减污染；
受伤害，勿拖延；速救治，伤病员。
近期内，防随变；若停留，上风安；若出去，等安全；
勿前往，重污染；
防吸、食，被污染；污染物，勿肚含；放射物，间接染；事发地，去污染；
若怀疑，被污染；检测后，可判断。

（5）溺水

腹痛时，速上岸；
仰卧状，自疗先；拇指尖，穴位点；压中脘，或上脘；足三里，可替换；
热毛巾，腹部摊；
离岸远，仰泳般；一只手，腹部按；疼痛减，呼求援。
头痛时，速上岸；大拇指，穴位按；太阳穴，百会伴；列缺穴，都可按；
热毛巾，头部摊；喝热水，即好转。
头晕、胀，速上岸；休息好，保温感。
抽筋时，勿慌乱；深吸先，把头潜；入水中，背浮面；两手抓，两足尖；
往回拉，可多遍；硬上岸，适其反；
指抽筋，紧握拳；用力张，可多遍；
必热身，游泳前。
旋涡卷，勿慌乱；使身体，平水面；即加大，着水面；

还能保，体力延；

顺涡沿，蛙泳般；迅速冲，出涡旋；

忌直踩，水中潜。

呛水时，勿慌乱；摒静漂，在水面；

把头抬，出水面；调呼吸，平衡添；喉痉挛，命危险。

入淤泥，杂草缠；

术熟练，仰浮面；自解绊，两腿展；臂近体，仍浮面；掌划水，原路返；

解不脱，呼救援；

勿直立，手脚乱；越乱动，越深陷。

大风浪，风向辨；面避浪，侧吸边；

入水中，把头潜；浪头过，出水面；这时候，把气换；浪起伏，呼吸喘；相一致，同步换；

乘风浪，快向前；速靠岸，脱离险。

遇雷雨，快上岸；安全地，避灾难。

落水时，在乘船；应迅速，救衣穿；

发信号，求救援；

无他法，才弃船；若弃船，迎风选；

臂交叠，在胸前；救生衣，要压按；用双手，口鼻掩；入水中，寻安全。

（6）陷入沼泽和流沙

沼泽地，黑泥潭；水苔藓，像地毯；

似平地，湿松软；湿流沙，沙松散；

沙上面，看似干；看似坚，察觉难；一切物，皆吞餐；

草不生，迹象险；走上去，身下陷；

带棍棒，把路探；试地面，是否坚；

地面颤，绕道变；有树长，高地沿。

行走时，双足感；一旦觉，身下陷；体后倾，轻轻点；跌下躺，在地面；张双臂，重量散；尽可能，扩大片；身与沙，接触面；使身体，浮表面；勿挣扎，平卧般；

借力拉，移动慢；躺朝天，背泳般；

轻轻动，手足端；向硬地，移慢慢；

勿脱下，斗篷件；有可能，浮力添；

有手杖，沙中穿；可插在，体下沿；勿慌乱，移慢嫌；
若疲倦，四肢展；静不动，体不陷；
每动作，必慎干；让泥沙，有时间；填流到，肢底端；急速移，特危险；
只添乱，泥沙间；生空隙，身吸卷；进深处，命更悬；
有人援，静躺选；等绳棒，拉脱险。

（7）抢劫

定预案，常演练；经常要，排隐患；伤亡免，损失减。
要镇静，和缓谈；巧周旋，拖时间；
免对视，跑侧变；弃财物，人保全。
安全时，快警电。

（8）绑架

定预案，常演练；经常要，排隐患；伤亡免，损失减。
要冷静，勿心乱；保安全，和缓谈；巧周旋，时机选。
脱逃后，快警电。

应急电话

北京	本地
公安报警、地震救援：110	＿＿＿＿＿＿
火灾事故：119	＿＿＿＿＿＿
医疗急救、中毒事故：120 或 999	＿＿＿＿＿＿
交通事故：122	＿＿＿＿＿＿
燃气事故：96777	＿＿＿＿＿＿
供水事故、饮水污染：96116	＿＿＿＿＿＿
供电事故：95598	＿＿＿＿＿＿
供热服务：62357575	＿＿＿＿＿＿
邮政服务：11185	＿＿＿＿＿＿
社区服务：96156	＿＿＿＿＿＿
便民热线：12345	＿＿＿＿＿＿
防病咨询：64287788	＿＿＿＿＿＿
传染病报：64407018	＿＿＿＿＿＿
动物疫情：62013398	＿＿＿＿＿＿

消协咨询：96315　　　　　　　　　　_____

消费投诉：12315　　　　　　　　　　_____

环保举报：12369　　　　　　　　　　_____

城管热线：96310　　　　　　　　　　_____

天气预报：12121　　　　　　　　　　_____

气象灾报：8006101121　　　　　　　_____

电话查号：114　　　　　　　　　　　_____

注：①以上信息均来自官方资料，若有变化，请以最新发布的官方信息为准。

②请及时在横线上填入本地电话号码，以备不时之需。

通过到乐业－凤山去生态康养游，体验适宜康养的公共安全。

十、居——体验适宜康养的人居环境

深深的黑夜比墨还黑，伸手不见五指，只有天上布满数不清的一闪一闪的小亮点儿星星，地下分散不易计的一闪一闪的小亮点儿萤火虫，远处散落零星的一闪一闪的小亮点儿宅灯亮，近处偶尔可数的一闪一闪的小亮点儿电筒亮，在闪烁。

近处地上和遥远天上与远方群山间一闪一闪的小亮点儿交相呼应，在漆黑的夜晚格外醒目，形成苍穹一幅美丽的景象。

寂静的夜晚，死一样的沉寂，又黑又静令人恐怖，偶尔河边传来青蛙"咕咕"声，还有叫不上名字的动物"喔——"一声长鸣打破寂静的黑夜，若赶上顺风，远处隐隐传来地下河出水口日夜不停、川流不息潺潺流水声。

白天是养生人们的天堂，夜晚是蚊虫的天堂，都在尽情地享受着大自然免费提供的绝佳胜地。

清晨，烟雾缭绕，云蒸霞蔚。远处传来的流水声、近处传来的百鸟争鸣，还有叫不上名字的鸟清脆的叫声，似乎告诉人们我很快乐。

碧绿的河水清澈见底，从窗前蜿蜒流淌，不远处有渔民划着一小舟缓缓移动，仿佛在画中游。

河的两岸生长着一簇簇直拔七八层楼高的凤尾竹，和一棵棵像巨伞一样覆盖很大地表面积的古榕树，树根抱着石土，脉络恰似寿星手背上的血管交错凸现，向世人昭示着它千百年来经历的沧桑。

绵延不断的群山像披上了绿毯，山顶圆钝，奇特的山形好像馒头放在锅里。不远处，蜿蜒的公路宛如一条巨蟒缠绕着群山。云烟在半山腰缭绕，山形忽显忽隐。若盯住不远处绿色平坦地，你会发现缓慢移动的当地人在辛勤地劳作。半山凹上高耸的移动通信转播铁塔和高压输电铁塔，预示着这里早先曾有过人烟，也预示着现代文明与原始的大自然环境在这里交汇。

上午，太阳公公起床后，群山明暗分明。不时远处天空飘来朵朵浮云，忽似飞奔着的马头，忽像块块絮状棉花，东边日出西边雨，一天不停变换着景观。山区的天气如婴儿的脸一会儿一变。雨后山地变得墨绿，空气中散发着野草的清香，五颜六色的蝴蝶围绕着草丛，欢快地曼舞，河水中嬉戏着的野鸭尽情玩耍。

在蓝天白云的映衬下，远处绵延起伏的绿毯样的群山半腰间，你会发现零星散落点缀着小白点儿，那是当地少数民族世代繁衍生息的所在地。

中午，阳光透过云层漫射下来，温暖和煦，再加上阵阵风吹过河水拂面而来，沁人心脾。蝉高一声低一声地鸣叫，似乎对人们说我很惬意。

傍晚，蜻蜓在半空中犹如小直升机，一会儿停在半空中原地不动，一会儿飞来飞去，快活自如。火红的太阳西斜被高山遮挡住，刚才还大白天，一下子就黑了下来，短的似乎白天与黑夜没有个过渡，劳作的人们赶紧收工而息。

以上是一个到乐业－凤山去生态康养游的非文学爱好者，在实地看到实景后，对人居环境的客观白描，真实地反映了乐业－凤山的人居环境，丝毫没有用华丽的辞藻堆砌。手机随手一拍就能作为大片当作电脑屏保。

在凤山，春有桃树梨花油菜花，夏有青山秀水绿森林，秋有高天秋月黄金田园，冬有高山流水雾霭翻腾。总之，一年四季的春花秋月把凤山这片土地装扮得分外妖娆。

在乐业，除了天坑之外，还有布柳河仙人桥的雄伟壮观，罗妹莲花洞的幽静奇美，火卖民俗村热情纯朴的高山风情，牛坪民俗村如诗如画的田园风光，更有千山樱花竞开、万亩野兰争艳、漫山红叶映霞、遍地冰雪炫目的四季绝景……春花齐放，夏风送爽，秋韵绮丽，隆冬飘雪！无论您在什么季节来，都可以领略到乐业独特的"风、花、雪、叶"四季风光。

高起点加强城乡规划管理。按照建设"园林城市"和"优秀旅游城市"等生态、文化、宜居宜游的目标定位，在完成县城总体规划修编工作后精心打造一批特色村镇、新型村镇。

高起点实施城区骨架工程。按照"改造老城区、繁荣中心区、打造城南区、开发城北区"的思路，高标准建成一批具有人文特色的城市景观项目。加强县城绿化建设，提升县城品位，打造桂西北魅力山城，把县城建设成为独具特色的生态型旅游城镇。2015年乐业县城区面积拓展达到3.5 km^2。

高起点提升集镇品位。乐业县围绕兰花、茶叶、水果、中药材产业和旅游资源优势，培育花坪、新化、甘田、逻沙4个特色产业经济中心。南部以新化为中心，依托区位优势和茶叶资源，建成茶叶加工销售中心城镇；北部以幼平为中心，突出农产品加工，建成生态工业重镇；西部以花坪为中心，建成以旅游、建材为主的重点镇。

保护与管理。乐业－凤山联合国教科文组织世界地质公园受到国家和地方法律法规的保护，建立了多级管理的有效管理体系，在人员、机构、资金方面有保证，能够对地质公园实施有效的保护和全面的管理；乐业－凤山联合国教科文组织世界地质公园制定了相关规划，在规划中从不同的角度和层面对地质公园管理与保护提出具体规定与要求。

社区参与。村规民约是村落居民关于行为规范的约定，由居民共同制定、共同遵守，确保村落居民的生活、工作与地质公园的保护相一致，同时也着力于传统风俗及价值的保护。地质公园内社区居民在长期与环境和谐相处的同时也发展了一些传统的保护利用自然的方式，保持了村落与环境的和谐。通过村规民约来提高村民的自然保护意识，提高社区管理能力和自我约束力，为更有效管理当地生态环境、生态系统、自然资源等起到有效作用。

山是一座院，院是一座山。通过到乐业－凤山去生态康养游，体验适宜康养的人居环境。

十一、乐 —— 体验适宜康养的文化休闲

爱赋
——我愿

我愿，
时光倒流，
并非熟视无睹，
你在我心中青春永驻。

我愿，
时光停滞，
保鲜浪漫的爱事，
慢慢享有幸福日。

我愿，
光阴疾逝，
耄耋之年，
让一生佐证爱恋。

我愿，
变成放飞心情的风筝，
飞得再高再远，
一根心线总由你掌控。

我愿，
长成参天大树，
任你新鲜柔嫩的枝藤缠捆，

即使枯木也逢春。

我愿，
化做美丽的珊瑚岛，
再大再广袤，
情愿被我们的爱水湮罩。

我愿，
汽化为新鲜的负离子氧，
量再少浓度再低，
用生命沁你心脾。

我愿，
液化为长江，
虽终日川流不息，
却任承载着你玉体的舟徜徉。

我愿，
固化成磐石，
不畏斗转星移被风蚀，
将爱延续下去直至万世。

是谁值得我如此万世爱，是谁值得我愿如此变化，您一定想知道如此魅力、美丽的她是谁。朋友，悄悄地告诉您，只有山清水秀、天蓝地绿的乐业－凤山！

民俗文化。民俗节庆文化中最盛大的节庆之一是壮族的"三月三"，它是一个牵动少数民族情思的美好节日，是一个充满激情的民族狂欢节。其他传统节目有壮族铜鼓节、壮族歌圩、瑶族祝著节、盘王节等。山歌分为壮歌、汉歌和瑶歌3种，而壮歌分为北壮歌和南壮歌，瑶歌分为山瑶歌和蓝靛瑶歌。还有渔鼓、花竹帽舞、铜鼓舞、板鞋老舞、春榔舞、笋里舞、壮族蚂拐舞、诗歌及抛毯子、打陀螺、舞狮、武术、瑶族赛马、斗牛、斗鸟等民族文化活动。

高山汉、蓝衣壮、蓝靛瑶等多民族聚居，他们能歌善舞，保留了原始的民俗习惯，种蓝靛、织壮布、唱山歌、跳铜鼓舞、竹竿舞、打陀螺……民俗文化多姿多彩。

"壮族的歌，苗族的舞，侗族的楼，瑶族的节"展现出民族风情"四绝"的魅力。

世界地质公园内唱灯戏、以灯笼为主要道具，击乐伴奏，唱腔独特；瑶族的铜鼓舞节奏强烈，舞姿轻盈；壮族的唱春牛、板凳笼、褥草锣鼓及山歌对唱、酒歌等，均为颇具特色的民俗活动。壮、汉、瑶族石砌住房和壮族的木楼干栏建筑及黑衣壮、蓝靛瑶族服饰，壮、汉、瑶族的婚俗和祭祀文化、铜鼓文化、歌谣文化等均具有独特的地方民族特色。

主碑广场。凤山县民族风情浓郁，民族活动异彩纷呈。如山歌及歌会、舞蹈及铜鼓、抛绣球、服饰与婚姻、瑶族斗鸡，以及各种节日和宗教活动等，形成了浓厚的民族文化气息，吸引了来自全国各地的旅游康养朋友。

乐业拥有深厚的文化底蕴。乐业县境内居住的各族人民延承有各样民间文化，如壮人贺春、唱春牛、木偶戏、还愿戏、彩调剧、唱灯戏等，民间文艺还有吹八仙、串花说花文、酒会、对歌等。世界地质公园内现存古法造纸作坊两处，分别位于距大石围天坑8 km的同乐镇六为村的把吉屯、石灰窑屯。手工操作，以竹子为原料，这种魏晋时期古老传统的造纸术生产草纸具有较高文化历史价值。马庄乡的卡伦村母裡屯一直还沿袭着"女主外，男主内"亚母系氏族传统风俗。

在乐业县逻沙乡高山汉族聚居的地方，从清初便流传着一种载歌载舞、旋律优美动听的灯戏——逻沙唱灯。至今已有300多年的历史，它由当地的民间山歌、小调和灯笼、金钱棍、板凳龙、八仙舞等融合而逐步发展成为歌舞、曲艺及唱灯戏，以反映当地风俗民情为主，诙谐幽默、突出夸张，具有浓郁的地方特色文化。

乐业逻沙唱灯是既有别于云南、贵州的花灯，又与花灯有着千丝万缕联系的地方戏曲。因与贵州邻近，乐业逻沙唱灯受到贵州花灯的影响，其发生、发展的历史理应与贵州花灯的历史同步，但因为没有足够的文献或其他依据，不能轻率地妄下断语，因此，对乐业逻沙唱灯的历史渊源就只能从当地墓碑文和老艺人掌握的资料判定其发生、发展的历史。

乐业逻沙唱灯的发生、发展，经历了明末清初的产生、形成期，清中至民国的成熟、兴盛期，新中国成立初期至"文革"的新生转折期，"文革"期间的冷落、沉寂期，编纂集成的抢救、复苏期，以及实施"民保工程"的弘扬、振兴期。乐业逻沙唱灯自进入抢救、复苏时期以来，有了新的发展。1995年2月，乐业逻沙唱灯作为有地方特色的戏曲被编入《中国戏曲志》和《中国戏曲音乐集成》，列为我国第八个五年计划的重点科研项目之一。新千年以后，正在为争创乐业逻沙唱灯自治区级品牌而努力奋斗。

目前，乐业民俗旅游呈现出蓬勃发展趋势。除了马庄母裡屯神秘的亚母系氏族和逻沙唱灯外，乐业县还大力开发火卖生态文化村、把吉古代造纸术、布柳河沿岸蓝衣壮民族风情等一批人文景观，独特的民俗文化吸引了大批游客。

近年来，乐业县委、县政府高度重视民族团结创建活动和文化建设，始终把民族团结创建活动和文化建设作为社会主义新农村建设的一项重要内容和重大工程，统筹规划、整体推进。乐业县农村公共文化服务体系日臻完善，广大人民群众文化生活更加丰富多彩，充分享受到了文化建设的丰硕成果。

为进一步深入推进乐业县民族团结进步事业创新发展，乐业县举办壮族三月三暨卜隆古歌系列活动。活动以"共同团结奋斗、共同繁荣发展"为主题，通过民族服装展示、山歌对唱、特色美食展示等系列活动，讴歌党的十九大精神，唱响民族团结进步发展的社会和谐新气象。

2018年11月8日乐业县举行卜隆古街开街揭牌仪式，晚上又在县文化广场举行卜隆古韵歌舞晚会，为同庆乐业旅游特色街区开业，旅游发展更进一步。

品味乐业民俗风情。乐业是个多民族杂居的县，由于特殊的地理位置，得天独厚的自然资源，让乐业闻名于大江内外，各个民族世代传承的独特文化更让乐业独具魅力。

壮族人过春节一般会杀年猪、宰鸡鸭、互相拜年、请客吃酒席。布柳河流域的壮族人大年初一凌晨河边挑水的习俗却永葆自己与众不同的民族特色。除夕夜，布柳河流域的壮族人家都要全家守夜，点长明灯，香火不能断。到鸡鸣时分，大家就到河边挑水，在河边他们祈求六畜兴旺、五谷丰登，也有祝福家人来年身体健康、万事顺利等美好的许愿，而后就挑新年的头一担水回家，他们认为新年的第一担水是最吉利的信物，他们将用这一担水供全家人洗漱，预示着用一种崭新的面貌迎接新年的来临。用完这担水后，人人都要穿上新衣服走出家门，见老年人要叩头行礼，见孩童要给予压岁礼物祝贺。年轻人更是三五成群相邀到村外游戏，有的跳舞、有的唱歌……进行交友、恋爱等社交活动，情投意合的年轻男女会在这一天定下终身。

甘田舞龙乐陶陶。地处乐业县腹地的甘田镇小盆地，距离县城 26 km，地势平坦，村寨密集，风光旖旎。每年正月初一到元宵节，这里都不定期举行盛大的舞龙比赛和对山歌文艺节目。

舞龙在甘田镇是深受广大壮族群众喜爱的体育竞技活动，春节舞龙的习俗已有 300 多年历史。在舞龙比赛那天，参观的男女老幼，从四面八方不断涌来。在龙王庙宽阔的河滩上，有搭起看台的，有祭拜龙王庙的，有装扮龙灯、扎龙头、扎龙宝的，还有给舞龙画脸谱、装扮衣裳的，场面一片繁忙。在龙王庙前，每条龙都张口吐信、额有大角长、须发飘扬、神态威武，静候师傅点睛。当醒龙时辰一到，师傅念经祈福，求龙神保佑国泰民安、风调雨顺、五谷丰登等仪式后，就给每条龙点睛，此时每条龙都"活"了起来。大伙敲锣打鼓，鸣炮祝贺，护送群龙奔向预定的赛龙场地。

在赛龙场上，群龙列队，气势宏伟，蔚为壮观，锣鼓喧天，逐一表演。有金龙飞天、火龙戏珠、青龙伏地、白龙缠绕、蛟龙盘曲、双龙夺珠、蛟龙入海、三龙团圆、龙凤呈祥等多个节目，各尽风采。舞龙队精湛的技艺和浓郁的壮族的民族风情征服了现场观众，演出全程掌声和笑声不断，将整个舞龙场地变成了龙文化的海洋。

在赛龙场外，那些穿漂亮衣裳的青年男女，总是在人群里东张西望地物色着自己心仪的伙伴，一旦相中了，便走到对方的身边假装搭话，他们互相问答，情意相投的，没等到比赛结束就相依而去了。

近年来，甘田镇为全力打造文化之乡，塑造特色旅游名镇品牌，进一步弘扬和传承"舞龙"非物质文化。在市、县各种文化比赛中，甘田舞龙队摘金夺银，舞龙成为非常受观众欢迎的节目，得到广大群众的高度赞赏。

高山汉族"过早年"。乐业县板洪村利岗屯高山汉族群众有"过早年"的习惯。除夕早上的四五点钟，各家各户就会准备好饭菜，全家一起过个早年。这早年饭的特点是锅里的菜都以大、完整为主。长长的蒜叶象征着长寿，漂在汤面上的白菜叶预示着平平安安，拳头大的骨头偶尔露些小角于水面更是祈福来年大展身手。祭拜祖宗过后，大家热热闹闹地开始这顿早年饭。

这"早年"有历史来由。革命时期,土匪强盗猖獗,为了保护自己的家园,利岗屯的男人们组成一支抗击队,经常外出抗战。除夕临近,土匪们看准了家家户户会摆出储藏的食物,打算除夕早上偷袭利岗屯。屯里的男人们接到密报,早早计划着埋伏工作。到了除夕这天,村里的女人们担心丈夫当天不能回来,又希望能一起过年,于是提前吃了年夜饭。天未亮,女人们就开始准备饭菜,又因时间紧急,光线不够,只能将未来得及切的菜倒入锅中煮熟。饭后,男人们就出去打仗了。女人们在家里左等右等,焦心地整理青菜蒜叶,并不停地祈祷丈夫们能平安归来。或许是女人们的祈愿得到老天爷的顾怜,终于在晚饭前,男人们凯旋,大家欢欢喜喜过年。从此以后,利岗屯的人们便有了"过早年"的习惯,并延续至今。吃完早年饭,村民们相聚一堂,欢声笑语中一起置办糍粑、米花、黑粽、花生糖等食物,为春节增添喜庆。

运动全身心,行摄乐业地心之旅。美丽的乐业－凤山联合国教科文组织世界地质公园有不少户外的好去处。攀岩、漂流、徒步、摩托艇等都是国内比较传统的玩法了。另一种独特的地貌及运动是乐业天坑群、天坑速降。奇特的地貌造就了乐业县独特的气候资源,使乐业成为集观赏天坑奇观、生态旅游、科考探险、民俗采风、休闲度假于一体的旅游胜地。

地心之旅最让人期待的项目"一洞三坑"速降——降入地心,体验极限。速降,源自高山探险下撤保护技术,在抢险、运输和军事突袭行动中也经常使用,后来演化成与攀岩、蹦极类似的极限户外运动项目。

乐业天坑的"一洞三坑"速降包括冒气洞、大石围天坑、穿洞,还有白洞。其中穿洞天坑是普通游客都可以下到底的。但是其他的则不然,所以当我们通过速降的方式下到天坑不仅是在体验速降的刺激和快感,之后还可以观看到更多的美景及珍稀动植物。乐业大石围天坑不仅有神秘莫测的原始森林,还有奇美的溶洞奇观。这里一直是冒险者的天堂,到乐业大石围体验速滑,惊险与刺激并存。

金锁关位于乐业－凤山联合国教科文组织世界地质公园乐业园区百朗大峡谷的末端。《乐山县志》称:地近红河,两旁峭壁悬崖,路过洞中,大河经其下,洪涛巨浸,声震数里。天然锁匙,自昔称金锁关,列为乐业县八景之一。关中有一穿洞。昔日建有庙宇。

实现户户通电、村村通广播电视。

乐业和凤山寿乡文化广场,都地处县城中心。背靠青山,群山作屏,面

国际洞穴科学探险与世界水上天坑旅游基地

临碧水，潺潺流淌，把广场围成一个天然的活动场馆。寿乡文化广场具有中心集会、休闲娱乐、体育运动、儿童乐园、自然景观、历史文化等多功能。白天，生态康养游者或迈步于曲折的林荫小道或端坐石凳上，仿佛置身于乐业-凤山层层山峦、梯田和河流的大自然之中。当夜幕降临时，三三两两的人群从四面八方拥向广场，弹、唱、跳，自由自在，无拘无束，恰似万人露天舞厅。是生态康养游者健身、休闲、娱乐的好去处。

"三月三"歌节，是壮族人民的传统节日。每逢农历三月初三，人们便搭起歌棚，精心打扮到歌场对歌。壮族山歌调子歌词以七言、五言为多，押韵严谨，比喻贴切，含义深刻，用词诙谐。语言简练，言简意明、回味无穷。乐业-凤山调腰韵脚韵兼容。歌手一般随编随唱，连续歌词不重复。山歌牵动万人心，也牵动了青年男女的姻缘，通过对歌而自愿结婚的人更多了。

农历五月二十九是番瑶同胞的重大节日。"祝著"是二十九的瑶语音译。祝著节是瑶族人们庆祝始母诞生的盛大节日。男女老少身穿节日盛装，出门聚集庆祝。铜鼓敲响，鼓声阵阵，寓意着瑶寨五谷丰登、六畜兴旺……瑶族同胞酿制糯米酒，阖家团聚，欢歌笑语，唱歌、赛马、打陀螺，庆祝活动持续到夕阳西下，方尽兴而归。

另外还有布柳河古歌节、长桌宴。

壮、瑶各族都有各自独特的民族习俗，都以歌舞的形式，来表现对美好生活的追求，对生命的关爱。这些活动给人们带来精神寄托，陶冶了人们平和的心态，也带来了健康长寿。

知足者常乐，善笑者长寿。

饭养人，歌养心。当没有地方活动时，唱歌也是一种运动，通过腹式呼吸引起膈肌的升降，使得胸腹腔活动，可以使肺活量增加，吸入更多的氧气参与体内的新陈代谢，减轻疲劳程度，加速体力恢复，使血氧浓度提高，改善血液循环，牵拉内脏缓缓运动，起到按摩内脏的作用，增加回心循环血量。

时尚与传统的碰撞，产生新的效果，别有一番意境。一群年轻人在乐业-凤山游玩时嘴里哼哼的《盗将行》歌曲不知怎么变了词，即兴唱起自己改编作词的歌曲。

劫过九重山弯

我座下如针毡

看那绿油油的青山
白云碧水蓝天

绝佳山水田园
宛如世外桃源
全类型喀斯特景观
世界地质公园

岩石沉积时间
流水穿透空间
沧桑变化的是人间
和谐人与自然

全然不顾暑炎
合一的人地天
任汗水浸透了坐垫
换来金山银山

生态养生绝版
康养游者忘返
一次邂逅地质公园
徒步骑行登山

自驾穿越拓展
攀岩挑战探险
一生情缘乐业—凤山
摄影露营游玩

岩石沉积时间
流水穿透空间
沧桑变化是人间

　　　　和谐人与自然

　　　　全然不顾暑炎
　　　　合一的人地天
　　　　任汗水浸透了座垫
　　　　换来金山银山

　　　　加强人与地联
　　　　保护自然资源
　　　　绿色环保生态链
　　　　科普国家公园

　　　　入民间吃米线
　　　　笑看天窗落叶
　　　　持相机天坑拍雨燕
　　　　乘竹筏于洞前

　　　　入民间吃米线
　　　　笑看天窗落叶
　　　　持相机天坑拍雨燕
　　　　乘竹筏于洞前

　　一群操北方口音的在乐业－凤山康养游的中年人听到年轻人唱着流行调的曲子，不甘示弱呼应着，在山间栈道边走边说，表演起曲艺节目三句半。群山成为大舞台上演着节目，说学逗唱回荡在山间，同样也别有一番意境。

　　　　人来自东南西北，
　　　　都是好兄弟姐妹，
　　　　乐业－凤山会人瑞，
　　　　——真美！

布柳河水哗哗流，
一去向北不回头，
风景美如画两岸，
　　——自然！

乐业小路弯又弯，
康养游者登山巅，
登上山顶往下看，
　　——奇幻！

环山似凤凤皆山，
爬上山顶有啥看，
如丛如林的山峰，
　　——峰丛！

乐业—凤山走一走，
少数民族到处有，
风景民俗日程排，
　　——都爱！

凤山植被转着瞧，
咔嚓咔嚓不停照，
拍完照片当成宝，
　　——傲娇！

娇艳花朵不用栽，
漫山遍野轮着开，
赤橙黄紫花紧挨，
　　——别摘！

探秘溶洞登青山，

专心走路莫参观，
道路狭窄沟堑伴，
　　——危险！

观景康养俩都沾，
每天都往山里转，
地质现象抒己见，
　　——感叹！

白天参观不算完，
晚上回来继续谈，
认真回顾和精选，
　　——迷恋！

凤山多美食药膳，
簸萁菜好吃不完，
酸笋汤粉来一碗，
　　——解馋！

乐业—凤山要发展，
生态文明靠众建，
撸起袖子加油干，
　　——即办！

　　诙谐、幽默、风趣的对歌场面，唱者忘情，听者陶醉，乐开心怀。生活的坎坷，劳作的艰辛，思想上的苦恼等情绪，都会随着甜美的歌声化忧为喜。唱山歌能使人大脑的逻辑思维活跃，声带、胸腔得到适当的运动，特别是比试歌才的对唱，为了难倒对方，歌词不乏戏谑诙谐之意，逗得听众哄堂大笑，刺激人的神经而产生心理快感。释心的快乐和精神的满足，不论是歌师、歌手或者听众，都有快感的收获，都有心声的愉悦，无疑是延寿的秘诀之一。
　　幽默是一种积极的心理预防形式，善用幽默的人最健康，因为幽默能使人心情舒畅，能够调节人们神经中枢，有利于排泄积郁，解除疲劳和烦恼。

幽默的直接效果是产生笑意。笑是人的健康妙药，是最优美、最自然、最良好的自我保健运动。笑可以使人体内的膈、胸、腹、心、肺甚至肝脏得到短暂的运动锻炼，促进肌肉和五脏六腑舒适，能使人筋骨舒展，全身肌肉放松，有利于肺部扩张，呼吸通畅，促进血液循环，气血平和，消除大脑皮层和中枢神经的疲劳，调节人的情绪，心情愉快，人的大脑皮层调节机体生理活动的功能正常，各个器官也都能正常进行工作，并经常保持一定的储备力量，衰退现象的出现就会减慢和推迟，从而延长寿命。

笑是最良好的自我保健运动，适于全人类，将来奥林匹克运动会，没准也会增加此运动项目呢！然而是运动就有不适合参加的人。

唱歌也是运动，五音不全也要唱。既然是运动，不适合运动的情况就不宜唱。

民族体育项目包括射弩、打铜鼓、打陀螺等。

早在明代，瑶族就用弩狩猎、防御。那里的群众，家家户户都制有弩，男女老少皆善射。为保护野生动物，射弩后来逐渐发展成为瑶族人民群众的一项体育活动。每逢节庆、结婚、建房等庆典，常举行比赛。

打铜鼓约自宋代开始在民间流传，后发展为壮乡瑶寨的传统体育项目。每逢结婚、新房落成和重大节日，均有打铜鼓以作娱乐。

打陀螺是乐业－凤山境内各族均参与的民间体育项目。主要在秋冬农闲或饭前饭后进行。

有规律的活动，利用各种机会进行适当的运动，可以健全体魄、防病防老、延长寿命，是古往今来健康长寿的秘诀。世界万物，运动是永恒的。有规律活动，适当运动，使人健全体魄、防病防老、延长寿命。生命在于运动，生命在于静止，两者并不矛盾，因是从不同角度而言。动静不可偏废，应动静结合。能动就动动，尽可能动动。屁股别太沉，懒得动的结果就是，将来彻底动不了，想动都动不成了。但有些运动会透支健康。不运动锻炼和运动锻炼过度，这两个极端，一样对人健康有害。做任何事情，都要掌握好平衡关系，找到平衡点，拿捏好个度，才能天长地久。

通过到乐业－凤山去生态康养游，体验适宜康养的文化休闲。

十二、业 —— 体验适宜康养的投资置业

乐业-凤山是世界著名的长寿之乡。乐业-凤山这块人间"净土",长期以来"养在深闺人未知"。近年来才倍受人们的青睐和宠爱。越来越多的区内外、国内外的长寿养生科学研究者、研究生态康养文化人员、长寿现象探索者、长寿养生相关科技、生产、商企咨询者、长寿休闲养生的旅游者、史学资料收藏者、生态康养游者纷至沓来,络绎不绝,甚或趋之若鹜。或体验,或休闲康养度假,或考察探索,或观光探秘,或休养疗病。生态康养游逐年升温,乐业-凤山年接待游客数量呈逐年猛增势头。

乐业-凤山风光秀丽,气候宜人是出了名的。沿河两岸的村庄宁静而温馨。近几年来,为了开发乐业-凤山的生态康养游,一批农家旅馆、长寿村疗养基地、度假山庄、康养公寓、别墅,以及集餐饮、娱乐、休闲、保健、住宿、购物、会务、商务、公务、票务等多种服务于一体的综合性挂牌国家星级酒店,如雨后春笋般破土而出,应运而生,形成了一个庞大的生态康养游市场。随着乐业-凤山长寿之乡知名度的日益提高,全国各地前来乐业-凤山生态康养游的人络绎不绝。

乐业-凤山基础设施建设发展迅速,水、电、路、通信、文化娱乐等城市服务功能日趋完善,银行、保险、商业、学校、医院、广播电视、电脑网络等配套设施齐全。

乐业-凤山人民风淳朴、温良质朴、生性开朗、热情好客、尊老敬老、家庭和睦。

作为国家西部大开发地区的一部分,乐业-凤山在享受国家特殊扶持政策的同时,已经出台一系列有自治县特色的、更加宽松的适应西部开发的投资优惠政策,热忱欢迎国内外各界人士前来投资兴业、生态康养游。

若经常到乐业-凤山去生态康养游,长期居住,可以根据自己的经济状况、个人喜好、投资置业理念等,选择投资建不同类型的住房、购买不同类型的房产、长期租用现有住房等,可自住康养享用或出租获取利润或出售,随行就市高出低进;即使不可规避投资置业风险,还留得自住康养享用,给自己康养一份丰富的财富,给父母养老一份感恩的心,给孩子休闲一份假期的惊喜，给爱人度假一份浪漫的情趣。健康相关的产业永远走不到头，要学会自我健康管理、经营健康、转变观念，用最少的时间、资金、精力等的投入，达到最大的健康产出。

核桃林基地体现了地质公园生态环境保护和原住民生活改善的有机结合。随着世界地质公园品牌的建立，在地质公园山顶陡坡地带实行自然退耕还林，山腰缓坡地带种植优质核桃，逐步由玉米种植向核桃经济林种植转型，利用地质公园品牌帮助农民脱贫。把核桃种植和生态环境改善结合起来，保护环境的同时也增加了农户的收入，如江洲千亩核桃种植基地。

核桃属木本油科干果树，树体高大，根系发达，耐旱、耐瘠、病虫害较少，丰产性能好。核桃在凤山种植虽然有100多年历史，但受到交通制约和品牌限制，种植面积和产量有限，当地以种植玉米为主。

自建立地质公园后，随着交通条件改善，特别是随着世界地质公园品牌的建立，在科学论证的基础上，凤山县一方面大力发展种植优质核桃，实现从玉米种植向核桃经济林种植的转型；另一方面，为保护地质公园生态环境，当地实施退耕还林政策，享受国家退耕还林钱粮补助。

凤山县通过实施"砌墙补土护核桃"工程建设，把核桃种植和生态环境改善结合起来，同时加强核桃栽培示范基地建设，形成"乡有示范村，村有示范园，农户有示范树"的创新科技推广模式。核桃硕果累累。园区核桃产品已获得农业部农产品质量安全中心无公害农产品认证。

凤山县是广西最大的优质薄壳核桃产业化基地县，主栽的核桃品种有大泡核桃和凤优1号核桃。凤优1号核桃是凤山县自主选育的品种，是广西林木良种审定委员会审定的优良品种之一。2007年，凤山核桃荣获河池市第二届"巨人杯"绿色生态长寿名特优农产品推介会"优质产品"称号，2011年，凤山核桃通过农业部认证为"无公害农产品"，2013年，凤优1号核桃在第七届世界核桃大会组委会"三优"评选活动中被评为"中国优良核桃品种"，2014年，凤山核桃参加广西首届长寿之乡博览会荣获"最喜欢产品奖"。核桃产业是凤山县治理石漠化、改善生态环境和扶贫产业开发有机结合的主导产业，实现了生态和经济双赢路子。

三门海退耕还林示范区。①通过科学、合理的退耕还林措施，恢复自然植被和至少三期人工植被的成功繁育，修复了过去脆弱生态环境，美化了地质公园生态地质景观，保护了核心区地质遗迹。②高度环保的游览设施，有效地保护了地质遗迹，顺道了解地质遗迹点：马王洞天坑、石牙和溶痕。③为保护地质公园的生态环境，居民退耕还林，防止石漠化的漫延。当地政府为解决原住居民退耕还林的收入，发展林下养殖，如核桃树下散养土鸡，从而保证原住民的收入，实现可持续性发展。

三门海景区位于凤山县袍里乡坡心村和弄仁村，景区现有 18 个自然屯，景区面积 5.6 km^2，重点保护区面积 2.5 km^2。通过实施退耕还林，解放劳动力，实现景区劳动力输出、旅游开发和服务业的快速发展。此外，退耕还林显著改善了景区生态环境和地质资源，加快了森林植被的恢复，遏制了水土流失，有效地保护了核心景区的生态环境和地质公园可持续发展。

久加百香果种植基地。位于凤山县乔音乡久加村，种植基地位于边缘坡立谷冲积平原，地质上久加村位于碎屑岩和碳酸盐的分界地带，久加村以北为碎屑岩区，以南为碳酸盐区，北部 3 条河流交汇于岩层分界处。在 3 条河流的冲积作用下，形成了宽广的河流谷地和厚厚的土壤层，为百香果的种植提供了大量的优质土壤。由传统的水稻和烤烟种植转化为百亩百香果种植，既保护了地质环境，也增加了原住民收入。久加村以百香果种植为契机，着力打造农业观光和乡村旅游深度融合的现代特色农业示范区，成为当地居民脱贫致富的主导产业之一。

乐业－凤山境内林产品、矿产、绿色长寿食品、土特产品、中草药、旅游、旅游商品资源丰富，是投资者理想的投资胜地。

产业发展现状。固峰牌杉木齿接板荣获河池市第二届"巨人杯"绿色生态长寿名特优农产品推介会"名牌产品"称号；机制环保炭荣获"优质产品"称号；广西凤山宏宇木业有限公司荣获"全区龙头企业"称号。

凤山县产业发展总体构想。立足资源优势，逐步形成特色鲜明，总量、结构、效益协调，开放并充满生机活力的县域经济新格局。

发挥六大资源优势，围绕四大目标，抓住五大机遇，进行两大结构调整，突出培植和发展六大支柱产业。

围绕四大目标——广西最大的黄金、硫铁矿、方解石生产加工基地；广西最具神秘和魅力的喀斯特地貌、生态旅游目的地；桂西北特色生态产业区和重要的中草药生产加工基地。

抓住五大机遇——国家深入推进西部大开发机遇；国家批准实施《广西北部湾经济区发展规划》的历史机遇；中国－东盟自由贸易区机遇；区

党委、政府出台的一系列有利于产业发展的重要政策措施；东巴凤基础设施建设大会战实施后，基础设施条件极大改善，全县上下加快发展的愿望强烈，干群精神振奋，团结兴富的强劲势头已经形成等多重机遇。

进行两大结构调整——产业结构、产品结构调整。

突出发展六大支柱产业——以综合利用为中心，做大矿产加工业；以加工升值为重点，提升林产品加工业；以润达制药为龙头，构筑中草药产业；以引资开发为手段，扩充水力发电产业；以国家地质公园和红色之旅为依托，推动探险、科考、生态旅游产业；以结构调整为主线，优化特色农产品加工业。

广西壮族自治区人民政府已把乐业大石围天坑群作为继桂林山水、北海

高速公路车窗外景观

银滩之后的广西旅游新一极来打造，户外运动游、生态避暑游、科考探险游、地质景观游、库区水上游、民俗风情游、农家乐生态游、红色旅游是乐业主要的旅游项目。

乐业县正以建设法治政府、责任政府和服务政府为目标，努力建设行为

规范、运行协调、公正透明、廉洁高效的行政管理体制，精简审批事项、简化审批程序、实行政务公开制、服务承诺制、限时办结制、首问责任制、失职追究制等，努力提高服务质量和效率，创造良好的经济发展环境。

乐业至百色高速公路已列入国家高速公路网规划，交通"瓶颈"问题很快得到解决。乐业县以开发特色优势产业和生态建设为主线，深入实施"生态立县，旅游旺县，产业强县，文化名县"发展战略，大力打造"国际旅游目的地""国家园林城市""广西有机农业第一县""黔桂区域重要交通枢纽"，勤劳、文明、淳朴、智慧的乐业人民欢迎四海宾朋到乐业观光考察、投资开发、共创辉煌。

乐业核桃有3种：铁核桃、夹核桃、薄壳核桃。铁核桃很沉、很硬，薄壳核桃很轻、很松脆，夹核桃的硬度介于两者之间。乐业薄壳核桃以前主要是野生的，迄今约有300年的种植历史，生长在海拔100～1300 m的石山区，地处世界岩溶奇观大石围天坑群附近的村屯，主产于花坪、甘田、逻沙、同乐、武称等乡镇，果实在生长及采收过程中，没有受到污染。乐业薄壳核桃荣获"广西首选优质薄壳核桃"称号。

乐业县平均海拔1128 m，年均气温16 ℃，气候和土壤都很适合猕猴桃的生长。据《乐业县志》记载：红心猕猴桃原是乐业野生的一种水果，当地人俗称马奶果，主要生长在同乐、甘田等乡镇的山谷中。有机农田生长的猕猴桃是乐业地理标志产品。它长在深山，名声在外；它个子不大，但营养价值高。世界地质公园洼地乐业县花坪镇刷把村猕猴桃种植示范基地周围有良好的生态环境，大气、土壤和灌溉水都没有受到污染，且远离城市、工矿企业，果园内清洁，无堆放工矿废渣、废石及城市垃圾，灌溉水清洁无毒，禁用污水灌溉，以防止重金属、农药等有害物质对果园土壤和灌溉水造成污染。基地采用绿色食品标准种植，使用农家肥及有机肥作为肥料，采用人工除草、人工施肥的种植理念种植。

2012年10月，农业部正式评审通过乐业为全国有机农业示范基地县，这是广西首个有机农业县。

安居请到乐业来！

通过到乐业-凤山去生态康养游，体验适宜康养的投资置业。

参考文献

[1] 广西河池凤山县政府官方网站：http://www.gxfsx.gov.cn/。

[2] 广西百色市乐业县政府官方网站：http://www.leye.gov.cn/。

[3] 乐业凤山世界地质公园官方微信公众号。

[4] 乐业发布官方微信公众号。

[5] 广西壮族自治区文化和旅游厅官方微信公众号。

[6] 江山.老名方治常见病[M].北京：中医古籍出版社，2016.

[7] 李少华，江山，杨桂英.世界长寿之乡：巴马享寿探密(精华版)[M].北京：中医古籍出版社，2012.

[8] 何福高，江山，杨桂英.世界长寿之乡：巴马养生民间秘方(精华版)[M].北京：中医古籍出版社，2012.

[9] 李善源，冯文东，江山，等.世界长寿之乡：巴马长寿养生游(精华版)[M].北京：中医古籍出版社，2012.

[10] 杨师.食事求是：厨余良药[M].北京：中国科学技术出版社，2018.